# LE BOURREAU,

PAR

## FENIMORE COOPER,

TRADUCTION DE LA BÉDOLLIÈRE,

ÉDITION ILLUSTRÉE DE 25 VIGNETTES PAR BERTALL.

PRIX : **90** CENTIMES.

**PARIS,**
PUBLIE PAR GUSTAVE BARBA, LIBRAIRE-ÉDITEUR,
RUE DE SEINE, 31.
52.
1851

# ROMANS POPULAIRES ILLUSTRÉS

LE

# BOURREAU

PAR

## FENIMORE COOPER

TRADUCTION DE LA BÉDOLLIÈRE.

### CHAPITRE PREMIER.

L'année touchait à son déclin, et le matin s'annonçait avec splendeur, lorsqu'un bateau amarré au quai de l'ancienne ville de Genève se prépara à partir pour le canton de Vaud. Ce bâtiment s'appelait le *Winkelried*, en commémoration du héros de ce nom qui avait si généreusement sacrifié sa vie à la défense de son pays. *Le Winkelried* avait été lancé au commencement de l'été, et il portait encore au haut du mât de misaine un bouquet de branches toujours vertes, enjolivé de rubans qui avaient été donnés au patron par ses amis. Il avait deux mâts divergents, des voiles triangulaires, des vergues latines, des galeries saillantes et une proue qui se terminait en pointe. Une boule dorée brillait au sommet de chaque mât, et c'était au-dessus de l'une d'elles que le bouquet flétri, avec ses joyeux ornements, tremblotait à la fraîche brise de l'ouest.

La coque méritait tant de soins par sa grandeur et sa commodité. La cargaison entassée en partie sur le pont, se composait principalement de marchandises étrangères, de produits de la laiterie, sans compter les bagages d'un nombre inaccoutumé de

Balthazar, bourreau de Berne.

voyageurs. Pour prévenir la confusion, le patron avait disposé les malles de manière que chaque individu était placé auprès de ses effets.

Le vent était beau, et le vaisseau arrimé, Baptiste, patron du *Winkelried*, éprouvait naturellement le désir de partir; mais un obstacle imprévu l'arrêta à la porte des Eaux. L'officier chargé d'examiner ceux qui entraient et qui sortaient, fut entouré tout à coup d'une cinquantaine d'indigènes ou d'étrangers dont les voix confuses rappelèrent la construction de Babel. Les membres de phrase qu'on pouvait saisir donnaient à croire que Balthazar, le bourreau du canton puissant et aristocratique de Berne, avait été introduit en fraude parmi les voyageurs. Sa présence était considérée comme déshonorante pour des gens de professions plus humaines, et l'on supposait même qu'elle n'était pas sans danger.

Le hasard et les soins de Baptiste avaient réuni en cette circonstance une rare diversité de types, de caractères et d'intérêts. On voyait sur son bateau de petits marchands qui revenaient de faire leur tour de France ou d'Allemagne; des laquais sans place, des artistes en route pour la poétique Italie;

197

1

des saltimbanques qui avaient enseigné leurs gambades napolitaines aux lourds habitants de la Souabe; cinq ou six chevaliers d'industrie, et une bande de ce qu'on appelle en France des mauvais sujets, titre singulièrement partagé entre la lie de la société et la classe la plus relevée.

Tels étaient les éléments de la majorité, de laquelle se détachaient quelques figures originales. Auprès de la foule qui entourait le gardien des lois de Genève, se tenait un homme vénérable, d'une figure belle encore, et dont le costume de voyage annonçait une condition supérieure; des domestiques sans livrée l'accompagnaient, et sur son bras s'appuyait une jeune fille, dont la pâleur annonçait une santé délicate. Il y avait quelque chose de mélancolique dans le sourire que lui arrachait par intervalles le caquetage de la multitude; mais si elle s'amusait de la volubilité et des arguments des orateurs, elle manifestait son inquiétude en se voyant en contact avec des hommes si ignorants et si indisciplinés. Un jeune militaire suisse au service étranger était debout auprès d'elle, et répondait à ses questions, de manière à prouver un certain degré d'intimité. Ce personnage, qu'on appelait M. Sigismond, paraissait prendre plus d'intérêt à la discussion qui continuait à la porte. Quoique d'une force herculéenne et d'une haute stature, il était singulièrement agité. Ses joues qui n'avaient pas encore perdu la fraîcheur qu'elles devaient à l'air des montagnes, devenaient parfois aussi pâles que celles de sa compagne, mais dans d'autres instants le sang s'y précipitait avec une violence qui menaçait d'en rompre toutes les veines. Toutefois le jeune homme resta muet, se contentant de répondre quand on lui adressait la parole. Ses angoisses s'apaisant par degrés, ne se trahirent plus que par les mouvements convulsifs de ses doigts, qui serraient machinalement le pommeau de son épée.

Le tumulte continuait depuis quelque temps; les gosiers étaient secs, les langues pâteuses, les voix enrouées et les paroles incohérentes, lorsqu'un incident nouveau détourna l'attention générale. Deux chiens énormes, qui attendaient leurs maîtres respectifs, étaient perdus dans la masse de corps qui se pressaient à la porte d'Eau. Un de ces animaux était couvert d'un poil court, mais épais, dont la couleur dominante était un jaune foncé, mais dont la poitrine, les jambes et la partie inférieure du corps avaient une teinte grisâtre. Son rival avait au contraire reçu de la nature une fourrure hérissée, brune et semée çà et là de taches complètement noires. Sous le rapport de la force corporelle, la différence entre les deux chiens n'était pas sensible, quoique le premier eût les membres plus allongés, ce qui lui donnait peut-être l'avantage.

Il serait difficile d'expliquer jusqu'à quel point l'instinct des chiens sympathisait avec les passions des créatures humaines qui les entouraient; devinaient-ils que leurs maîtres avaient embrassé deux opinions opposées, et que leur honneur leur imposait la loi de combattre chacun pour sa cause; c'est ce que nous ignorons; mais après s'être mesuré quelque temps des yeux suivant l'usage de leurs pareils, ils s'attaquèrent avec fureur. La collision fut terrible, et suspendit toute autre altercation. Les assistants se tournèrent tous du côté des combattants. La jeune fille tremblante recula, pendant que Sigismond s'avançait pour la protéger; mais quoiqu'il fût remarquable par sa vigueur, il n'osa intervenir dans une lutte aussi formidable.

Les deux bêtes furieuses étaient sur le point de se mettre en pièces, lorsque deux hommes sortirent en même temps de la foule. L'un portait la robe noire, le capuchon conique et la ceinture blanche d'un moine augustin, et son visage ovale dénotait la paix intérieure et la bienveillance. L'autre avait le costume d'un marin; ses traits accentués, son teint basané et ses yeux étincelants caractérisaient un Italien.

— Uberto! dit le moine à son chien d'un ton de reproche. As-tu oublié ton éducation? Veux-tu ternir ta vieille renommée?

L'Italien, au lieu d'avoir recours aux réprimandes et de se tenir à distance, se jeta hardiment entre les antagonistes, et parvint à les séparer à force de coups, dont la plupart tombèrent sur le chien du religieux.

— Ici, Neptune! s'écria-t-il avec la sévérité d'un homme accoutumé à exercer une autorité absolue. Ne peux-tu trouver d'autre plaisir que celui de te disputer avec le chien du Saint-Bernard! Fi donc! tu me fais honte. Après t'être si bien comporté sur les mers, tu deviens fou sur un lac d'eau douce!

Le quadrupède qui appartenait à l'espèce bien connue des Terre-Neuviens, baissa la tête, et se rapprocha de son maître en donnant des signes de contrition, tandis que son antagoniste, aigri avec une sorte de dignité monastique, promenait les yeux du maître à l'animal, comme s'il eût essayé de comprendre l'apostrophe qui humiliait ce dernier.

— Mon père, dit l'Italien, nos chiens sont tous deux utiles à leur manière, et ils ont tous deux trop bon caractère pour être ennemis. Il y a longtemps que je connais Uberto, car j'ai passé le Saint-Bernard à plusieurs reprises, et c'est un métier qui se rend utile dans les neiges.

— Il a contribué à sauver sept chrétiens de la mort, répondit le moine, et tous ses regards cessèrent d'être sévères se fixant sur ce chien; et je ne parle pas des cadavres qu'il a retrouvés.

— Dans ce dernier cas, mon père, on ne peut que lui tenir compte de sa bonne intention; mais si c'est beaucoup d'avoir fourni à sept personnes les moyens de mourir dans leur lit, et de faire leur paix avec

le ciel. Neptune que voici est digne à tout égard d'être l'ami du vieil Uberto, car je l'ai vu moi-même arracher treize personnes qui se noyaient aux mâchoires avides des requins et autres monstres de la mer. Essayerons-nous de réconcilier deux êtres si bien faits pour s'entendre?

— Volontiers, dit l'Augustin.

On procéda par la persuasion, et les chiens qui étaient prédisposés à la paix depuis qu'ils avaient senti les inconvénients de la guerre, furent bientôt en bonne intelligence. Ils éprouvaient d'ailleurs l'un pour l'autre le respect qu'inspirent toujours le courage et la force.

Le garde de la Cité profita du calme produit par cet incident pour reconquérir une partie de son autorité. Repoussant la foule avec sa canne, il dégagea les alentours de la barrière afin de ne laisser passer qu'un voyageur à la fois. Baptiste le patron qui voyait dans ces délais une grande perte de temps et un vent favorable qui venait de s'élever, ce qui pour lui se résumait en perte d'argent, pressa vivement les voyageurs de remplir les formalités de rigueur, et de venir aussitôt prendre leur place dans la barque.

— Qu'importe! continua le batelier calculateur, qu'importe qu'il y ait un ou vingt bourreaux dans la barque, tant qu'il y a bon vent, et un bon navire pour courir sur l'onde; les vents de notre lac Leman sont de traîtres amis, et le sage doit les prendre quand ils sont de bonne humeur. Donnez-moi une bonne brise d'ouest, et je chargerai *le Winkelried* jusqu'à la flottaison d'exécuteurs ou de toute autre créature dangereuse, tandis que vous prendrez la barque la plus légère qui ait jamais nagé dans la bise, et nous verrons lequel des deux atteindra le port de Vevey.

Le parleur le plus éloquent, parce qu'il avait les meilleurs poumons, était le conducteur de la troupe napolitaine, qui, par un mélange de superstition et de bravade, inhérent à son caractère, obtenait toujours une grande influence sur les ignorants et sur les amateurs du merveilleux.

— C'est très-bien pour celui qui reçoit, mais cela peut être la mort de celui qui paye. Vous aurez votre argent pour avoir couru la chance, et nous pourrions bien pour notre faiblesse trouver une tombe au fond de ces eaux; rien de bien ne peut venir d'une mauvaise fréquentation, et maudits seront ceux qui au moment du danger qui seront trouvés en communion fraternelle avec celui qui fait métier de lancer les chrétiens dans l'éternité avant le temps désigné par la nature. Santa Madre! je ne voudrais pas être le compagnon de voyage d'un tel misérable sur ce lac capricieux et sauvage, pour tout l'honneur de sauter et de développer mes pauvres moyens devant notre saint Père et son illustre conclave.

Cette déclaration solennelle, accompagnée d'une gesticulation assortie, et d'un jeu de physionomie qui attestait au moins la sincérité de l'orateur, produisit un murmure d'approbation parmi les auditeurs, et dut convaincre le patron qu'il n'éluderait pas la difficulté par la seule vertu de ses belles paroles. Dans ce dilemme, il imagina un plan pour surmonter les scrupules des voyageurs, et l'ayant soumis à l'agent de la police génevoise, qui l'approuva complètement, il fut convenu qu'une commission spéciale, prise parmi les voyageurs, se tiendrait à l'entrée de la barrière, et tous ceux qui se présenteraient pour la franchir subiraient un sévère examen, afin que, si le proscrit Balthazar venait à être découvert, le patron lui rendît son argent, et refusât de l'admettre au nombre des passagers.

Le Napolitain qui s'appelait Pipo; un de ces étudiants indigents qui, après leurs études, sont plutôt les auxiliaires des ennemis de la superstition, et un certain Nicklaus Wagner, gras Bernois, à qui appartenaient tous les fromages entassés sur le fond de la barque, furent choisis par la multitude. Le premier dut son élection à la véhémence et à la volubilité de ses paroles, aptitude que le vulgaire niais prend presque toujours pour le savoir et la conviction; le second à son silence et à son air réfléchi, que l'on compare souvent au calme de l'eau profonde; et le dernier à sa corpulence et à sa richesse, avantages qui l'emportent toujours sur des qualités réelles, mais plus modestes. Comme on le pense, les examinateurs improvisés furent contraints eux-mêmes de se soumettre au droit commun, et d'exhiber leurs papiers à l'examen scrutateur du Génevois.

Le Napolitain, qui comme tous les rusés coquins, dont la conscience étant sont peu chargée de méfaits, ne s'était pas présenté à la barrière sans s'être au préalable muni parfaitement de ses papiers, passa donc sans difficulté.

Le pauvre étudiant de Westphalie exhiba un grimoire écrit en latin classique, et échappa ainsi à tout autre interrogatoire, grâce à la vanité de l'agent officiel, pour sauver son ignorance, manifesta sa satisfaction de rencontrer un document si régulier. Le Bernois, pensant que toute enquête au sujet d'un homme d'importance était inutile, vint se ranger à côté des deux premiers, tout en rattachant les cordons d'une bourse bien garnie, dont il avait extrait quelque menue monnaie pour le pourboire du valet de l'auberge où il avait passé la nuit, lequel avait été obligé de le suivre jusqu'au port pour recevoir cette maigre gratification.

— Vous oubliez de me montrer vos papiers, s'écria l'agent d'un ton bref.

— Dieu te garde, ami! Je ne pensais pas que Genève fût si pointilleuse avec un Suisse, et un Suisse si favorablement connu sur toute la

PARIS. — Impr. LACOUR et Cᵉ, rue Soufflot, 40.

ligne de l'Aar et dans toute l'étendue du grand canton ; je suis Nicklaus Wagner ; mon nom est de peu d'importance peut-être , mais connu et estimé dans les affaires , et qui me donne droit de bourgeoisie. Nicklaus Wagner de Berne, que vous faut-il de plus ?

— La preuve de ce que vous avancez. Rappelez-vous que vous êtes à Genève, et que dans un État petit et exposé , les lois doivent être rigoureusement exécutées.

— Je n'ai jamais mis en question que votre ville s'appelât Genève ; je m'étonne seulement que vous mettiez en doute mon identité ; je puis voyager par la nuit la plus obscure qui couvrit jamais les montagnes et de ses ombres, depuis le Jura jusqu'à l'Oberland , sans que personne conteste la véracité de mes paroles. Voici le patron Baptiste, qui vous dira combien sa barque flotterait plus légère s'il lui fallait décharger sur le port, le fret inscrit sous mon nom. Tout en prononçant ses paroles, Nicklaus cherchait, déployait et exhibait ses papiers qui étaient parfaitement en règle. Son hésitation provenait uniquement d'un sentiment de vanité blessée; il aurait voulu montrer qu'un homme de son importance était exempt des formalités exigibles chez les hommes d'une condition inférieure. L'officier qui possédait une grande expérience dans ces sortes de conflits, comprit le caractère qu'il avait en sa présence.

— Vous pouvez passer , dit-il , et lorsque vous serez parmi vos bourgeois, accordez-nous , Génevois, la justice de dire que nous traitons bien nos alliés.

— J'ai seulement trouvé votre question impérative , s'écria le riche paysan se rengorgeant comme un prévenu qui obtient tardivement justice. Occupons-nous de cette affaire embrouillée du bourreau.

Prenant place à côté du Napolitain et du Westphalien, Nicklaus assuma l'air grave et l'austérité de manières d'un juge criminel, afin de prouver qu'il comprenait son devoir et qu'il avait la ferme intention de rendre justice.

— Vous êtes bien connu ici, pèlerin, observa d'un ton sévère l'officier au suivant qui se présenta à la barrière.

Par saint François ! mon maître, le contraire serait surprenant, car les saisons ne se succèdent pas avec plus de régularité que mes pèlerinages.

— Il faut qu'il y ait une conscience bien malade quelque part pour que toi et Rome vous ayez si souvent besoin l'un de l'autre.

Le pèlerin, revêtu d'une robe en guenille parsemée de coquillages, portait sa barbe longue; c'était le portrait exact et dégoûtant de la dépravation humaine rendue plus révoltante encore par une hypocrisie mal déguisée : il ne fit que rire de cette observation.

— Vous n'êtes qu'un disciple de Calvin , répliqua-t-il , pour parler ainsi. Mes propres péchés me troublent peu ; diverses paroisses d'Allemagne me chargent de prendre sur moi les neuvaines à faire pour guérir leurs douleurs physiques , et il n'est pas facile de trouver un messager de cette nature qui ait donné plus que moi des preuves de sa fidélité. Si vous avez quelque offrande à faire , je vous montrerai des papiers qui prouveront ce que j'avance , et qui suffiraient auprès de l'apôtre saint Pierre.

L'officier lui jeta sa passe avec un dégoût qu'il ne crut pas nécessaire de cacher. — Allez , dit-il , vous avez bien dit, que nous sommes les disciples de Calvin. Genève n'a rien de commun avec la pourpre de Rome , et vous ferez bien de vous en souvenir dans notre prochain pèlerinage, si vous ne voulez pas que le bedeau fasse connaissance avec votre dos. Arrêtez! qui êtes-vous?

— Un hérétique, damné à l'avance et sans espoir de rémission, si la foi de ce marchand de prières est la véritable; répondit le propriétaire de Neptune, s'avançant d'un pas assuré et sans crainte d'un interrogatoire sur son nom et sa profession, au point que l'officier crut un moment qu'il avait arrêté un matelot du lac, dont la classe privilégiée avait le droit de circuler librement.

— Vous connaissez nos usages ?

— S'il en était autrement, je serais un niais ; l'âne lui-même qui traverse souvent la même sentier finit par en connaître les détours. N'êtes-vous pas satisfait d'avoir mis à l'épreuve l'orgueil du digne Nicklaus Wagner, et me faudra-t-il aussi répondre à vos questions ? Viens ici, Neptune, tu es un animal discret, tu répondras pour nous deux ; nous ne sommes pas de ces créatures qui nagent entre deux eaux , mais nous naviguons moitié sur terre, moitié sur mer.

L'Italien s'exprima à haute voix et avec confiance, riant et cherchant dans la foule l'approbation de la hardiesse avec laquelle il se joignait à un étranger contre les autorités de la ville, comme par pur instinct d'opposition à la loi.

— Vous avez un nom pourtant? continua le gardien du port d'un air moitié convaincu, moitié hésitant.

— Me prenez-vous pour ce qu'il y a de pire dans la barque de Baptiste? J'ai aussi des papiers, si vous voulez seulement me permettre d'aller les chercher sur le pont ; celui-ci est Neptune , un animal originaire d'une contrée lointaine où les animaux nagent comme des poissons ; mon nom est Maso, quoique des hommes méchants m'appellent plus souvent : il Maledetto.

Tous ceux qui comprirent la signification du nom de l'Italien éclatèrent de rire, car l'audace exerce un charme irrésistible sur la multitude. L'officier, sans savoir pourquoi, comprit que cette gaieté s'exer-

çait à ses dépens ; mais pour conserver l'autorité qui lui échappait, il rit avec les autres comme s'il comprenait toute l'étendue de la plaisanterie. L'Italien , profitant de cet avantage, salua familièrement, et sifflant son chien, il se dirigea d'un pas délibéré vers la barque où était déposé son maigre bagage ; cette froide effronterie permit à un homme longtemps et activement pourchassé par les soutiens de la loi, de se soustraire aux recherches des autorités de la ville.

## CHAPITRE II.

Cependant le trio des sentinelles, qu'assistait volontiers le pèlerin, continuait ses investigations pour empêcher l'exécuteur des hautes œuvres de faire partie des passagers de la barque. Dès que le Génevois avait laissé passer un voyageur, ils le dévisageaient de leurs regards menaçants et inquisiteurs, plus d'une fois disposés à renvoyer à terre, sur un simple soupçon, les ignorants et les trembleurs. Le rusé Baptiste semblait participer à l'examen, affectant un zèle égal au leur, tandis qu'il prenait soin de diriger leurs soupçons sur ceux qui présentaient le moins de danger de les justifier. Les passagers traversèrent l'un après l'autre cette rangée d'inquisiteurs, jusqu'à ce que la plupart des vagabonds qui demandaient passage eussent été reconnus innocents, et que la foule rassemblée autour de la barrière se fût éclaircie au point de rendre la circulation parfaitement libre. La barrière s'ouvrit pour faire place au respectable noble et à sa jeune compagne, que nous avons déjà présentés aux lecteurs, suivis de plusieurs domestiques; le serviteur de la police salua l'étranger avec soumission , car son calme extérieur et son attitude imposante formaient un bizarre contraste avec la déclamation bruyante et les allures grossières de la foule qui les avait précédés.

— Je suis Melchior de Willading , de Berne, dit le voyageur présentant en même temps les témoignages de son affirmation , cette jeune fille est mon enfant, — mon unique enfant, ajouta le vieillard avec une emphase mélancolique , et ces gens qui portent ma livrée sont de vieux et fidèles serviteurs de ma maison. Nous allons au delà du Saint-Bernard pour changer l'air rude de nos Alpes contre un air plus inoffensif à sa faiblesse, pour chercher en Italie un soleil assez chaud pour faire revivre cette fleur penchée, et la faire épanouir joyeusement comme dans ces premières années de son existence.

L'officier sourit et renouvela ses salutations, refusant de lire les papiers qui lui étaient offerts.

— Mademoiselle a pour elle la jeunesse et les soins d'un bon père, ce qui suffira à la rappeler à la santé.

— Elle est vraiment trop jeune pour succomber ainsi, continua le père , qui semblait oublier l'affaire en question , et restait en contemplation , l'œil humide , devant les traits pâles , mais toujours séduisants, de la jeune fille, qui récompensait sa sollicitude par un regard d'amour. — Mais vous ne vous êtes pas assuré de ce que je viens de vous dire.

— Cela n'est pas nécessaire, noble baron ; la cité connaît votre présence dans ses murs, et j'ai reçu des instructions spéciales pour rendre à l'un de nos plus honorables alliés le passage dans Genève libre de toutes entraves, afin qu'il en conservât un souvenir agréable.

— La courtoisie de vos habitants est connue de longue date, dit le baron de Willading remettant ses papiers à leur place et accueillant cette faveur en homme accoutumé aux honneurs dus à son rang.—Etes-vous père ?

— Le ciel n'a pas été avare envers moi en dons de cette nature ; ma table nourrit tous les jours onze individus, sans compter ceux qui leur ont donné le jour.

— Onze! c'est la volonté de Dieu est un terrible mystère. Voi ! cette jeune enfant est le seul espoir de ma race, la seule héritière du nom et des propriétés de Willading. Êtes-vous à l'aise dans votre condition?

— Il y en a dans notre ville qui le sont moins. Permettez-moi de vous remercier d'une question aussi bienveillante.

Une légère rougeur colora le visage d'Adélaïde de Willading : ainsi s'appelait la fille du baron bernois ; elle se rapprocha de l'officier.

— Ceux qui ont peu de monde à leur table ne doivent point oublier les familles nombreuses, dit-elle laissant tomber une pièce d'or dans la main du Génevois; puis elle ajouta d'un son de voix presque inintelligible : — Si la jeunesse innocente de votre maison veut bien dire une prière à l'intention du jeune fille qui en a besoin , Dieu s'en souviendra, et peut-être servira-t-elle à alléger la douleur d'un père qui redoute la perte de son enfant.

— Les bénédictions du ciel vous accompagnent! dit l'officier touché par la douce résignation et la piété de la jeune fille, tous ceux de ma famille , vieux ou jeunes, prieront pour vous et pour les vôtres.

Les joues d'Adélaïde reprirent leur mate pâleur, elle se dirigea lentement avec son père vers l'embarcation. La noblesse et la beauté de ces deux passagers firent une profonde impression sur le Napolitain et sur ses trois compagnons; non-seulement ils laissèrent passer sans contrôle les gens de sa suite, mais ils furent encore quelque temps avant de pousser leur investigation avec la même ardeur qu'au commencement, et deux ou trois voyageurs profitèrent de cette disposition pour éluder l'interrogatoire.

Celui qui se présenta ensuite fut le jeune soldat que le baron Willading avait interpellé sous la dénomination de M. Sigismond ; ses papiers étaient en règle, et nul obstacle ne fut apporté à son passage ; il eût été douteux même que ce jeune homme se fût paisiblement soumis à l'inquisition extra-officielle des trois députés de la foule, car en se dirigeant vers le quai, il leur lança un regard qui exprimait toute autre disposition que celle de répondre à leurs questions. Le respect ou un sentiment plus équivoque protégea son passage ; le pèlerin seul, qui déployait un zèle outré dans l'accomplissement de sa tâche, risqua une observation étouffée lorsqu'il passa.

— Voilà un bras et une épée qui pourraient raccourcir les jours d'un chrétien, dit le moine, et cependant personne ne lui demande son nom ou ce qu'il va faire.

— Vous feriez mieux de poser vous-même la question, répliqua le plaisant Pippo, la pénitence étant votre métier.

Le pauvre étudiant et le bourgeois de Berne semblèrent partager cette opinion, et n'ajoutèrent rien à ce que le Napolitain venait de dire. Un nouvel arrivant devant la barrière ne trahissait rien à l'extérieur qui dût réveiller la surveillance du trio soupçonneux ; c'était un homme à l'air doux et paisible, paraissant d'une condition moyenne dans la société. Il avait présenté son passe-port au fidèle gardien de la cité, qui après l'avoir lu lança un coup d'œil vif et pénétrant sur l'individu, et lui rendit précipitamment le papier comme s'il eût voulu se débarrasser de lui le plus tôt possible.

— C'est bien, avait-il dit, passez.

— Voyons donc! s'écria le Napolitain, dont la bouffonnerie semblait l'emploi principal, et n'ajoutez rien à ce que je sais, voyons donc ! si nous n'avons pas enfin Balthazar dans ce voyageur à la mine féroce et sanglante. Comme l'orateur s'y attendait, cette saillie fut récompensée par un rire général qui l'encourgea à continuer ; vous connaissez nos fonctions, mon ami, ajouta-t-il, montrez-nous vos mains, nul ne passe s'il les a tachées de sang.

Le voyageur paraissait ému ; car c'était un homme d'habitude paisible, qui semblait jeté par le hasard du voyage en contact avec un mauvais plaisant. Néanmoins il présenta sa main ouverte avec une confiante simplicité, qui fut accueillie par des hourras de gaieté.

— Cela ne suffit pas, le savon, les cendres et les larmes des victimes peuvent avoir lavé les stigmates sanglants des mains mêmes de Balthazar ; les taches que nous cherchons sont sur la conscience, et c'est là que nous devons regarder avant de vous permettre de faire partie de cette honorable société.

— Vous n'avez pas questionné ainsi le jeune soldat qui m'a précédé, répliqua l'étranger, dont l'œil s'alluma d'indignation, quoiqu'il parût trembler de se voir exposé ouvertement aux outrages d'hommes grossiers et sans principes.

— Par les prières de San Gennaro, qui ont la réputation d'arrêter la lave fondue et ruisselante, j'aimerais mieux que vous vous chargeassiez vous-même de cette tâche. Ce jeune soldat exécute honorablement, et c'est un plaisir de voyager avec lui, car, sans aucun doute, six ou huit saints pour le moins intercèdent pour lui dans le ciel ; mais celui que nous cherchons est le paria de tous, bonu ou méchants, dans le ciel, sur la terre ou dans cet autre séjour brûlant où on l'enverra bien certainement longtemps un temps sera venu.

— Et pourtant il ne fait qu'exécuter la loi.

— Qu'est-ce que la loi contre l'opinion ! Mais passez, car personne ne vous soupçonne d'être l'ennemi redoutable qu'on veut à nos têtes ! Passez, pour l'amour du ciel, et priez-qu'il vous garde de la hache de Balthazar.

Les lèvres de l'étranger s'agitèrent comme s'il eût voulu répondre ; mais changeant tout à coup d'intention, il passa rapidement et disparut dans la barque. Le moine de Saint-Bernard vint ensuite ; ce révérend de l'ordre de Saint-Augustin et son chien étaient bien connus de l'officier qui les laissa passer sans exiger aucune preuve.

— Nous sommes les protecteurs de la vie et non ses ennemis, dit-il lorsqu'il se fut approché des trois gardiens improvisés. Nous vivons au milieu des neiges, afin qu'il n'y meure pas de chrétiens sans les consolations de l'Église.

— Honneur, saint Augustin, à toi et à ton caractère ! dit le Napolitain, qui, tout dépravé et insensible qu'il était, possédait un respect instinctif pour ces hommes qui font abnégation complète de leur personne pour sauver leur semblable. Vous et votre chien, bon Uberto, vous pouvez passer librement, et emporter mes vœux les plus sincères.

Il ne restait plus personne à examiner, et après une consultation tenue entre les voyageurs les plus superstitieux, ils conclurent que le coupable bourreau s'était retiré devant la réprobation générale, et qu'ils étaient heureusement débarrassés de sa société. Tous s'embarquèrent donc aussitôt sur la déclaration positive de Baptiste, qu'il ne fallait plus songer à reculer le départ.

— A quoi songeons-nous donc tous ! s'écria-t-il avec une ardeur calculée. Les vents du Léman sont-ils donc des laquais en livrée qui vont et viennent comme il vous plaît, tantôt à l'ouest, tantôt à l'est ! Suivez l'exemple du noble Melchior de Willading, qui est depuis longtemps à

sa place, et invoquez les saints, selon vos différents modes de prières, afin que ce bon vent d'ouest ne nous abandonne plus en route pour nous punir d'avoir trop tardé.

— Voilà d'autres passagers qui accourent pour se joindre à nous, interrompit le malicieux Italien ; démarrez au plus vite, maître Baptista, ou par san Gennaro, nous serons encore retardés.

Le patron qui tenait déjà l'amarre, la lâcha précipitamment et remonta sur la berge afin de s'assurer s'il y avait quelque nouvelle chance de gain dans les nouveaux arrivants.

Deux voyageurs, costumés en touristes, signori, accompagnés d'un valet et suivis d'un portefaix pliant sous le poids de leurs bagages, s'avançaient en toute hâte vers la barrière, ayant conscience que le moindre délai les laisserait en arrière.

Le plus âgé semblait avoir dépassé depuis longtemps le méridien de la vie, et ne conservait son poste d'avant-garde que par la déférence de ceux qui le suivaient. Il portait sur un bras un manteau, tandis que l'autre main tenait la poignée d'une rapière, compagne inséparable de tout gentilhomme de haut rang.

— Vous alliez perdre l'occasion du départ de la dernière barque qui fait voile pour l'abbaye des Vignerons, signori, dit le Génevois, qui reconnut d'un coup d'œil à quel pays les étrangers appartenaient, si, comme je le présume à votre hâte et à la direction que vous prenez, vous avez l'intention d'assister aux fêtes.

— Tel est en effet notre but, répliqua le plus âgé des voyageurs, et, vous l'avez dit, nous sommes un peu en retard. De mauvais chemins et un départ précipité en sont la cause. Nous arrivons heureusement à temps pour profiter de cette barque. Veuillez examiner nos papiers.

L'officier parcourut le passe-port avec son attention habituelle, le tournant et le retournant comme s'il n'était pas parfaitement en règle, et semblant regretter l'oubli de quelque formalité.

— Signor, votre passe est tout à fait régulière à l'égard de la Savoie et de Nice ; mais il lui manque le sceau de la cité.

— Par san Francisco ! c'est fâcheux. Nous sommes d'honnêtes gentilshommes de Genève, nous hâtant pour assister aux fêtes de Vevey, dont la renommée fait un pompeux récit, et notre seule intention est de voyager paisiblement. Comme vous le voyez, nous sommes en retard, car apprenant à la poste en descendant de voiture qu'une barque allait mettre à la voile pour l'autre extrémité du lac, nous n'avons pas eu le temps de consulter les règlements auxquels cette cité juge convenable d'assujettir les étrangers. Il y a tant de monde qui fait route dans cette direction pour assister à ces anciennes fêtes, que nous n'avons pas cru notre passage à travers la ville assez important pour déranger les autorités civiles.

— En cela vous avez fait erreur, signor ; ma consigne rigoureuse m'ordonne d'arrêter quiconque n'a pas la permission de la cité de passer outre.

— Voilà qui est malencontreux, pour ne pas dire plus. Es-tu le patron de cette barque, mon ami ?

— Et son propriétaire, signor, répondit Baptiste, qui avait écouté ce dialogue avec autant d'impatience que de doute. Je serais heureux de compter d'aussi honorables voyageurs parmi mes passagers.

— En ce cas, retarde ton départ jusqu'à ce que ce gentilhomme ait obtenu des autorités de la ville la permission de la quitter. Je récompenserai ta complaisance.

Pour conclusion affirmative de son offre, le Génois glissa dans la main exercée du patron un sequin de la célèbre république dont il était le citoyen. Baptiste, longtemps habitué à se laisser influencer par l'attrait du métal, se vit néanmoins dans la cruelle alternative de refuser l'offre qui lui était faite. Retenant donc dans sa main la pièce dont il ne pouvait se décider à se séparer, il dit d'un air embarrassé :

— Son Excellence ne sait pas ce qu'elle demande ; nos citoyens de Genève aiment rester chez eux jusqu'au lever du soleil, dans la crainte de se rompre le cou à travers les rues sombres et tortueuses de la cité. Il faudra attendre encore deux heures avant que ne s'ouvre la fenêtre d'un seul bureau. Et puis, messieurs de la police ne sont pas comme nous sur le lac, heureux de gagner un morceau de pain quand le temps et l'occasion le permettent. Le Winkelried se lasserait de rester dans l'inaction avec cette fraîche brise de l'ouest dans ses voiles, pendant qu'un pauvre gentilhomme maudirait en vain la paresse des officiers devant la porte de la ville. Je connais les coquins mieux que Votre Excellence, et je vous conseille de chercher un meilleur expédient.

Baptiste en disant ces mots regarda le gardien de la barrière d'un air significatif et de manière à se faire comprendre des voyageurs. Le plus âgé étudia un moment la physionomie du Génevois, et jugeant expérimenté de s'exposer à l'offre d'acheter la bonne volonté de l'officier.

— Voulez-vous me montrer encore une fois votre passe? reprit celui-ci, qui désirait faire preuve de bon vouloir en retour de la politesse de l'étranger.

Ce second examen fut, comme l'avait été le premier, infructueux, et fit seulement connaître que le plus âgé s'appelait le signor Grimaldi, et son compagnon Marcelli. Secouant la tête d'un air significatif et désappointé, il lui rendit le papier.

— Vous n'avez pas eu le temps de lire la moitié de ce que contient ce papier, dit Baptiste avec humeur ; ces sortes d'écriture ne sont pas aisées à déchiffrer, et exigent un œil habile et exercé. Relisez-le et peut-être y découvrirez-vous qu'il est en règle. Il est déraisonnable de supposer que les signori voyagent comme des vagabonds avec des passe-ports douteux.

— Rien n'y manque que le sceau de notre ville, sans lequel mon devoir me commande de ne laisser sortir personne, quelle que soit leur qualité.

— Ceci vient, signor, de ce maudit art d'écrire que l'on a poussé jusqu'à l'abus. J'ai entendu les vieux matelots du lac Leman vanter le bon vieux temps où caisses et ballots allaient et venaient sans qu'une goutte d'encre fût employée par celui qui les expédiait ou par celui qui les recevait. Mais nous en sommes arrivés à ce qu'un chrétien ne peut plus se transporter sur ses propres jambes sans en demander la permission aux écrivassiers.

— Nous perdons notre temps en paroles, lorsqu'il vaudrait mieux agir, interrompit le signor Grimaldi. La passe est écrite dans la langue du pays, et un coup d'œil suffit pour que les autorités y apposent leurs signatures. Tu feras bien de retarder ton départ juste le temps nécessaire pour les obtenir.

— Quand Votre Excellence m'offrirait la couronne du doge pour récompense, cela me serait impossible. Nos vents du Leman n'attendent ni roi, ni noble, ni évêque, et mon devoir envers les passagers déjà embarqués m'ordonne de quitter le port le plus tôt possible.

— Tu es en effet déjà bien affrété de cargaison humaine, dit le Génois regardant d'un air méfiant la barque déjà trop chargée. Tu n'as pas, j'espère, outre-passé les capacités de ta barque en accueillant tant de monde ?

— J'en réduirais joyeusement le nombre, excellent signor, car tous ceux que vous voyez entassés auprès des caisses et des conduits ne sont que des coquins qui occupent la place de personnes capables de mieux payer qu'ils ne l'ont fait. Le noble Suisse que vous voyez assis près de la barre avec sa fille, et entouré de ses gens, le digne Melchior de Willading, m'a donné pour son passage plus que ces truands sans nom tous ensemble.

Le Génois se tourna brusquement vers le patron, trahissant un intérêt plus qu'ordinaire à propos de ce qu'il venait d'apprendre.

— N'as-tu pas nommé de Willading ! s'écria-t-il avec autant d'ardeur qu'un jeune homme en eût mis à la nouvelle de quelque événement agréable.

— Lui-même signor, nul autre ne porte actuellement ce titre près de s'éteindre. Je me rappelle ce même baron lorsqu'il était toujours prêt à lancer sa barque dans un lac agité, comme le plus intrépide de la Suisse.

— La fortune me favorise, mon bon Marcelli, interrompit l'étranger serrant la main de son compagnon. Retourne dans ta barque, maître, et dis à ton passager que....... Que dirons-nous à Melchior ? Nous découvrirons-nous de suite à lui, ou mettrons-nous avant sa mémoire à l'épreuve ? Par san Francisco, essayons cela, Enrico. Nous nous amuserons de le voir s'évertuer et chercher. Mais je suis sûr qu'il me reconnaîtra au premier coup d'œil : je ne suis guère changé pour un homme qui a vu tant de choses.

Le signor Marcelli baissa respectueusement les yeux en signe d'assentiment, ne voulant pas décourager une opinion due au feu des souvenirs de la jeunesse. Baptiste fut chargé d'une requête au baron de la part d'un étranger qui réclamait son assistance à la barrière.

— Tu lui diras que c'est un voyageur désappointé de ne pouvoir faire route avec lui, répéta-t-il. Cela suffit, je le sais obligeant, et ce n'est pas mon Melchior, s'il hésite un seul instant. Et tenez le voici qui quitte déjà la barque ; jamais il n'a reculé devant un témoignage d'amitié. Le cher Melchior, il est toujours le même, à soixante-dix ans comme à trente.

Le baron de Willading descendit sur la berge sans soupçonner que sa présence fût requise pour autre chose qu'un acte de simple courtoisie.

— Baptiste m'informe qu'il y a ici des gentilshommes génois pressés d'assister aux fêtes de Vevey, dit-il soulevant son chapeau, et que ma présence peut leur être utile afin de jouir de leur compagnie dans le voyage.

— Je ne me ferai connaître que lorsque nous serons embarqués, Enrico, murmura le signor Grimaldi à l'oreille d'Enrico. — Signor, reprit-il à haute voix avec un calme affecté et s'efforçant de prendre les manières d'un étranger ; nous sommes ici tout vrai de Gênes et désireux de faire partir les passagers de cette barque. Mais, signore, quelques formalités ont été omises, et nous avons besoin d'une intervention amicale, soit pour passer la barrière, soit pour retenir la barque jusqu'à ce que nous obtenions les signatures exigibles.

— Signor, le cité de Genève doit être sur ses gardes, car c'est un État faible et menacé ; je crains que mon influence ne puisse suffire à détourner ce fidèle gardien de son devoir. Quant à la barque, une légère rétribution réussira auprès de l'honnête Baptiste, sans la nécessité de profiter du vent favorable, car autrement il perdrait le bénéfice de son voyage.

— Vous dites vrai, noble Melchior, interrompit le patron; si le vent

était en tête ou qu'il fût deux heures moins tard, ce petit délai ne coûterait pas un batz aux étrangers ; mais dans la situation présente je n'ai pas vingt minutes à perdre, quand même tous les magistrats en robe de la cité seraient dans leurs propres et respectables personnes de la partie.

— Je regrette beaucoup, signor, qu'il en soit ainsi, reprit le baron se tournant vers l'étranger et cherchant à adoucir le refus par la gracieuseté de son accueil ; mais ces bateliers ont leurs signes secrets au moyen desquels ils connaissent, à ce qu'il paraît, juste le dernier moment qu'ils peuvent retarder.

— Par la messe ! Marcelli, je veux l'éprouver un peu ; je l'aurais reconnu sous un masque. Signor baron, nous ne sommes en vérité que de pauvres gentilshommes italiens de Gênes ; vous avez sans doute entendu parler de notre république, le pauvre État de Gênes.

— Sans avoir de grandes prétentions aux lettres, signor, répondit Melchior en souriant, je n'ignore pas qu'un tel État existe. Vous n'auriez pu nommer sur tous les bords de la Méditerranée une cité qui eût plus vivement réchauffé mon cœur que cette ville dont vous parlez ; car des heures de bonheur se sont écoulées pour moi dans ses murs, et souvent depuis, même aujourd'hui encore, je me sens rajeunir lorsque je repasse dans ma mémoire les plaisirs de cette joyeuse époque. Si l'occasion était propice, je déroulerais une liste de noms honorables et estimés qui vous sont sans doute connus, pour prouver ce que j'avance.

— Nommez-les, signor baron ; pour l'amour des saints et de la Vierge bénie, nommez-les ! je vous en supplie.

Un peu étonné de cette ardente vivacité, Melchior Willading regarda plus attentivement cette noble tête encapuchonnée, et pour un instant un air de doute éclaira ses propres traits.

— Il m'est très aisé, signor, d'en nommer beaucoup. Le premier qui me vient à la mémoire, car il est resté le premier dans mon cœur, est Gaetano Grimaldi, dont, je suis sûr, vous avez tous deux souvent entendu parler.

— C'est vrai, c'est vrai ! c'est-à-dire... oui, je crois que nous pouvons affirmer, Marcelli, qu'on nous en a souvent parlé et assez favorablement. Eh bien ! que direz-vous de ce Grimaldi ?

— Signor, le désir de parler de votre noble compatriote est très naturel ; mais si je commençais son éloge, je craindrais que l'honnête Baptiste eût alors raison de se plaindre.

— Au diable Baptiste et sa barque ! Melchior, mon bon Melchior, m'as-tu donc oublié ?

Le Génois ouvrit ses bras et les tendit à son ami ; celui-ci, troublé, était loin encore de comprendre ; il contemplait d'un œil curieux les traits altérés du beau vieillard qui restait devant lui, et quoique la mémoire voltigeât incertaine autour de son cerveau, elle avait peine à y pénétrer.

— Ne me repousse pas, Willading ; refuserais-tu de reconnaître l'ami de ta jeunesse, le compagnon de tes plaisirs, celui qui a partagé tes chagrins, ton camarade à l'armée, je dirai plus, le confident de tes pensées les plus secrètes ?

— Nul que Gaetano Grimaldi lui-même n'aurait le droit de réclamer ces titres, murmura le baron ébranlé.

— Qui suis-je donc, sinon ce Gaetano, ton vieil ami ?

— Toi ! Gaetano ! s'écria le baron reculant d'un pas au lieu de s'avancer vers son ardent ami ; le galant, le vif, le brave Grimaldi ! Signor, vous vous jouez des affections d'un vieillard.

— Par la sainte messe ! je ne te trompe pas ! Ah ! Marcelli, est comme toujours, lent à être convaincu, mais après sûr et dévoué comme le serment sur l'autel. Si nous devions nous méconnaître l'un et l'autre pour quelques rides de plus, de fortes objections s'élèveraient aussi contre ton identité, ami Melchior ; je ne suis autre que Gaetano ; l'ami que tu n'as pas revu depuis de longues et pénibles années.

Les souvenirs furent lents à pénétrer dans l'esprit du Bernois ; néanmoins les traits se replacèrent l'un après l'autre dans sa mémoire, et le son sympathique de la voix de son ami vint rattacher enfin la chaîne de ses souvenirs. Alors l'émotion du baron devint plus vive et plus impétueuse que celle de son ami ; il tomba dans ses bras, et l'entraîna à l'écart pour cacher les larmes qui s'échappèrent tout à coup de ses yeux.

### CHAPITRE III.

Le patron calculateur du *Winkelried* avait patiemment suivi les progrès de la scène précédente, avec une vive satisfaction intérieure : mais actuellement que les étrangers semblaient être assurés de la protection du puissant baron, il pensa qu'il était temps d'agir ; s'approchant des deux amis, qui se tenaient par la main et se livraient aux premiers élans de la reconnaissance :

— Nobles seigneurs, dit-il, si les félicitations d'un homme de ma condition peuvent ajouter quelque chose au plaisir de cette heureuse rencontre, je vous prie de les accepter ; mais le vent n'a pas d'égards pour l'amitié ni pour les bénéfices ou les pertes pour nous autres bateliers. Mon devoir comme patron de cette barque m'impose de rappeler à Vos Honneurs que de pauvres voyageurs séparés de leurs familles attendent notre loisir, et que nous perdons le plus beau souffle de la brise.

— Par saint Francisco! le drôle a raison, dit le Génois passant sa main sur ses yeux; dans la joie de notre rencontre, nous oublions ces braves gens. Peux-tu m'aider à me dispenser des signatures des autorités de la cité?

Le baron réfléchit, puis il renouvela ses instances auprès du gardien de la barrière.

— Ceci est au-dessus de mon pouvoir, il n'y a pas un de nos syndics que je désirasse plus sincèrement obliger que vous-même, noble baron, répondit l'officier; mais le devoir d'un gardien est d'observer rigoureusement la consigne de ceux qui l'ont mis à son poste.

— Nous ne sommes pas hommes à nous plaindre de cela, Gaetano, nous sommes restés trop longtemps dans la même tranchée, et nous avons trop souvent dormi sous la sauvegarde d'une consigne à laquelle la moindre infraction eût entraîné la perte de notre vie, pour en vouloir à cet honnête Génois de sa rigidité. Pour être franc, il ne faut pas songer à ébranler la fidélité d'un Suisse.

— D'un Suisse bien payé pour être vigilant, répondit en riant le Génois.

Le baron prit la raillerie en bonne part et répliqua en plaisantant sur le même ton.

— Si nous étions dans ton Italie, Gaetano, un sequin remplacerait non-seulement une douzaine de signatures; mais, par le nom de ton favori saint Francisco! il donnerait encore à cet honnête gardien cette seconde vue dont les montagnards écossais s'enorgueillissent, dit-on.

— Nous pourrions nous quereller longtemps sur les vertus des habitants des côtes opposées des Alpes sans que leurs véritables caractères en éprouvassent le plus léger changement. Mais nous ne reverrons jamais les beaux jours que nous avons parcourus; ni les jeux de Vevay ni nos vieilles plaisanteries ne nous rendront notre première jeunesse.

— Je vous demande un million de pardons, signori, interrompit Baptiste, mais ce vent d'ouest est plus inconstant que la folle jeunesse.

— Le coquin a encore raison, et nous oublions là-bas cette cargaison d'honnêtes voyageurs, qui nous souhaite dans le sein d'Abraham pour retenir ainsi dans l'inaction leur barque impatiente. N'avez-vous pas, bon Marcelli, un conseil à nous donner?

— Vous déplaisez, signor, que vous possédez un autre document qui suffira pour vous laisser partir.

— Tu dis vrai, et pourtant j'aurais désiré éviter de t'exhiber; mais mieux vaut cela que de perdre le plaisir de t'accompagner, Melchior. Signor officier, veuillez jeter les yeux sur ce papier.

A peine l'agent eut-il parcouru la moitié du papier que venait de lui remettre l'Italien qu'il souleva son bonnet d'un air respectueux, et ouvrant la barrière laissa passer librement les deux étrangers.

— Si j'eusse su cela plus tôt, dit-il, il n'y aurait pas eu de retard; j'espère que Votre Excellence excusera mon ignorance.

— N'en parlons plus, mon ami; vous avez rempli votre devoir, acceptez cette légère marque de mon estime.

Le Génois laissa tomber un sequin dans la main de l'officier et se dirigea rapidement vers l'embarcation. Le baron de Willading fut surpris de ce prompt succès de son ami; mais il était trop discret et trop bien élevé pour le lui témoigner.

Tout obstacle au départ du *Winkelried* étant écarté, Baptiste et son équipage commencèrent aussitôt leur manœuvre pour larguer les voiles et pour démarrer. Le mouvement de la barque fut d'abord lent et lourd, car les maisons du quai empêchaient la brise d'enfler les voiles; mais à mesure qu'ils s'éloignaient du port, les larges ailes du bâtiment commencèrent à s'agiter, et les voyageurs respirèrent enfin en se voyant en route pour leur destination.

Le baron instruisit sa fille Adélaïde des causes du retard, et lui présenta le signor Grimaldi, qu'elle connaissait déjà par les longs récits que lui avait faits son père de leurs exploits et de leur vieille amitié. Elle accueillit le vieillard avec une sincère affection, quoiqu'elle eût peine à reconnaître dans ses traits altérés par l'âge le gai, jeune et élégant Gaetano Grimaldi qu'elle s'était imaginé d'après les récits de son père.

— Les dernières nouvelles que j'eus de toi, Melchior, dit l'Italien, me vinrent par la lettre que m'apporta l'ambassadeur suisse, et que tu m'écrivis à l'occasion de la naissance de cette jeune fille.

— Non pas de celle-ci cette année, mais d'une sœur aînée depuis longtemps déjà dans le ciel. Tu vois ici la neuvième don que le ciel a bien voulu m'accorder et le seul qui me reste.

La physionomie du signor Grimaldi perdit tout à coup son expression de joyeuse humeur. Pendant la longue séparation des deux amis, leur existence avait été parsemée de douleurs et de blessures à peine cicatrisées et qu'on ne pouvait rouvrir; ils osaient donc à peine s'interroger, et l'effet que produisirent sur son ami les quelques mots prononcés par le baron les avertit tous deux du danger de s'appesantir sur le passé pendant les premiers jours de leurs rapports renouvelés.

— Cette enfant est à elle seule un trésor dont je t'envie la possession, reprit enfin le signor Grimaldi.

Le baron trahit un mouvement de surprise qui témoignait combien tout ce qui touchait au bonheur de son ami l'intéressait.

— Gaetano, tu as un fils?

— Il est perdu... sans espoir... perdu pour moi du moins!

Une pause pénible suivit de nouveau cette réponse, et le baron de Willading, témoin de la douleur muette de son ami, pensa que la Providence lui avait peut-être épargné des chagrins plus cuisants en lui enlevant ses enfants qu'en le laissant pleurer sur les torts d'un fils vivant mais indigne de vivre.

— Tels sont les décrets de la Providence, continua l'Italien, et nous devons nous y soumettre tous en soldats, en hommes et en chrétiens. La lettre dont je te parlais contenait les dernières nouvelles que j'ai reçues de ton bonheur domestique; je n'ai plus entendu parler de toi que par quelques voyageurs qui faisaient l'éloge de ta vie publique et de la confiance que ton pays accordait à tes capacités, mais qui ignoraient les détails de ta vie privée.

— L'éloignement de nos montagnes et le peu de rapports qu'ont les étrangers avec nous autres Suisses m'ont enlevé jusqu'à cette faible satisfaction d'entendre parler de toi depuis la réception du courrier qui vint, suivant nos anciennes conventions, m'annoncer...

Le baron, s'apercevant qu'il abordait une question dangereuse, s'arrêta...

— Pour t'annoncer la naissance de mon malheureux fils, acheva le signor Grimaldi avec fermeté.

— Pour me transmettre la nouvelle de cet événement tant désiré; je n'ai rien appris depuis de tes affaires.

— Les liaisons d'enfance se forment avec l'insouciance de l'avenir, et lorsque les devoirs de la vie nous séparent, nous commençons à reconnaître que le monde n'est pas cette terre promise que notre jeune imagination nous avait fait entrevoir, mais que tout plaisir porte à peine comme toute douleur sa guérison. As-tu pris les armes depuis notre service dans le même corps?

— Comme Suisse seulement!

Un rayon de joyeuse humeur éclaira l'œil de l'Italien, dont la physionomie mobile reflétait aussitôt la diversité de ses pensées.

— Au service de qui?

— Trêve à tes vieilles plaisanteries, bon Grimaldi; et pourtant je ne t'aimerais pas comme je t'aime si tu étais autre que toi-même. Nous nous prenons d'affection, je crois, pour les défauts de ceux que nous aimons.

— Il faut qu'il en soit ainsi, jeune fille, car autrement les folies de la jeunesse m'eussent enlevé l'amitié de votre père. Je ne l'ai jamais épargué au sujet de ses neiges, ni de ses montagnards, ni son argent; mais il supportait tout de moi. Votre père vous a-t-il souvent parlé du vieux Grimaldi, du jeune Grimaldi, devrais-je dire, et des nombreuses prouesses de nos jours sans soucis?

— Tant de fois, signor, que je pourrais vous en raconter l'histoire. Le château de Willading est situé au milieu des montagnes, et il est rare que le pied d'un étranger vienne se poser sur le seuil. Pendant les longues soirées du rude hiver, j'ai écouté en fille affectueuse le récit de vos communes aventures, et en les écoutant j'ai appris à connaître et à estimer l'homme si justement cher à mon père.

— Vous connaissez alors l'histoire du plongeon que je fis dans le canal pour m'être trop penché en admirant une beauté vénitienne.

— Je me rappelle cet incident humide de galanterie, répondit en riant Adélaïde.

— Votre père vous a-t-il raconté comment il m'a arraché à une mort imminente dans une charge de la cavalerie impériale?

— J'ai aussi entendu quelque légère allusion à un fait de cette nature, répliqua Adélaïde cherchant à rassembler ses souvenirs, mais...

— Je reconnais là l'impartialité de ses récits, mon brave Melchior. Un fait de peu d'importance, aurais-tu dit à propos d'une vie sauvée, de profondes blessures pansées par la main d'un ami, et une charge de cavalerie à faire trembler un Allemand; c'est peu de chose sans doute.

— Si je t'ai rendu service dans cette occasion, je ne faisais qu'acquitter une dette de reconnaissance, car devant Milan...

— Cela suffit, n'en parlons plus. Nous sommes de vieux fous, jeune fille, et si nous continuions ainsi à faire notre mutuel éloge, vous nous prendriez pour deux hâbleurs, ce que, Dieu merci, nous ne sommes ni l'un ni l'autre. As-tu jamais raconté à ta fille, Melchior, notre folle excursion à travers les forêts des Apennins, à la recherche d'une Espagnole tombée entre les mains de bandits, et combien nous avons passé de semaines dans cette entreprise chevaleresque et ridicule, rendue inutile avant même notre départ au moyen de quelques sequins sortis de la bourse du mari?

— Dites chevaleresque, mais non ridicule, répliqua Adélaïde avec la simplicité d'un cœur jeune et ardent, j'ai entendu raconter cette aventure, qui ne m'a pas paru ridicule mais noble, un motif généreux peut toujours excuser une entreprise malheureuse dans ses résultats.

— Il est heureux, reprit le signor Grimaldi d'un ton sérieux, que, si la jeunesse et ses idées exagérées nous portent à faire des sottises sous le manteau du courage et de la générosité, nous trouvions plus tard des esprits jeunes et généreux pour reproduire nos mêmes sentiments et nous absoudre. Celui qui commence la vie en froid raisonneur doit la terminer en froid égoïste. Eût-il plu au ciel de me laisser le fils que je n'ai possédé qu'un si court espace de temps, j'eusse préféré le voir pencher du côté de l'exagération dans son estime des hommes, avant que l'expérience n'ait glacé ses illusions, que de le voir, enfant raisonneur, envisager ses camarades d'un œil trop philosophique.

Cette nouvelle allusion à son fils perdu obscurcit de nouveau le front du Génois.

— Vous le voyez, Adélaïde, continua-t-il après un moment de silence, car je veux vous appeler simplement ainsi en vertu des droits d'un second père, nous tâchons de rendre nos folies respectables, du moins à nos propres yeux. Maître Baptiste, vous avez, ce me semble, une barque bien remplie.

— Je remercie Vos Honneurs, répondit Baptiste, qui tenait le gouvernail près du groupe des principaux passagers, de semblables aubaines nous arrivent si rarement que nous ne les laissons pas échapper. Les fêtes de Vevey ont attiré toutes les barques des coins les plus éloignés du lac, et une parcelle de l'esprit de ma mère m'a induit à me lier au dernier tour de roue, lequel, comme vous le voyez, messeigneurs, n'a pas amené un billet blanc.

— Beaucoup d'étrangers ont ils traversé votre ville pour se rendre aux jeux?

— Des centaines, mon noble gentilhomme, et on dit qu'à Vevey et dans les villages voisins ils sont entassés par milliers. Le pays de Vaux n'a pas encore eu une fête qui lui ait produit une aussi riche moisson.

— Il est heureux, Melchior, que le désir d'y assister nous soit venu au même moment. L'espoir d'obtenir quelques renseignements sur ta santé et la cause principale de mon absence de Gênes, où il me faudra retourner très-prochainement; mais j'avoue qu'il y a quelque chose de providentiel dans notre rencontre. J'ai promis à Rozer de Blennay de passer une nuit ou deux dans l'enceinte de son château fort, puis nous irons chercher l'hospitalité des moines de Saint-Bernard. Comme toi, j'avais un vague espoir que cette excursion m'apporterait des nouvelles de l'ami que je n'avais jamais cessé d'aimer.

Le signor Grimaldi examina plus attentivement le visage de la jeune fille dont il admira la beauté séduisante. Le mal n'avait pas encore creusé les contours arrondis de la jeunesse, ses joues étaient seulement un peu pâles et son regard mélancolique, la perte de cette gaieté vive qui était la première base de son caractère était le premier symptôme qui avait éveillé la sollicitude paternelle.

Cependant le Winkelried ne restait pas dans l'inaction; à mesure qu'il se dégageait du groupe des maisons et des montagnes au milieu desquelles il était resté encaissé, la force de la brise enflait ses voiles et sa marche croissait sensiblement; néanmoins les bateliers de l'équipage secouaient la tête en observant la difficulté de ses mouvements, et reconnaissaient que la cupidité de Baptiste l'avait surchargé au delà de ses moyens; l'eau était presque au niveau des derniers palans, et lorsqu'ils eurent gagné le large, où les vagues commençaient à prendre de la force, ils reconnurent que le poids énorme de la cargaison était trop fort pour être soulevé par les mouvements faibles et brisés de ces flots en miniature. Les conséquences en étaient plus contrariantes que susceptibles d'alarmer; mais il y avait à craindre que le vent ne changeât de direction avant qu'ils fussent arrivés au port.

Le lac de Genève représente à peu près la forme d'un croissant partant du sud-ouest pour s'arrêter au nord-est; la partie nord est recouverte d'une riche végétation et produit surtout de belles vignes. D'anciens vestiges témoignent que les Romains y firent de fréquentes stations. La confusion et le mélange des intérêts qui succédèrent à la chute de l'empire firent élever aux alentours de cette admirable nappe d'eau de nombreux châteaux forts, des abbayes et des tours défensives dont les ruines couronnent aujourd'hui encore les crêtes des montagnes.

À l'époque où commence cette histoire, toute la côte du Léman, si on peut appeler ainsi les bords d'une si petite étendue d'eau, était possédée par les trois États distincts de Genève, de Savoie et de Berne. La propriété du premier consistait en un fragment de terre à l'ouest qui formait la corne inférieure du croissant; le second occupait presque tout le côté sud du lac, comprenant le centre de la demi-lune, et le dernier était maître de la bordure extérieure et de la corne supérieure, tournée vers l'est.

Les rives de la Savoie sont bordées presque entièrement des pics avancés des Hautes Alpes, dominées par le mont Blanc comme un souverain assis majestueusement au milieu d'une cour brillante, les rochers s'élevant en certains endroits perpendiculairement au sein des eaux. Parmi les lacs que l'on rencontre dans ces régions pittoresques, aucun ne possède une plus riche variété de paysages que celui de Genève, qui change brusquement de l'aspect souriant de verdure et de fertilité dans sa partie inférieure à la sublimité terrible d'une nature sauvage et inculte à son sommet. Vevey, lieu de destination du Winkelried, est à trois lieues de la tête du lac, à l'endroit où le Rhône vient s'y jeter; et Genève, le port d'où le lecteur vient de le voir s'éloigner, est traversée par ce fleuve, qui s'échappe alors du bassin bleu du Léman pour arroser les champs fertiles de la France dans sa course rapide vers la Méditerranée.

On doit savoir que les courants d'air qui circulent au-dessus des masses d'eau encaissées entre des montagnes hautes et très irréguliers et incertains dans leur force et dans leur direction. C'était justement cette incertitude qui avait inquiété Baptiste pendant le retard apporté à l'embarquement; car le batelier expérimenté savait bien qu'il fallait profiter du premier souffle du vent pour atteindre le port avec la brise avant que les courants opposés descendissent des montagnes pour contrarier sa marche. En outre de cette difficulté, la forme du lac était une des raisons majeures qui s'opposaient à ce que les vents soufflassent à la fois dans la même direction sur toute son étendue. De fortes et fréquentes rafales s'engouffraient dans les profondeurs du bassin, balayant tout ce qui se trouvait sur leur passage et allant se perdre dans les cavités des rochers. Rarement la même brise accompagne une barque de l'entrée à la sortie du Rhône, qui traverse le lac.

La conséquence de ces particularités ne tarda pas à se faire sentir pour les passagers du Winkelried, qui durent se convaincre qu'ils s'étaient joués trop longtemps du perfide élément. La brise les poussa devant Lausanne sans difficulté, mais là l'influence des montagnes commença à ralentir sa force impulsive, et alors que le soleil commençait à s'abaisser sur la ligne sombre et uniforme du Jura, la pauvre barque fut réduite à l'expédient d'abaisser et de carguer ses voiles.

Baptiste ne pouvait s'en prendre qu'à sa soif immodérée du gain de ce fâcheux contre-temps, et la conscience de l'engagement qu'il avait pris envers la majeure partie de ses passagers de partir au point du jour et de l'infraction qu'il y avait volontairement faite pour accroître ses bénéfices chez les entêtés et les égoïstes qui sont investis d'un certain pouvoir, il cherchait à jeter sur d'autres la responsabilité de sa propre faute; harcelant ses hommes par des ordres inutiles et contradictoires, accusant ses passagers d'un ordre intérieur de ne pas rester aux places qui leur avaient été assignées, rejetant sur cette infraction la lenteur de leur marche. Enfin il cessa même de répondre avec le même respect et la même promptitude aux questions accidentelles des personnes pour lesquelles il avait eu jusqu'alors les égards dus à leur position sociale.

## CHAPITRE IV.

Le vent d'ouest ayant peu à peu cessé de souffler, le Winkelried demeura longtemps stationnaire, et ce ne fut qu'en mettant en œuvre toutes les ressources de l'art du marin que l'on parvint à le tourner dans la direction de l'est, où pointait la corne du croissant, au moment où le soleil bordait la ligne escarpée du Jura. Bientôt la brise disparut complètement; la surface du lac devint lisse et transparente comme la glace d'un miroir, et il fallut renoncer à donner à la barque la plus légère impulsion. L'équipage, reconnaissant l'inutilité de ses efforts et harassé de fatigue, s'étendit au milieu des caisses et des ballots pour prendre un peu de repos en attendant la brise du nord, qui à cette saison de l'année s'élève des bords du canton de Vaud une heure ou deux environ après le coucher du soleil.

Le pont de la barque fut donc abandonné en toute possession à ses passagers. La journée avait été brûlante pour la saison, la surface unie du lac reflétait sur la barque les rayons torréfiants du soleil, et à mesure que la soirée s'avançait, une fraîcheur douce et vivifiante dilatait les poitrines oppressées des passagers, entassés dans l'espace restreint que leur laissait la lourde cargaison. La cessation de toute manœuvre leur permit donc enfin de circuler plus librement sur le pont, et ils en profitèrent comme un troupeau de moutons renfermés depuis longtemps dans l'étable, et auxquels on permet enfin de paître en liberté dans les champs.

Baptiste, pendant les dernières manœuvres, avait joué le tyran avec les passagers les plus humbles, menaçant même de frapper ceux qui cherchaient à sortir de leur situation gênée. Il considérait cette plèbe vulgaire comme une partie de fret embarrassant, laquelle, tout en produisant l'avantage d'une plus forte rémunération que les ballots cubiques de matière inanimée, avait en revanche le désagrément de parler et de se mouvoir. Toutefois, malgré cette tendance à bousculer et à intimider ses inférieurs, le prudent patron avait fait une muette exception en faveur de l'Italien qu'à vu précédemment sous la fâcheuse dénomination d'il Maladetto, ou le Maudit. Ce redoutable personnage, au moyen d'un procédé fort simple, s'était mis complètement à l'abri de la tyrannie de Baptiste. Au lieu de fléchir sous les regards farouches du patron bourru, ou de céder à ses brusques observations, il avait choisi le moment de ses plus chaudes et effrayantes boutades de celui-ci pour venir se planter froidement à l'endroit même dont il venait de défendre l'approche, et affronter son regard avec un calme et une fermeté qu'il eût été difficile d'attribuer à un autre sentiment qu'au souverain mépris. Quelques-uns crurent que l'extrême ignorance l'avait seule poussé devant un danger qu'il n'appréciait pas. Mais Baptiste ne pensa pas ainsi, il n'eut aucun doute sur le mépris que manifestait cet homme envers son autorité, et recula devant la lutte par la même cause qui avait éloigné de lui les plus timorés. Dès ce moment il Maladetto, ou Maso comme l'appelait Baptiste, qui paraissait l'avoir connu antérieurement, devint aussi complètement libre de ses mouvements que s'il eût été l'un des personnages les plus honorables de l'arrière ou même le patron de la barque. Néanmoins il n'abusa pas de ses avantages, abandonnant rarement la place marquée par son faible bagage, sur laquelle il était étendu, laissant écouler les heures dans l'indolence du *far niente*.

Le baron de Willading et sa fille.

Mais la scène changea tout à coup. Dès que le patron désappointé eut avoué l'impossibilité d'atteindre le port avant que la brise du soir fût venue, et qu'il se fut étendu sur une balle pour enfouir son mécontentement dans le sommeil, des têtes surgirent les unes après les autres de derrière les ballots amoncelés, qui semblèrent s'animer tout à coup et se trouvèrent bientôt couvertes de la masse des passagers. La fraîcheur de l'air, l'heure paisible et la perspective d'arriver en sûreté, sinon avec toute la promptitude désirable, produisirent une agréable réaction dans tous les esprits. Le baron de Willading lui-même et ses amis se joignirent à cet élan de gaieté, encourageant par leurs sourires et leur affabilité les rires et les plaisanteries de la foule.

Il importe d'entrer dans quelques détails sur l'aspect et la position de la barque. Nous avons déjà dit qu'elle était chargée au point de voir l'eau envahir ses bords lorsqu'un mouvement trop vif la soulevait. Tout le milieu du pont, beaucoup plus large que les bateaux du même tonnage, était encombré au point de laisser à peine à l'équipage le passage nécessaire aux diverses évolutions de la manœuvre. Un espace était réservé à l'arrière pour les passagers les plus importants, mais il était restreint par l'énorme barre du gouvernail et les mouvements qu'il nécessitait. L'avant, quoique suffisamment dégagé pour les besoins de la manœuvre, n'était encombré de rien moins que de neuf ancres énormes absolument indispensables à la sûreté de tout bâtiment qui s'aventure vers le croissant du lac, parsemé d'écueils et de pointes de rocher. Le coup d'œil de cette masse vue à l'état de repos absolu dans lequel elle était clouée, donnait au *Winkelried* l'apparence d'un monticule au milieu de l'eau, semblant sortir de l'élément sur lequel il voguait, et dont la glace limpide reflétait la forme avec autant d'exactitude que l'original. Les vergues pendaient négligemment, en termes de marine, comme des becs de coq, tandis que la voile ondulait en plis élégants comme échappée par mégarde aux mains des matelots. L'éperon, ou la proue, se dressait en une courbe gracieuse et allongée comme le cou d'un cygne, déviant légèrement en ligne horizontale ou fléchissant sous l'influence des courants variables.

Lorsque les passagers étaient groupés sur les piles de marchandises, il leur restait encore un peu d'espace pour étendre leurs membres engourdis. Mais rien ne prépare mieux à la liberté que d'en avoir été quelque temps privé. Les ronflements de Baptiste donnèrent le signal de la délivrance, et tous s'agitèrent comme autant de souris échappées de leur trou pendant le sommeil du chat. Le remuant Pippo fut le premier qui montra sa tête au-dessus du rempart; les autres, encouragés par sa hardiesse, le suivirent de près, et vinrent se grouper autour de lui pour écouter ses lazzis et applaudir à ses tours d'adresse. Réduit souvent par des revers de fortune aux exploits les plus obscurs d'imitation de Polichinelle, ou à la contrefaçon des cris des animaux, Pippo était cependant un très-adroit baladin et capable d'atteindre aux plus hautes difficultés de son art, lorsque le hasard le mettait en présence de spectateurs intelligents. Dans la présente occasion il était obligé de s'adresser à la fois à la classe vulgaire et à la classe policée qui se trouvait par l'exiguïté de l'emplacement à portée de l'entendre.

—Et maintenant, *illustrissimi signori*, continua-t-il après avoir reçu les applaudissements mérités par un de ses plus adroits tours de passe-passe, j'arrive à la partie la plus sérieuse, la plus difficultueuse, la plus ténébreuse, la plus mystérieuse de ma science: celle de lire dans l'avenir et de prédire les futurs événements. S'il en est parmi vous qui désirent savoir combien de temps encore ils mangeront le pain de leur travail, qu'ils s'avancent; s'il y a parmi vous un jeune homme sensible qui veuille s'assurer si le cœur de sa fiancée est de chair ou de pierre, une jeune fille qui ait envie d'évaluer la foi et la constance de son fiancé pendant que ses longs cils couvrent ses beaux yeux comme un voile de soie, enfin un noble désirant connaître les actions de son rival à la cour ou dans le conseil, que tous adressent leurs questions à Pippo: le voici prêt à leur répondre et d'une manière tellement sûre que le plus expert de l'auditoire ici présent sera prêt à jurer!... qu'un mensonge sorti de mes lèvres vaut plus que toutes les vérités du monde dans la bouche d'un autre homme.

—Celui qui veut que l'on ajoute foi à sa puissance de lire dans l'avenir, dit gravement le signor Grimaldi, qui avait écouté en riant l'éloge de son compatriote sur son propre mérite, doit commencer par nous prouver sa connaissance du passé. Dis-moi quel est celui qui te parle en ce moment, comme preuve de ta science en bonne aventure.

—Son Excellence est plus qu'elle ne paraît être, moins qu'elle ne mérite et autant que quiconque ici présent. Elle a en ce moment à ses côtés un vieil et digne ami, et elle voyage suivant son bon plaisir pour assister aux fêtes de Vevey. Elle en partira par la même raison lorsque les fêtes seront terminées, et elle rentrera chez elle à son loisir, non comme le renard qui se glisse furtivement dans son terrier, mais comme le superbe vaisseau rentrant galamment au port à la grande clarté du soleil.

—Cela ne prend guère, Pippo, répliqua le joyeux vieillard, j'en aurais pu dire autant de toi. Tu devrais parler de ce qui est moins probable, quoique plus vrai peut-être.

—Signor, nous autres prophètes, nous savons à notre tour. Si c'est le plaisir de Votre Excellence et de son honorable société d'entendre tout ce qu'il y a de plus merveilleusement véridique, je vous raconterai quelques anecdotes touchant les intérêts de ces braves gens et tout à fait inconnues à eux-mêmes, quoique pour tout le monde la vérité luise comme le soleil en plein midi.

—Tu leur diras sans doute leurs défauts.

—Votre Excellence est en droit de prendre ma place, car jamais prophète n'eût mieux deviné mon intention. Approche ici, ami, dit-il en faisant signe au Bernois; tu es Wicklaus Wagner, un gros paysan du grand canton, un cultivateur économe qui peut posséder un titre au respect de tous parce que l'un de ses ancêtres à acheté le droit de bourgeoisie. Tu as là un joli chargement sur le *Winkelried*, et tu penses en ce moment quel pourrait être le meilleur châtiment à infliger à un effronté devin qui ose pénétrer avec si peu de cérémonie dans les secrets d'un zélé citoyen; tandis que ceux qui t'entourent souhaitent que tes fromages naient jamais quitté la laiterie au détriment de nos membres endoloris et de la vitesse de la barque.

Cette saillie aux dépens de Wicklaus tira de l'auditoire de joyeuses acclamations; car en effet l'égoïsme sordide dont il avait fait preuve tout le long du jour lui avait acquis peu de sympathies parmi ses compagnons de voyage.

—Si cette bonne cargaison t'appartenait, elle te gênerait moins que tu ne le penses, répliqua-t-il peu disposé à supporter la raillerie. Les fromages sont bien où ils sont; si leur compagnie te gêne, tu as l'alternative de prendre le large.

—Faisons une trêve à notre escarmouche, digne bourgeois, et terminons-la par quelque chose qui nous soit utile à tous deux. Tu possèdes ce que j'accepterais volontiers si tu voulais me l'offrir, et je possède un secret qu'aucun propriétaire de fromages ne refuserait de connaître s'il avait les moyens d'y arriver honnêtement.

Wicklaus murmura quelques mots de doute et d'indifférence; mais il était clair que les paroles ambiguës du jongleur avaient réussi à éveiller sa curiosité.

— D'abord je te dirai que tu mériterais de ne rien savoir pour te punir de ton orgueil et de ton incrédulité; mais c'est le faible de tout devin de faire savoir ce qu'il devrait cacher. Tu te flattes de posséder la plus riche de toutes les cargaisons de fromages qui traverseront cette saison les eaux de la Suisse pour s'étaler sur un marché italien. Ne secoue pas la tête en signe de négation; on ne peut rien cacher à un homme de ma science.

— Je sais bien qu'il y en a d'aussi lourdes et qui contiennent peut-être d'aussi bons fromages, mais la mienne aura l'avantage d'arriver la première et de se vendre plus vite et à un prix plus élevé.

Le Maledetto avec son ami Neptune.

— Tel est l'aveuglement de celui que la nature a mis sur terre pour vendre des fromages! Tu t'imagines cela, et en ce moment un radeau lourdement chargé se laisse diriger par une brise favorable du côté de la partie supérieure du lac des Quatre-Cantons, tandis qu'une longue file de mules est arrêtée à Fluellen pour transporter tes produits par les sentiers du Saint-Gothard au marché de Milan ou autres riches places du sud. Par la vertu de ma divination, je vois qu'en dépit de ta présomption et de tes remontrances, ils arriveront avant toi.

Wicklaus devint sombre et inquiet, car les détails géographiques de Pippo l'amenèrent à croire qu'il pouvait bien augurer vrai.

— Si cette barque fût partie à l'heure convenue, dit-il d'un air qui trahissait son malaise, les mulets que j'ai commandés à l'avance chargeraient en ce moment à Villeneuve, et s'il y a une justice dans Vaud, je rendrai Baptiste responsable de toute perte que sa négligence m'aura occasionnée.

— Heureusement pour toi que le généreux Baptiste dort, répondit Pippo, car peut-être ferait-il quelques objections à tes projets. Mes Seigneuries, je vois que vous êtes satisfaites de cet aperçu du riche paysan de Berne, qui, à dire vrai, n'a pas beaucoup à nous cacher, et je vais diriger mes regards inquisiteurs dans l'âme de ce pieux pèlerin, le révérend Conrad, dont l'onction est un levier suffisant pour alléger tous ceux de la barque de leur fardeau de péchés. Tu portes avec toi les pénitences et les prières de plus d'un pêcheur, sans compter ta propre marchandise.

— Je vais à Loretto, porter les offrandes spirituelles de plusieurs chrétiens, trop occupés par leurs travaux journaliers pour faire eux-mêmes le pèlerinage, répondit le moine qui n'abandonnait jamais le caractère de sa profession. — Je suis pauvre et humble en apparence, mais j'ai été témoin déjà de bien des miracles.

— Si quelqu'un t'a donné à garder quelque offrande de haute valeur, tu ne l'as en effet sur un vivant miracle en personne; je puis te prédire que tu ne porteras avec toi autre chose que des Ave.

— Je prétends négocier quelque chose de plus, les riches et les grands qui envoient des vaisseaux chargés d'or, et de riches habits à Notre Dame, se servent de leur messager favori; les souffrances que j'endure par la chair sont à l'avantage de mes clients, qui ont le bénéfice de mes douleurs et de mes peines; je ne prétends pas être plus que leur intermédiaire, comme le marinier là-bas m'a tout récemment qualifié.

Pippo se retourna soudain suivant la direction du regard de l'autre, et aperçut il Maledetto, qui seul s'abstenait de faire cercle autour du jongleur. Son indifférence l'avait rendu le maître incontesté de tous ses bagages, et il restait ainsi à demi incliné, bercé par l'indolence de ses réflexions.

— Veux-tu connaître l'histoire de tes périls à venir, ami marinier? s'écria le sorcier, veux-tu un journal de tes aventures et de tes tempêtes pour t'amuser dans le calme présent, une description de monstres marins, et de coraux qui croissent dans les cavernes de l'Océan où s'endorment les matelots, pour te donner le cauchemar pendant des mois, et te faire rêver de naufrage et d'os blanchis pour le reste de tes jours; tu n'as qu'à parler, j'étalerai sous tes yeux comme une carte géographique des incidents de ton prochain voyage.

— Tu m'inspirerais plus de confiance dans ton art en me racontant les détails du dernier.

— Ta requête est raisonnable, et tu l'auras, car j'aime le hardi aventurier qui s'abandonne bravement sur le profond élément; mes premières leçons en nécromancie m'ont été données sur le môle de Naples; au milieu des Anglais, des Grecs au droits profils, des bouillants Siciliens et des Maltais dont l'esprit est aussi fin que l'or des chaînes qu'ils portent à leurs cous, c'est à cette école que j'ai acquis la science philosophique et humanitaire de ma profession; ta main, signor?

Parmi ceux qui attendaient l'instant du départ, on remarquait un jeune soldat que les personnes placées près de lui nommaient M. Sigismond.

Maso, sans se déranger de sa position élevée, tendit sa main musculeuse au jongleur, de manière à montrer que, s'il se prêtait à la distraction de tous, il était supérieur à l'étonnement ébahi et à la crédulité juvénile de ceux qui attendaient le résultat. Pippo affecta de tendre le cou, pour étudier les lignes dures et sombres; puis il reprit ses révélations d'un air parfaitement satisfait de son examen.

— Cette main est masculine et a été dans son temps en contact avec beaucoup d'amis, elle a manié l'acier, le chanvre, le salpêtre et surtout beaucoup d'or. Signori, le véritable diagnostic d'un homme est dans la paume de sa main. Si elle donne et reçoit librement, il n'aura jamais une conscience chargée, car de tous les inconvénients damnables qui affligent les mortels, celui d'une conscience qui ne donne jamais est le plus lourd. Qu'un homme ait assez de sagacité pour devenir cardinal, si cette aptitude est embarrassée dans les liens d'une semblable conscience, vous le verrez devenir, dans ses derniers jours, un simple frère mendiant. S'il est né prince avec cette faculté rétrécie, mieux vaudrait pour lui qu'il fût né misérable, car son règne sera comme une rivière qui s'écarte de son lit sans jamais y rentrer. Non, mes amis, une main comme celle de Maso est un signe favorable, car elle est mue par une volonté flexible, qu'il ouvre et ferme à volonté, comme la charnière naturelle d'un coquillage ; tu es entré plus d'une fois après le coucher du soleil dans un port comme celui de Vevey, signor Maso.

— Ce sont là les hasards d'un marin, qui dépend plus des vents que de sa volonté.

— Tu estimes le fond de cette barque dans laquelle tu vogues plus sûr que la terre ferme, où tu veux paraître ce que tu n'es pas.

— Maître sorcier, je te soupçonne d'être un officier de quelque sainte confrérie, envoyé sous ce déguisement pour faire jaser les pauvres voyageurs et les perdre, répondit Maso. Je ne suis que ce que tu vois, un pauvre marin, n'ayant pas d'autres barques que celle de Baptiste, et naviguant sur le simple lac de la Suisse.

— Habilement répondu, dit Pippo clignant de l'œil à ceux qui étaient près de lui ; mais à quoi bon, signori, parler des qualités des hommes ? nous sommes tous de même, honorables, miséricordieux, plus disposés à secourir les autres que nous-mêmes, et si peu enclins à l'égoïsme, que la nature a été obligée de donner à chacun de nous un préservatif qui nous aiguillonne constamment à sauvegarder nos intérêts. Voici des animaux dont les dispositions sont moins comprises, et nous consacrerons utilement quelques instants à approfondir leurs qualités. Révérend Augustin, ce matin s'appelle Uberto.

— Il est connu sous ce nom de tous les cantons et de leurs alliés, la réputation de mon chien s'étend jusqu'à Turin et presque toutes les villes de la plaine lombarde.

— Maintenant, signori, vous voyez que cette créature n'occupe qu'un rang secondaire dans l'échelle des animaux. Faites-lui du bien, et il sera reconnaissant ; faites lui du mal, et il deviendra méchant ; nourrissez le, et il sera content. Pour faire honneur à son éducation, il parcourra nuit et jour les sentiers du Saint-Bernard, et quand sa tâche sera remplie, il ne demandera pour récompense que la juste quantité de nourriture pour soutenir ses forces ; si le ciel eût doué Uberto d'une conscience et d'un esprit plus étendu, la première lui eût démontré l'impiété de travailler pour les voyageurs les fêtes et dimanches, tandis que la dernière murmurerait à son oreille qu'il faut être fou pour s'occuper le moins du monde de la sûreté des autres.

— Et pourtant les maîtres, les bons Augustins, n'entretiennent pas une croyance aussi égoïste, Adélaïde.

— Ah ! la mise en vue le ciel ; j'en demande pardon aux révérends Augustins, mais, madame, la différence n'existe que dans le calcul. Merci de moi ! mes frères, si mes parents m'eussent élevé pour être évêque ou vice-roi, ou pour obtenir quelque autre modeste emploi, cette science profonde serait tombée dans de meilleures mains. Vous y perdriez en instruction, mais je serais à l'abri des fumées de l'ambition et je mourrais dans la disposition convenable pour devenir un saint. Belle dame, si je devine bien la raison qui vous pousse à traverser les Alpes à cette époque avancée de la saison, vous perdrez votre temps.

Cette brusque apostrophe fit tressaillir Adélaïde et son père, car en dépit de l'amour-propre et de la force du raisonnement, il est rare que nous puissions dégager complètement notre esprit des langes de la superstition. La physionomie de la jeune fille changea, et elle se tourna vers son père pour observer l'effet qu'avait produit sur lui cette remarque inopportune.

— Je vais chercher la santé, dit-elle, et je regretterais que ton fâcheux pronostic se réalisât. Il y a lieu d'espérer qu'avec la jeunesse, une bonne constitution et de bons parents pour m'accompagner, ta prophétie soit mise en défaut.

— L'espérez-vous, jeune dame ?

Pippo hasarda cette question avec l'insouciance qu'il avait apportée à émettre sa première opinion, sans but n'étant que de faire impression sur l'esprit de ses auditeurs. Par une de ces bizarres coïncidences qui surgissent à chaque instant de la vie, il avait, sans le vouloir, touché une corde sensible dans l'organisme de la jeune passagère, dont les yeux se baissèrent à cette apostrophe directe. Mais Maso lui épargna l'embarras de répondre.

— L'espérance est le dernier ami qui nous abandonne, interrompit-il, autrement la situation de bien des gens ici serait assez précaire, la tienne comprise, Pippo ; car, à en juger par ton extérieur, la campagne de Souabe n'a pas été riche en dépouilles.

— La Providence a prévu la moisson de l'esprit comme elle a créé celle des champs, répliqua le jongleur, qui sentit le sarcasme avec toute l'amertume de la juste application ; car il devait à la générosité de Baptiste de faire gratis son passage sur le Leman. Tu trouveras une saison où la treille plient sous le faix des raisins gonflés de la liqueur vivifiante, et la suivante, la sécheresse aura remplacé l'abondance. Aujourd'hui le paysan se plaindra de n'avoir pas assez de granges pour contenir ses récoltes et demain il parcourra ses greniers vides. L'abondance et la famine se suivent de près sur terre, il n'est donc pas étonnant que celui qui vit de son esprit n'en recueille pas toujours les fruits, comme celui qui vit du produit de ses mains.

— Si l'habitude constante assure le succès, le pieux Conrad doit

prospérer, répondit Maso, car le péché n'est pas oisif sur terre, son commerce ne manquera jamais par défaut de pratiques.

— Tu l'as dit, signor Maso, et c'est justement pour cette raison que je voudrais que mes parents m'eussent élevé pour un évêché ; celui qui a pour mission sur cette terre de remettre les péchés des autres n'a pas une heure de sa vie inoccupée.

Pippo possédait ce tact habituel qui permet à l'homme de juger de l'effet qu'il produit par les autres ; il s'aperçut bientôt que la partie la plus intelligente de son auditoire commençait à se lasser de ses bouffonneries. Recourant à un adroit subterfuge, il entraîna à l'autre extrémité de la barque ceux de ses spectateurs qui trouvaient encore du plaisir à l'écouter ; un ou deux fois Baptiste avait levé la tête ; d'un air à moitié endormi, il avait scruté l'état du ciel et la surface du lac, puis il était retombé dans son assoupissement, sans daigner prendre part aux distractions de son équipage.

## CHAPITRE V.

Pendant que Baptiste et ses hommes se reposaient étendus au milieu des bagages en attendant le retour de la brise, Maso continuait à arpenter la plateforme élevée au-dessus de leurs têtes, et l'étranger, dont l'air timide avait attiré à son entrée dans la barque tant de plaisanteries de la part de Pippo, restait assis à l'écart, et silencieux à la même place qui lui avait été assignée et qu'il n'avait pas quittée de tout le jour.

Ces deux hommes méritaient d'être étudiés séparément.

La tournure et la physionomie du second semblaient le placer au-dessus de la classe inférieure qui encombrait le pont, sans en excepter Niklaus Wagner, propriétaire de la riche cargaison. Il y avait en lui un sentiment des convenances, une dignité modeste, qui portait à rechercher son amitié. Au milieu du bruit et de la joie grossière de ceux qui l'entouraient, son calme et sa retenue lui avaient gagné la faveur des privilégiés, et ouvert la voie à des rapports plus intimes entre la famille noble et un homme qui, sinon son égal dans la distinction du monde, était bien supérieur à ceux parmi lesquels les hasards du voyage l'avaient jeté. Il n'en était pas ainsi de Maso, qui en apparence n'avait rien de commun avec l'être silencieux devant lequel il passait et repassait dans ses promenades ; la marche, l'attitude, le geste de Maso dénotaient une grande confiance en lui-même, de l'indifférence pour les autres, et une tendance plutôt à commander qu'à obéir. Les qualités que sa situation présente ne semblait pas mettre en évidence se faisaient pourtant presser par les regards froidement dédaigneux qu'il jetait de temps en temps sur les manœuvres commandées par Baptiste, et quelques mordantes remarques qui lui étaient échappées dans le courant de la journée, et qui n'étaient rien moins que favorables aux connaissances nautiques du patron et des marins d'eau douce ; pourtant cet étrange et mystérieux personnage trahissait une éducation supérieure à celle des hommes de sa caste. Mal vêtu et portant avec lui les signes incontestables d'une vie vagabonde, sa physionomie s'éclairait parfois d'une étincelle de haute intelligence, et son attention se portait de préférence à écouter la conversation des passagers distingués de la barque plutôt que les plaisanteries grossières de ceux placés tout près de lui.

Les gens de haute éducation sont toujours affables. Le lecteur qui parcourra cette histoire dans le but que nous désirons, trouvera dans sa morale la démonstration de cette vérité : que quelques-unes des erreurs qui surgissent du privilège ou de la puissance, manquent presque toujours leur but et sont loin d'atteindre ce bonheur autour duquel tous s'efforcent de gravit-r.

Ni le baron de Willading, ni son noble ami le Génois, quoique élevés dans les errements du faux orgueil, n'avaient conservé l'arrogance d'un vulgaire orgueil. Dès qu'ils eurent aperçu l'isolement de l'étranger et la connivence de ses manières, ils éprouvèrent le désir d'engager avec lui l'échange des civilités mises en usage entre voyageurs.

Aussitôt que la troupe bruyante se fut éloignée, le signor Grimaldi s'approcha de l'étranger solitaire et le saluant avec cette politesse discrète et réservée qui attire et réprime à la fois, il l'invita à descendre et à occuper une position plus agréable en société de lui et de ses amis. Celui-ci tressaillit et rougit comme s'il eût douté d'avoir bien entendu l'offre obligeante qui lui était faite.

— Les nobles seigneurs vous invitent à faire partie de leur société, dit le jeune Sigismond offrant à l'étranger son bras musculeux pour l'aider à atteindre le pont. Le voyageur inconnu hésitait encore, comme s'il craignait de dépasser les bornes de la modestie qu'il s'était imposées. Il jeta un coup d'œil vers la place que Maso occupait seul, et murmura quelques mots indiquant l'intention d'aller s'y poster.

— Cette place est occupée par quelqu'un qui ne paraît pas disposé à en céder la moitié, dit Sigismond ; vous ferez mieux d'accepter l'offre du noble Génois.

L'étranger, que Baptiste avait une ou deux fois nommé avec affectation Herr Mulle, se décida à descendre et vint paisiblement se placer à une distance respectueuse des principaux passagers. Sigismond fut récompensé de son intervention par un sourire d'Adélaïde.

— Vous êtes mieux ainsi au milieu de nous, dit le baron avec bonté, qu'au milieu de la marchandise de l'honnête Nicklaus Wagner, qui, Dieu le lui pardonne, nous a chargé jusques aux bords du produit de sa laiterie. J'aime à être témoin de la prospérité de nos bourgeois; mais j'eusse souhaité, je l'avoue, dans l'intérêt de tous les passagers ici présents, qu'il y eût moins des richesses de l'honnête Nicklaus sur ce pont. Etes-vous de Berne ou de Zurich?

— De Berne, Herr baron.

— J'aurais pu le deviner en vous rencontrant sur le Genfersee, au lieu du Wallerstatter; il y a beaucoup de Muller dans le Emmenthal.

— Le Herr a raison : ce nom est commun dans cette vallée et dans Entlibuch.

— C'est un nom originaire de la race teutonique : j'avais beaucoup de Muller dans ma compagnie, Gaetano, quand nous campions devant Mantua. Je me rappelle que deux de ces braves gens périrent dans les marais de ses basses terres, car la fièvre venait en aide à l'ennemi presque autant que les armes.

L'Italien, plus observateur, s'aperçut que l'étranger était gêné par la nature personnelle de la conversation et chercha à lui donner un autre cours.

— Sans doute vous voyagez comme nous, signor, pour assister à ces fêtes renommées des Véveysins.

— Oui, mais d'autres affaires m'ont amené en présence de cette honorable société, répondit le Herr Muller, que nul témoignage de bonté ne put tirer de sa modeste réserve.

— Et vous, mon père, continua le Génois en s'adressant au moine, vous retournez sans doute dans votre pieuse résidence de la montagne, après une visite d'amour et de charité dans ces vallées et chez leurs habitants.

Le moine de Saint-Bernard confirma la vérité de cette question, expliquant que sa communauté avait l'habitude, tous les ans, de faire appel à la libéralité des âmes généreuses de la Suisse, au profit d'une institution fondée dans l'intérêt de l'humanité, sans aucune distinction de foi ou de croyance.

— C'est une sainte confrérie, répondit le Génois, et bénie de tous les voyageurs. Je n'ai jamais partagé votre hospitalité, mais sa renommée est universelle, et le titre de frère de Saint-Bernard donne droit au respect de tout chrétien.

— Signor, dit Maso s'arrêtant tout à coup et prenant part à la conversation sans y être invité, personne ne le sait mieux que moi. Menant depuis bien des années une vie errante, j'ai souvent vu briller le toit de pierre de l'hospice avec autant de plaisir que le phare du port quand la tempête brisait mes vergues : honneur donc et une quête abondante au réfectoire de ce couvent, car il donne du pain aux pauvres et l'hospitalité au voyageur harassé.

En prononçant ces derniers mots, Maso souleva son bonnet et reprit sa promenade à grandes enjambées, comme un tigre qui tourne autour de sa cage. Des regards de surprise s'échangèrent dans le groupe, mais le signor Grimaldi, plus habitué aux allures franches et aux apostrophes hardies des marins par son long séjour sur les côtes de la Méditerranée, se montra disposé à encourager plutôt qu'à réprimer cette disposition de parler.

— Par ton dialecte tu parais être Génois, dit-il.

— Signor, répondit Maso se découvrant de nouveau avec respect, mais sans humilité, je suis né dans la cité des palais, quoique la fortune ne m'ait fait voir le jour que sous un humble toit; le plus pauvre d'entre nous est fier de la splendeur de Gênes la superbe, même lorsque sa gloire est le fruit de nos gémissements.

Le front du signor Grimaldi se plissa, mais honteux de céder à une allusion si vague et peut-être si peu préméditée, il se remit bientôt.

— Tu es trop jeune pour avoir contribué, en bien, soit en mal, à l'élévation des splendides demeures auxquelles tu fais allusion.

— C'est vrai, signor, excepté seulement comme celui qui est mieux ou plus mal par la faute de ceux qui l'ont précédé; je suis ce que je parais être, plus par les actions des autres que par ma propre faute. Néanmoins, je ne porte envie ni aux grands ni à leur richesse, car celui qui a déjà vu de la vie autant que moi connaît la différence qui existe entre les couleurs gaies du vêtement, et celles de la peau ridée et maladive qu'il recouvre. Nous peignons nos felouques des plus riches couleurs lorsque leur bois a le plus travaillé et lorsque leur plancher perfide est prêt à s'ouvrir pour nous engloutir.

— Tu as de la philosophie, jeune homme, et tu viens de railler avec à propos ceux qui perdent leur temps à courir après un fantôme; si tu es content de ton sort, nul palais de notre cité ne saurait te rendre plus heureux.

— Si possède une grande signification, signor ! — Le contentement est comme l'étoile polaire : nous autres matelots, nous courons après, mais nul ne peut l'atteindre.

— Me suis-je donc trompé sur ton compte, et ta modération ne serait-elle qu'apparente ? peut-être voudrais-tu être le patron de cette barque, dans laquelle la fortune t'a placé comme simple passager.

— Ce n'est pas le meilleur tour que m'ait joué la fortune, répliqua Maso en riant ; nous paraissons destinés à passer la nuit, loin loin d'y découvrir les vestiges de cette brise de terre que Baptiste attend avec tant de confiance, le vent semble avoir imité l'exemple de l'équi-

page en se reposant. Le climat vous est familier, révérend Augustin ? Est-il usage de rencontrer dans cette arrière-saison, sur le Léman, un calme aussi plat?

Cette question ne pouvait mieux remplir le but de l'interlocuteur en changeant la conversation, car elle ramenait l'attention de toutes les personnes présentes sur un sujet qui les intéressait toutes personnellement. Le soleil avait complétement disparu derrière les montagnes, et les voyageurs se trouvaient dans le crépuscule qui précède la chute complète du jour. La surface du lac était si complétement calme, que les teintes bleuâtres de la terre se confondaient avec la couleur particulière du Léman : il était impossible à l'œil de découvrir la ligne de démarcation.

La position précise du Winkelried était à moitié chemin environ entre les côtes de Vaud et celles de la Savoie. A l'exception d'une petite barque qui cinglait vers Saint-Gingoulph, transportant des Savoyards dans leur retour au pays, il n'y avait pas une seule voile sur toute l'étendue du lac.

La nature a déployé ses œuvres avec tant de magnificence dans cette sublime région, qu'il est difficile au regard d'en embrasser à la fois toutes les splendeurs. Nous avons déjà dit que ce point était l'endroit où le Léman projette à l'est sa seconde corne, et où ses bords présentent les plus riches paysages. Du côté de la Savoie, la côte forme un mur de rochers parsemés çà et là de noyers touffus ou coupés de ravins et de précipices sans fond, en général nus et sauvages, sur toute la ligne de leurs sommets élevés. Les villages si fréquemment mentionnés, et qui sont devenus si célèbres de nos jours par les descriptions de nos hommes de génie, sont adossés aux rampes inégales et rugueuses de ces blocs de granit. Les habitations inférieures baignent leurs bases dans le lac, et les plus élevées se confondent avec le sommet-nuageux des montagnes. Au delà des bornes du Léman, les Alpes pointent vers le ciel en pyramides plus élancées, laissant surgir tout à coup de leur sein un de ces pics qui dominent d'un millier de pieds le reste de la ligne, et que l'on appelle, dans le langage du pays, des dents, image gigantesque en effet d'un râtelier humain. Les prairies verdoyantes de Noville, d'Aigle et de Bex s'étendent à perte de vue entre ces barrières neigeuses et apparaissent à l'œil ébloui du voyageur plutôt comme la gorge étroite d'un précipice que comme de larges et fertiles plaines ; plus loin encore on aperçoit la passe célèbre de Saint-Maurice où le Rhône écumant, resserré entre deux fragments de rocher, rugit et semble vouloir lutter contre ses entraves, pour empêcher les deux rochs de se rapprocher et de lui fermer le passage.

Derrière cette gorge célèbre comme étant la clef de la vallée, et même des Alpes à l'époque des conquérants du monde, le fond du tableau prend un caractère mystique ; les ombres du soir tombent épaisses dans cette énorme caverne, suffisamment grande pour renfermer un Etat souverain, et les sombres pilastres de la montagne qui la surmontent semblent soutenir la voûte du ciel. Au-dessus de tout cela s'élève un cône d'une éclatante blancheur ressemblant au dernier gradin qui sépare la terre du ciel. En travers du sommet de ce pic s'étend la ligne imaginaire qui divise l'Italie des régions du Nord. Plus près l'œil embrasse cette rangée de fortifications naturelles qui surplomb sur Villeneuve et Chillon, et dont la dernière est comme un manteau de neige étendu moitié sur la terre, moitié sur le lac. Le long des rampes brisées des montagnes sont étagés en amphithéâtre les chalets de Clarens, de Montreux, de Châtelard et de tous les lieux devenus familiers au lecteur par la plume immortelle de Rousseau. Au-dessus du dernier village, les rochers s'entassent les uns sur les autres, laissant les bords du lac encaissé de coteaux de vignes dans toute son étendue à l'ouest.

Ce spectacle, grandiose en tout temps, était alors dans les conditions favorables d'ombres et de lumières. La clarté du jour avait déserté le monde inférieur laissant les objets dans un crépuscule azuré, tandis que la partie supérieure, parsemée de chalets et de riches pâturages, resplendissait sous les teintes pourprées du couchant. A mesure que la transition du jour à la nuit devenait plus sensible, les hameaux de la Savoie grisonnaient, les ombres s'épaississaient autour des montagnes, enveloppant leur base dans le chaos des ténèbres et transportant au sommet la splendeur de leur éclat. En plein soleil, ces hauteurs représentent une rangée de granits nus, ayant pour base des collines garnies de châtaigniers. A ce moment leurs formes se dessinaient en lignes sombres telles que le pinceau de Raphaël les eût tracées. Les saillies capricieuses des rochers se détachaient en relief sur un fond de ciel perlé, comme des blocs d'ébène sculptés sous les courbes les plus bizarres du ciseau fantastique et sauvage de la nature. De tous les sites merveilleux et imposants de cette sublime région, nul ne réunit l'assemblage de la noblesse, de la beauté, du pittoresque et de la magnificence comme ces arabesques naturelles de la Savoie vues à l'heure solennelle du crépuscule.

Le baron de Willading et ses amis s'inclinaient découverts en présence de ce tableau sublime du Créateur et laissaient échapper des exclamations de surprise et d'admiration à mesure que se déroulait à leurs yeux cette toile immense et variée, suivant que l'œil la décroissance de la lumière et les changements de scène qu'elle multipliait à l'infini. Ce spectacle absorbait toutes leurs pensées. Vevey, le voyage, les heures perdues, l'égoïsme, les mauvaises passions, tout était oublié dans la contemplation de ce paysage d'un soleil couchant, et l'on ne rompait le silence que pour s'extasier sur quelque nouveau site ou pour exprimer des sensations de joie pure et ineffable en face des œuvres du souverain maître.

— Je m'incline devant ton pays de montagnes, ami Melchior, s'écria le signor Grimaldi ; si tu as beaucoup de points de vue comme celui-ci, nous autres, Italiens, n'aurons plus rien à dire, car, par les mânes de nos ancêtres, nous perdrons notre renommée pour les beautés de notre nature. Voyons, ma jeune enfant, avez-vous beaucoup de ces couchers de soleil à Willading, ou n'avons-nous ici qu'une exception sans pareille ?

— Si nous n'avons pas le même coup d'œil, nous possédons les glaciers, les lacs, les chalets de l'Oberland, répondit Adélaïde en souriant.

— Ah! ma véritable et jolie Suissesse, c'est bien pour vous qui soutiendrez qu'une goutte de votre eau de neige vaut mieux que mille sources limpides, ou vous ne seriez pas la digne fille de Melchior de Willading ; mais cet enthousiasme s'émousse sur un cerveau plus froid et qui a parcouru d'autres pays. Père Xavier, vous êtes neutre dans la question, car votre demeure est sur le point culminant qui sépare les deux contrées : j'en appelle à votre impartialité pour nous dire si ces Helvétiens ont souvent de semblables soirées.

— Pour conserver mon caractère de juge impartial, répondit gaiement le moine, je dirai que chaque région a ses avantages particuliers. Si la Suisse est plus merveilleuse et plus imposante, l'Italie séduit davantage ; elle laisse des impressions plus profondes et plus durables. L'une frappe l'esprit, mais l'autre s'empare à peu du cœur ; et celui qui aura donné un libre cours aux expressions d'enthousiasme que la vue de la première lui arrachera, manquera de mots et de figures pour peindre les désirs secrets, les souvenirs d'amour, les regrets profonds qu'il gardera pour l'autre.

— Bien répondu, ami Melchior, et, comme un habile arbitre, laissant à chacun sa part de consolation et d'orgueil. Herr Müller, partagez-vous cette opinion qui donne à votre Suisse tant vantée une rivale aussi formidable ?

— Signor, répondit l'humble voyageur, je trouve un sujet d'admiration pour les deux contrées comme pour toutes les œuvres qui sortent de la main de Dieu. Ce monde est admirable pour tous les êtres heureux, et tous le seraient s'ils avaient la force de rester innocents. Quant à moi, je ne me plains pas du sort qui m'est alloué quoique ma vie se soit écoulée sans avoir une bien grande part de bonheur. Il est difficile de sourire quand tout autour de vous est sombre et triste, autrement je serais content. Tel que je suis, je ressens plutôt que je ne me plains.

— Ce brave homme est dans une étrange condition d'esprit, murmura Adélaïde à l'oreille du jeune Sigismond. Celui-ci ne réfléchit pas, et sa compagne remarqua avec étonnement qu'il était pâle et soucieux.

— L'esprit de cet homme a été blessé de bonne heure par quelque catastrophe, dit le signor Grimaldi à voix basse, et il semble en apparence éprouver à la fois du repentir et de la résignation ; j'ignore s'il mérite qu'on le plaigne, mais il a l'air de souffrir.

— Il n'a pas la mine d'un coquin ou d'un meurtrier, répondit le baron ; s'il est vrai qu'il descend des Müller du val d'Emmen ou même de ceux d'Endlibouck, je devrais savoir quelque chose sur son histoire. Ce sont de bons citoyens et renommés pour la plupart. Il est vrai que dans ma jeunesse un membre de cette famille encourut la disgrâce des conseils pour avoir soustrait à leur demande légitime une partie de ses impôts ; mais il paya une indemnité suffisante, et le fait fut oublié. Seriez-vous un disciple de Calvin ?

— Je n'appartiens ni à Rome ni à la religion de Genève ; je suis un humble adorateur de Dieu, et j'ai foi dans la sainte intervention de son fils.

— Comment cela ? comment pouvez-vous puiser de tels sentiments en dehors de l'Église?

— Je les trouve dans mon propre cœur ; c'est là qu'est mon temple, et je n'y pénètre jamais sans adorer son tout-puissant fondateur. Les ténèbres planaient sur le toit de mon cœur le jour de ma naissance ; il ne m'a pas été permis depuis de beaucoup fréquenter les hommes, mais la solitude de ma vie m'a permis d'étudier ma propre nature, et j'espère que cet examen ne l'a pas rendue pire. Je sais que je suis un indigne pécheur, et je souhaite que les autres soient autant meilleurs que moi que leur propre opinion les induit à le croire.

— Il n'est pas d'usage, Herr Müller, de rencontrer dans notre canton des citoyens qui ne suivent ni Rome ni Calvin.

— Il n'est pas d'usage, mein Herr, de rencontrer des hommes placés dans la même situation que moi ; ni Rome ni Calvin ne sauraient me suffire, j'ai besoin de l'aide de Dieu.

— Tu as été meurtrier, je le crains!

L'étranger s'inclina et son visage devint livide. Melchior de Willading, effrayé, recula et détourna les yeux ; les regards de l'autre erraient furtivement sur la direction de l'avant de la barque ; il paraissait faire un violent effort sur lui-même de parler. Paraissant enfin prendre une résolution, il dit d'une voix basse mais ferme :

— Je suis Balthazar de votre canton, Herr Baron, et j'invoque votre puissante protection dans le cas où ces esprits indomptables qui sont là-bas sur l'avant viendraient à découvrir la vérité. Mon sang s'est glacé ce matin en entendant leurs cruelles menaces et leurs malédictions. Sans cette crainte, j'aurais gardé mon secret, car Dieu sait que je ne suis pas orgueilleux de mon emploi.

La surprise soudaine et générale accompagnée d'un mouvement unanime d'aversion, induisit le signor Grimaldi à en demander la raison.

— Votre nom ne paraît pas jouir d'une grande faveur, Herr Müller ou Herr Balthazar, comme il vous plaira d'être nommé? observa le Génois parcourant du regard le cercle qui l'entourait ; il couvre quelque mystère que je ne m'explique pas.

— Signor! je suis le bourreau de Berne.

Quoique habitué par l'éducation à réprimer les fortes émotions, le signor Grimaldi ne put s'empêcher de faire un geste de dégoût en entendant prononcer ce nom terrible.

— En vérité, nous avons été heureux dans notre choix, Melchior ! dit-il sèchement et s'éloignant de l'homme dont la physionomie modeste et paisible l'avait si récemment intéressé.

— Ce prétendu nom n'était, après tout qu'un déguisement pour cacher la vérité. Je connaissais si bien les Müller du val d'Emmen que j'avais peine à associer le caractère que cet homme donnait de lui-même à aucun d'eux, mais il est clair que Balthazar n'a pas lieu d'être fier du tour que la fortune a joué à sa famille en lui imposant la charge d'exécuteur des hautes œuvres.

— L'office est donc héréditaire? demanda vivement le Génois.

— Il l'est, en effet. Tu sais que nous autres de Berne nous avons un grand respect pour les anciennes coutumes. Celui qui est né bourgeois mourra dans les exercices de ses droits, et celui qui est né en dehors de cette respectable corporation doit se contenter de son lot, à moins qu'il n'obtienne de l'or ou de la faveur. Nos institutions émanent de la loi naturelle, laissant les hommes tels qu'ils ont été créés, afin de préserver l'ordre et l'harmonie de la société. Dans la nature, celui qui est né fort reste fort, et celui qui est né chétif doit vivre avec sa faiblesse.

Le signor Grimaldi paraissait attristé.

— Es-tu donc vraiment bourreau par héritage? demanda-t-il s'adressant à Balthazar.

— Je le suis, signor ; autrement jamais ma main n'eût répandu le sang ; c'est une terrible tâche à remplir, même sous les obligations et les pénalités de la loi, sans lesquelles elle serait maudite.

— Tes pères t'estimaient un privilège.

— Nous portons la peine de leurs erreurs, signor, dans notre cœur, car les péchés des pères retombent sur leurs enfants jusqu'aux dernières générations.

La physionomie du Génois s'éclaircit, sa voix reprit l'expression de politesse qui lui était habituelle.

— La société a bien certainement été injuste à ton égard en te forçant à occuper ce pénible poste ; tu peux compter sur notre autorité pour te protéger si le danger que tu parais redouter survenait réellement ; les lois doivent être respectées, et tu es plus à plaindre qu'à blâmer.

— Je ne me plains pas d'une tâche qui est devenue pour moi une habitude, mais je redoute la fureur indomptable de ces hommes ignorants et crédules qui se sont imaginé que ma présence attirerait la malédiction du ciel sur la barque.

Il y a des situations accidentelles qui contiennent plus de moralité qu'on n'en saurait tirer de mille suppositions ingénieuses et plausibles, et qui sont par le fait plus éloquentes dans leur simplicité que les plus belles paroles ; tel fut le cas dans cet appel inattendu de Balthazar. Tous ceux qui l'écoutaient envisagèrent sa situation sous un point de vue bien différent que si elle eût été présentée dans les circonstances ordinaires. Un sentiment d'intérêt douloureux témoigna fortement contre la force brutale qui l'avait accablé dès sa naissance, et le bon Melchior de Willading lui-même s'étonna qu'un cas si frappant d'injustice se fût présenté sous les lois de Berne.

## CHAPITRE VI.

Le crépuscule disparaissait rapidement et les ombres de la nuit s'épaississaient sur la nappe profonde du lac. L'ombre de Maso, qui continuait à arpenter sa plate-forme, se dessinait gigantesque sur l'azur sombre du ciel, que traversait encore quelques faibles rayons du soleil couché, tandis que de chaque côté du bord les objets se confondaient avec les masses confuses des montagnes. La voûte qui s'arrêtait aux confins de l'horizon s'assombrissait d'épais nuages, au milieu desquels apparaissaient çà et là quelques pâles étoiles. On apercevait une lueur blafarde au-dessus des prairies du Rhône et à peu près dans la direction du mont Blanc qui, sans être visible de ce côté du Léman, trônait derrière les remparts de la Savoie comme un monarque retranché derrière la citadelle de montagnes et de glaciers.

Le changement de scène, l'heure avancée et les réflexions désagréables produites par le dernier sujet de conversation, augmentaient le désir de voir la fin d'une navigation qui commençait à devenir fatigante. Les objets dont la vue arrachait tout à l'heure des exclamations de transport prenaient une teinte sombre et menaçante, comme de fâcheux présages qui se répandaient autour de la barque. Néanmoins, les éclats de rire, les cris bruyants et les grossières plaisanteries qui s'élevaient encore de l'avant attestaient que les passagers de ce côté continuaient à prendre part aux plaisirs appropriés à leurs goûts. Un seul individu se détacha du groupe et vint s'établir sur les ballots amoncelés comme pour se livrer en paix à des réflexions plus graves. C'était l'étudiant westphalien qui, las des plaisanteries de la foule, se retirait à l'écart pour songer à son pays éloigné et aux êtres qui lui étaient chers. Jusqu'alors, Maso avait arpenté son poste élevé les regards fixés vers les cieux dans la direction du mont Blanc ; mais lorsque l'étudiant vint se placer sur son passage, il s'arrêta et sourit en voyant l'air préoccupé du jeune homme et la fixité de son regard attaché sur une étoile.

— Etes-vous donc astronome, que vous examinez avec tant d'attention ce monde étoilé ? demanda il Maladetto avec le ton supérieur du marin qui, sur son élément, domine l'habitant de la terre ferme.

Un astrologue ne serait vraiment pas plus attentif !

— C'est l'heure convenue entre moi et celle que j'aime pour réunir l'essence de nos esprits par l'intermédiaire de cet astre.

— J'ai entendu parler de cette manière de correspondre. Voyez-vous donc plus que les autres au moyen de ce message ?

— Je contemple l'objet sur lequel elle fixe elle-même ses yeux bleus si doux et qui me regardaient jadis avec affection. Sur une terre étrangère et dans ma situation dangereuse, cette communion de l'âme ne manque pas de charme.

Maso appuya sa main sur l'épaule de l'étudiant et lui dit d'un air mélancolique :

— Tu as raison, profite de tes amitiés si tu es aimé, et resserres-en les liens par tous les moyens en ton pouvoir. Nul mieux que moi ne connaît l'horreur de l'abandon dans cette cruelle bataille des intérêts privés. Vois dans sa lumière briller les yeux de ta maîtresse, dans son immobilité reconnais sa constance, et trouve dans son isolement l'image de sa tristesse ; ne laisse pas échapper un instant de bonheur, car bientôt un épais rideau la cachera à tes yeux.

L'énergie singulière comme la poésie de ces paroles frappa le Westphalien et détourna ses regards du côté des nuages, qui en effet s'amoncelaient rapidement au-dessus de leurs têtes.

— Que dis-tu de cette nuit? demanda-t-il d'un air de doute.

— Elle pourrait être plus belle. Cette contrée est sauvage et vos lacs froids de la Suisse deviennent quelquefois trop bouillants pour le cœur du plus solide marin. Contemple ton étoile, jeune homme, tandis que tu le peux, pense à celle que tu aimes et souviens-toi de sa tendresse; nous sommes sur un élément capricieux, et il est bon de ne pas jeter au vent nos souvenirs de bonheur.

Maso s'éloigna laissant l'étudiant inquiet, alarmé, sans trop savoir pourquoi, et pourtant s'acharnant avec une obstination enfantine à regarder le point lumineux qui commençait à disparaître par intervalles derrière les masses vaporeuses. A cet instant une clameur de joie immodérée partit de l'avant de la barque.

Il Maladetto, abandonnant l'étudiant à sa rêverie, descendit de la pile des bagages et se rapprocha de la société silencieuse et pensive qui était en possession de la partie libre de la proue. Il faisait alors si sombre qu'on distinguait à peine à quelques pas; traversant le groupe avec une froideur et une indifférence apparentes, il se rapprocha sans affectation du Génois et du moine.

— Signor, dit-il en italien, soulevant son bonnet en signe de respect, nous sommes menacés de voir notre voyage qui a commencé sous d'aussi heureux auspices se terminer d'une manière fâcheuse. J'aimerais mieux voir Votre Excellence et toute cette belle et noble société saines et sauves dans la ville de Vevey.

— Voudrais-tu dire que nous avons autre chose à redouter qu'un retard ?

— Signor, la vie d'un marin est parsemée de chances inégales : tantôt il nage dans un calme indolent, tantôt il est ballotté entre ciel et terre d'une façon à troubler l'âme la plus robuste; ma science de ces eaux n'est pas grande, mais le ciel là-haut dans la direction du pic du mont Blanc trahit certain signe qui me troublerait si j'étais sur notre bleue et perfide Méditerranée.

— Qu'en pensez-vous, mon père? Un long séjour dans les Alpes doit vous avoir donné quelque aperçu de leurs orages.

Depuis sa conversation avec Balthazar, l'Augustin était resté pensif, habitué depuis longtemps à étudier les changements de l'atmosphère dans une contrée où les éléments élèvent leur puissance à la splendeur incommensurable de la nature, il avait été frappé lui-même de ces fâcheux pronostics.

— Comme Maso je souhaiterais que nous fussions arrivés, répondit-il ; la chaleur intense qu'une journée comme celle-ci produit dans nos vallées et sur les lacs absorbe tellement les principes de l'air, que les froides masses qui se rassemblent autour des glaciers descendent quelquefois des hauteurs comme des avalanches pour en combler le vide. Le choc est violent pour ceux qui les rencontrent dans les vallées et les interstices des rochers, mais la descente d'une trombe d'air sur un des lacs est un phénomène vraiment effrayant.

— Et croyez-vous que nous soyons menacés en ce moment d'une semblable catastrophe?

— Je ne sais pas, mais j'aimerais mieux nous en voir à l'abri. Cette clarté surnaturelle là-haut, et ici-bas cette tranquillité profonde qui surpasse le calme ordinaire m'ont déjà fait réciter mes prières.

— Le révérend augustin parle comme un livre ou comme un homme qui a consacré son temps dans son couvent des montagnes à l'étude ou à la réflexion, tandis que les observations que je vous présente ont plutôt pris leur source dans la pratique du marin. Un calme comme celui-ci sera suivi tôt ou tard d'une commotion dans l'atmosphère. Je n'aime pas cette absence de la brise de terre sur laquelle Baptiste comptait avec trop de sécurité. Ajoutant ce symptôme aux menaces de ce ciel en feu là-bas, je m'attends à voir succéder bientôt à ce silence de la tombe le déchaînement des vents. Il n'est pas jusqu'à Neptune, mon chien fidèle, qui n'ait donné des signes évidents d'inquiétude par la manière dont il cherche à respirer l'air par ses naseaux.

— J'avais espéré être à cette heure en sûreté dans le port. Que signifie ce point lumineux là-bas ? Est-ce une étoile au ciel, ou sort-il du flanc de la montagne?

— C'est le phare de mon vieil ami Roger de Blonay, s'écrie le baron; il sait que nous sommes sur cette barque, et il fait allumer son fanal afin d'éclairer notre route.

La conjecture paraissait probable, car pendant le jour le château de Blonay, adossé à la rampe de la montagne qui abrite Vevey contre le nord-est, était resté en vue et Adélaïde l'avait montré à Sigismond comme le lieu où l'attendait le repos du voyage.

Le signor Grimaldi apprécia la gravité des circonstances; il appela auprès de lui ses amis, et leur communiqua les appréhensions du marin et de Maso. Il n'y avait pas dans toute la Suisse un homme plus brave que Melchior de Willading, et pourtant les sombres prédictions du Génois produisaient dans tout son être un tremblement nerveux.

— Ma pauvre faible Adélaïde, dit-il fléchissant sous la tendresse paternelle, que deviendra cette fleur fragile exposée à la tempête sur une barque découverte?

— Elle sera sauvée par son père et les amis de son père, répondit la jeune fille, à laquelle quelques paroles surprises par intervalles avaient révélé le sujet de leurs inquiétudes; j'en ai assez entendu pour comprendre que nous pourrions être dans une meilleure situation; mais ne suis-je pas avec des amis éprouvés? Je sais déjà ce dont est capable le herr Sigismond pour sauver mes jours, et advienne que pourra, nous sommes sous la sauvegarde de celui qui ne nous laissera pas périr sans se rappeler que nous sommes ses enfants.

— Cette jeune fille nous fait honte à tous, dit le signor Grimaldi; souvent les êtres les plus fragiles deviennent les plus forts et les plus résolus lorsque les plus orgueilleux commencent à désespérer. Mais n'exagérons pas les causes de nos craintes, qui peuvent après tout passer comme tant d'autres dangers menaçants et nous laisser pour quelques minutes de frayeur des heures de repos et de joie.

— Dites plutôt d'actions de grâces, s'écria le moine, car l'aspect des cieux devient de plus en plus effrayant. Toi qui es marin, mon fils, n'as-tu rien à nous opposer?

— Nous n'avons d'autres ressources que dans nos rames, mon père, et encore, pour en avoir trop longtemps retardé l'usage, elles ne nous seraient actuellement d'aucun secours. Avec cette barque qui plonge dans l'eau jusqu'aux bords, nous ne pourrions gagner Vevey avant l'orage.

— Mais nous avons les voiles, répliqua le Génois; elles pourront au moins nous servir lorsque le vent va s'élever.

Maso secoua la tête sans répondre. Après une courte pause, qu'il employa à étudier plus attentivement le ciel, il se dirigea vers l'endroit où le patron était endormi et le secoua rudement.

— Allons, Baptiste, debout! on a besoin de tes conseils et de tes ordres.

Le propriétaire de la barque, engourdi, se frotta les yeux et se souleva lentement.

— Pourquoi me réveiller, Maso? il n'y a pas un souffle d'air. Tu devrais savoir qu'à celui qui travaille il faut du repos.

— C'est possible; mais regarde le ciel et dis-nous ce que tu en penses. Crois-tu qu'il y ait assez d'étoffe dans ton Winkelried pour résister à un orage comme celui qui se prépare?

— Tu parles comme une poule timide qu'effraie le bruit de ses propres poussins. Le lac ne fut jamais si paisible ni la barque plus en sûreté.

— Ne vois-tu pas cette lueur qui brille au-dessus de la tour de ton clocher de Vevey?

— Oui, c'est une belle étoile et d'un heureux augure pour le marin.

— Idiot! c'est une flamme rouge qui brûle dans le phare de Roger de Blonay. On commence à s'apercevoir là-bas que nous sommes en danger, et le signal nous invite à ne pas perdre de temps.

— Cet homme est pétrifié, continua Maso en se retournant vers la société; il ne veut pas voir ce qui n'est plus un doute pour personne.

Un long éclat de rire partant de l'avant contredire l'opinion de Maso et prouver combien il est facile aux ignorants de conserver leur sécurité, même quand ils touchent à leur perte.

La nature parut saisir ce moment pour lancer un de ses premiers avertissements à la portée des intelligences les plus vulgaires. La voûte entière des cieux était voilée, à l'exception du point déjà mentionné qui dominait les torrents écumeux du Rhône; une longue ligne de feu fendit horizontalement la masse compacte et fut suivie d'un roulement qui ressemblait plutôt à une charge de mille escadrons de cavalerie en ligne qu'au bruit du tonnerre. En un clin d'œil l'avant de la barque fut déserté par la foule oisive qui couvrit de têtes humaines la masse informe des ballots. La barque qui était restée si longtemps dans un état de repos absolu, se souleva lentement comme pour secouer son lourd fardeau, tandis qu'une énorme vague la traversait dans toute sa longueur, et alla déferler en mugissant sur les côtes vaudoises.

— Il y aurait folie à perdre plus longtemps des moments précieux, dit précipitamment Maso, qui ne méconnut pas ce signal. Signori, de la hardiesse et de la promptitude, ou nous serons surpris à l'improviste par la tempête. Je ne parle pas pour moi, car avec l'aide de ce chien fidèle et de mes bras je puis toujours espérer gagner le bord à la nage; mais il y a quelqu'un dans cette barque que je veux sauver, même au péril de mes jours. Baptiste est paralysé par la peur, nous devons donc travailler à nous sauver si nous ne voulons périr.

— Que faire? demanda le signor Grimaldi; celui qui prévoit si bien le danger doit avoir quelque expédient pour l'écarter.

— Si nous nous y fussions pris à temps, les moyens ordinaires eussent suffi; mais comme ceux qui meurent dans le péché nous avons follement dépensé les minutes si précieuses. Il faut alléger la barque, dût-il en coûter toute la cargaison.

Un cri qui échappa à Nicklaus Wagner dénota que le sentiment d'avarice était encore tout-puissant dans son cerveau. Baptiste lui-même, qui en présence des terribles présages dont il reconnaissait enfin la vérité avait perdu son arrogance et ses airs de commandement, se joignit au marchand pour protester hautement contre la destruction des marchandises. Rarement une proposition soudaine et hardie comme celle de Maso rencontre l'approbation de ceux auxquels l'évidence n'est pas immédiatement démontrée.

Le danger ne paraissant pas encore assez imminent pour avoir recours à un expédient aussi décisif, et quoiqu'ils fussent arrachés de leur apathie, les hommes grossiers qui entouraient là les ballots menacés étaient plutôt encore dans l'indécision que sous l'empire de cette excitation furieuse qui les pousse aux dernières extrémités. Le projet froidement réfléchi de Maso eût donc totalement manqué son effet si un violent coup de tonnerre et le soulèvement de la barque par une seconde vague ne fussent venus en confirmer l'opportunité. Les vergues et le mât craquèrent au-dessus de leurs têtes et la lourde voile s'agita dans les ténèbres comme les ailes de quelque lourd albatros prêt à prendre son essor.

— Saint et juste régulateur de la terre et de la mer, s'écria l'Augustin, n'oublie pas les pêcheurs repentants et prends-nous dans ce moment solennel sous ta toute-puissante protection.

— Les vents s'abattent sur nous, le lac nous avertit, s'écria Maso, à l'eau la cargaison ou nous sommes morts!

Malgré ce rappel au néant des choses humaines, chaque individu qui se trouvait à bord eut à la fois l'idée de sauver ses propres effets et de jeter à la mer ce qui ne lui appartenait pas. Néanmoins l'imminence du danger vient bientôt en aide à Maso, et les bagages commencèrent à s'engouffrer dans les profondeurs du lac. L'impulsion se communiqua de l'un à l'autre jusqu'au jeune Sigismond, qui fut bientôt un des plus actifs à l'œuvre.

Il ne faut pas croire que Baptiste et Nicklaus Wagner restèrent impassibles devant la destruction de leurs marchandises. L'un menaçait des lois, l'autre promettait à Maso le châtiment dû à son intervention dans les devoirs d'un patron; mais leurs remontrances étaient inutiles. D'énormes cargaisons qui avaient nécessité à Baptiste et à ses gens une journée entière de travail pour les amonceler sur le pont, disparaissaient pièce à pièce avec une rapidité qui tenait de la magie. Caisses, colis, balles, tout ce qui tombait sous leurs mains s'engloutissait sous les vagues écumantes.

La tempête, loin de se ralentir, prenait au contraire des proportions effrayantes; les vagues se succédaient l'une après l'autre sans relâche, tantôt élevant la barque vers le ciel, tantôt semblant l'attirer au séjour ténébreux; enfin une rumeur annonça qu'une partie du plancher était mise à découvert; l'œuvre de destruction s'exécuta alors avec plus de régularité; Maso, une fois assuré que ses ordres seraient ponctuellement suivis de ce côté, cessa d'y prendre part, et s'avança vers la proue du bateau pour diriger les manœuvres.

— Je te connais, signor Maso, dit Baptiste d'une voix enrouée par ses efforts impuissants pour arrêter le torrent, et tu auras à répondre de ce fait et de tes autres crimes aussitôt que nous aurons atteint le port de Vevey.

— Vantard! par la stupidité de ton esprit tu allais transporter, toi et tout ce qui est avec toi, vers un port d'où on ne sort jamais une fois qu'on y est entré.

— Vous serez tous deux responsables, reprit Nicklaus Wagner, car tu es aussi coupable que ce fou, Baptiste, si tu avais quitté la ville à l'heure arrêtée entre nous, nous eussions échappé à ce danger.

— Suis-je un Dieu pour commander aux éléments? Je voudrais n'a-

voir jamais vu ni toi ni tes fromages, ou que tu eusses débarrassé de ta présence en les suivant au fond du lac.

— Voilà ce que c'est que de dormir à son poste. L'usage opportun des rames nous eût fait arriver à temps sans exposer la vie et la propriété d'aucun de nous. Noble baron de Villading, je vous prends à témoin, comme citoyen de Berne, pour certifier comment tout s'est passé.

Baptiste n'était pas d'humeur à supporter des reproches si bien mérités, et il répondit au marchand exaspéré d'une manière qui eût nécessairement amené un conflit entre eux sans l'intervention de Maso, qui les écarta avec la force musculaire d'un géant. La bataille d'injures grossières continua néanmoins avec tant d'acrimonie et dans des termes si peu mesurés, qu'Adélaïde et ses femmes pâles de terreur fermèrent leurs oreilles pour rester sourdes à ces épithètes injurieuses et menaçantes qui glaçaient leur sang. Maso continua de donner ses ordres avec sang-froid et avec la même présence d'esprit, quoiqu'il lui fût aisé de s'apercevoir que le danger était plus terrible qu'il se l'était imaginé.

Le mouvement des vagues était devenu incessant et leur écume blanche inondait le pont. Des indices certains du côté de la terre dénotaient que le danger de leur situation n'était pas ignoré. Des lumières se croisaient en tous sens le long de la côte en forme de signaux et comme pour préparer les moyens de sauvetage.

— Je ne doute plus que nous n'ayons été reconnus, dit Melchior de Willading, et que nos amis n'avisent en ce moment à prendre des dispositions pour nous secourir. Roger de Blonay n'est pas homme à nous laisser périr sans tenter un effort, et le digne bailli Peter Hofmeister ne saurait rester oisif sachant qu'un confrère de la bourgeoisie, qu'un ancien camarade de collège a besoin de son assistance.

— Nul ne peut venir à notre secours sans encourir les mêmes dangers, répondit le Génois. Il vaut mieux que nous restions livrés à nos propres efforts. Le sang-froid de ce marin inconnu me plaît, et j'ai foi en Dieu.

Une nouvelle clameur annonça que l'autre bord de la barque était dégagé. La majeure partie du fret avait disparu et les mouvements de la barque étaient plus légers et plus sûrs. Maso appela auprès de lui l'un des hommes de l'équipage pour larguer la voile, car le premier souffle d'air que l'on avait attendu en vain pendant plusieurs heures venait de souffler dans les cordages. La voile convenablement déployée, Maso retourna vers les travailleurs pour diriger leurs efforts et les encourager de la voix.

— Tu n'es pas à la hauteur de ta tâche, dit-il à l'un d'eux qui faisait de vains efforts pour rouler à quelque distance des autres un énorme ballot vers le bord de la barque; tu ferais mieux d'aider les autres que d'user seul inutilement tes forces.

— Je me sens assez de force pour soulever une montagne! ne s'agit-il pas de travailler pour sauver notre vie?

Le marin se pencha et reconnut l'étudiant westphalien.

— Ton étoile a disparu, reprit-il en souriant; car Maso avait souri au milieu de scènes plus terribles encore que celles du moment.

— Elle la voit et la regarde encore, elle pense à celui qui l'aime, et qui voyage loin du foyer de ses pères.

— Attends! puisque tu le veux, je vais t'aider à jeter ce ballot à l'eau. Place ton bras ainsi. Une once de force bien employée vaut mieux qu'une livre qui se paralyse.

Se baissant tous deux à la fois, leurs forces réunies réussirent à accomplir ce que seul l'étudiant n'avait pu effectuer. Le ballot roula vers le bord, fit incliner la barque et passa par-dessus en un clin d'œil. Maso habitué à l'oscillation du plancher, reprit son équilibre avec l'habileté d'un pied marin; mais l'étudiant n'était plus à ses côtés. S'agenouillant sur la rampe, il aperçut le lourd fardeau qui s'engouffrait dans l'élément, entraînant les pieds du Westphalien. Il pencha le bras en avant pour ressaisir le corps lorsqu'il remonterait à la surface, mais ce corps ne reparut pas, embarrassé qu'il était sans doute dans la corde, ou, ce qui était aussi probable, retenu par l'étreinte convulsive du désespoir.

La vie d'il Maledetto avait été parsemée de vicissitudes et de dangers, il avait souvent vu des hommes passer de ce monde dans l'autre, et il était resté calme au milieu des cris d'angoisse et des malédictions des mourants, mais il n'avait pas encore été témoin d'une mort aussi soudaine et aussi silencieuse. Pendant plus d'une minute il resta suspendu au-dessus du gouffre sombre et agité, espérant revoir l'étudiant à sa surface, et lorsque tout espoir fut perdu, il se releva terrifié. Néanmoins la discrétion ne l'abandonna pas. Il reconnut l'inutilité et même le danger de détourner l'attention des travailleurs, et la fatale destinée de l'étudiant s'accomplit sans qu'un mot de regret ou un commentaire fût prononcé sur son sort. Nul autre que le marin ne connut sa perte ou ne remarqua son absence. Mais celle à laquelle il avait engagé sa foi sur les bords de l'Elbe attendit longtemps, les yeux souvent fixés sur la pâle étoile et maudissant l'inconstance des hommes. De sincère affection survécut longtemps à l'objet qui l'avait fait naître; les jours, les semaines, les mois, les années se succédèrent pour elle dans l'amertume des espérances de bonheur déçues, mais le sombre Léman ne rejeta pas son secret, et bientôt le seul témoin de la mort fatale de son amant oublia cet événement dans les nombreuses péripéties de sa carrière agitée.

Maso reparut donc au milieu de l'équipage avec une attitude calme, indispensable au maintien de son autorité. Le commandement de la barque lui était abandonné sans entrave, Baptiste, énervé par la colère et la peur étant désormais incapable de donner un ordre précis et salutaire. Et fort heureusement pour les passagers, le remplaçant était digne d'en occuper l'emploi; car jamais le Léman ne s'était montré plus terrible qu'en ce moment.

Nous avons mis plus de temps à raconter ces divers incidents qu'il ne s'en écoula dans leur accomplissement. Depuis vingt minutes environ le lac avait montré les premiers symptômes de colère, et les passagers en avaient si bien employé l'espace qu'ils n'eurent pas le temps de les compter. Mais les puissances de l'air n'étaient pas non plus restées oisives. A différents intervalles les passagers avaient senti des bouffées d'air chaud qui leur arrivaient au visage comme produites par un gigantesque éventail, et qui n'avaient d'autre origine que dans les variations subites de l'atmosphère, dont les couches se déplaçaient sous le choc des vapeurs tièdes du lac et de celles condensées par les glaciers, ajoutées à l'agitation violente de la barque.

Les ténèbres profondes qui régnaient sous la voûte, donnant au lit du Léman l'apparence d'une caverne liquide et sombre, contribuaient à la sublimité solennelle de la nuit. Les rivages de la Savoie se distinguaient à peine des nuées fuyantes, et ressemblaient à de hautes et sombres murailles, et les côtes moins anguleuses du pays de Vaud formaient une masse confuse moins sombre mais plus vague.

Le fanal brûlait toujours dans la tourelle du vieux Roger de Blonay, et des torches résineuses éclairaient çà et là les abords du quai. La côte était parcourue par des habitants qui avaient compris et apprécié la situation des passagers.

Le pont était actuellement dégagé, et les voyageurs se tenaient groupés autour des mâts. Pippo avait perdu toute sa joyeuse humeur sous les sinistres augures du moment, et Conrad, tremblant de terreur et de superstition, avait levé le masque de son hypocrisie. Tous discutaient des chances et de la nature des risques qu'ils encouraient.

— Je ne vois pas d'image de la Vierge, ni même une misérable lampe de saint brûlant dans cette maudite barque, s'écria tout à coup le jongleur. Faites avancer le patron, pour qu'il rende compte de cette négligence.

Les passagers étaient également divisés en catholiques et en dissidents; cette proposition fut donc diversement accueillie, les uns protestant contre cette négligence, les autres déclarant bruyamment que l'idolâtrie pourrait leur coûter la vie.

— Que la malédiction du ciel paralyse la langue qui blasphème ainsi, murmura Pippo entre ses dents. N'as-tu pas toi, pieux Conrad, quelque amulette dont un chrétien puisse se servir?

Le pèlerin tira de dessous sa robe un rosaire qui passa de main en main parmi les croyants. Baptiste, mandé impérieusement en présence de ces hommes farouches, tremblait de tous ses membres; sa présence d'esprit et son arrogance l'ayant complètement abandonné. Ils demandaient une lumière pour la placer devant l'image de la Vierge; mais le patron leur objecta l'impossibilité de maintenir une flamme allumée pendant l'orage.

Les catholiques pensèrent à l'influence de Maso et l'appelèrent à eux pour appuyer leurs injonctions. Mais celui-ci était occupé sur l'avant à faire glisser l'une après l'autre les ancres au fond du lac, aidé passivement par les gens de l'équipage qui s'étonnaient d'une précaution inutile à leurs yeux, puisqu'il n'y avait pas de câble assez long pour atteindre le fond, et qui n'osaient pas cependant désobéir à ses ordres. On parla du sort jeté sur la barque par l'intention du patron d'y laisser entrer le bourreau; Baptiste sentit son sang se figer dans ses veines, et une terreur superstitieuse s'empara de lui.

— Croyez-vous donc que ce soit la cause du danger que nous courons? demanda-t-il d'une voix étouffée.

Tous sans distinction de croyance partageaient en ce moment cette ridicule terreur, et tous s'accordaient à dire qu'un voyage dans une semblable société serait indubitablement maudit. Baptiste balbutia quelques mots inintelligibles, puis enfin, dominé par la frayeur, il laissa échapper le fatal secret.

La nouvelle que Balthazar était au milieu d'eux produisit d'abord un silence de stupeur. La conclusion de leurs réflexions fut, on le pense, que là était l'unique cause de leur périlleuse situation, et ils ordonnèrent aussitôt au patron de leur désigner l'objet de leur animadversion. Obéissant à cet ordre par crainte pour lui-même, il leur montra du doigt le bourreau, et profita du moment pour s'esquiver.

Quand le Herr Müller, ou Balthazar comme on l'appelait alors, se trouva poussé au milieu de ces forcenés, le moment de calme qui se fit autour de lui ressembla à celui qui précède la tempête sur le lac. Peu de paroles furent échangées, mais Conrad, Pippo et quelques-uns des plus superstitieux soulevèrent en silence l'objet innocent de leur rage et le portèrent vers le bord de la barque en proférant des cris de vengeance.

— Invoque Marie dans l'intérêt de ton âme, murmura le Napolitain avec un étrange mélange de zèle chrétien et de férocité.

En s'éloignant de la foule assemblée entre les deux mâts, Baptiste rencontra son vieil antagoniste Nicklaus Wagner. La fureur qui s'était

amoncelée dans sa poitrine éclata tout à coup, et il se jeta sur lui. Le vigoureux Bernois lutta avec son ennemi, et un combat comme celui de deux animaux féroces s'engagea entre eux. Le baron de Willading et le signor Grimaldi, scandalisés par cette ignoble lutte et ignorant ce qui se passait, tant les mécréants avaient mis de promptitude à accomplir leur résolution, s'avancèrent avec dignité vers les combattants pour les séparer. Dans ce moment critique, la voix de Balthazar domina le rugissement de la tempête qui éclatait dans toute sa furie, et parvint aux oreilles des deux dignitaires, dont elle implorait le secours. A ce cri, Sigismond s'élança comme un lion; mais, arrivé trop tard pour arrêter ceux qui jetaient le bourreau par-dessus le bord, il ne put que le saisir par ses vêtements au moment où il était balancé entre le ciel et l'eau. Retenu par un violent effort en sens contraire, Balthazar, au lieu de tomber dans le lac, parvint à se cramponner au plat-bord. Cependant Baptiste et Nicklaus, dont la lutte continuait avec acharnement, entraînèrent avec eux le baron et Grimaldi, et tous les quatre furent précipités dans le sombre élément.

En ce moment la colonne d'air inférieure cédant à la pression de l'avalanche, la tempête éclata sur la barque dans toute sa fureur.

## CHAPITRE VII.

Il devient nécessaire de retourner un peu en arrière pour résumer les événements jusqu'à l'incident fatal qui vient de clore le précédent chapitre. Tant que la surface du lac resta unie, le calme était si complet qu'on entendait au loin les sons les plus simples, tels que la chute d'un aviron ou les éclats de rire des bateliers. A ces bruits éloignés succédèrent ceux du choc des nuages qui s'amoncelaient dans le ciel et du rugissement des vents descendant des pics élevés des Alpes ou s'engouffrant dans le bassin du Léman. A mesure que l'obscurité augmentait, le sens de l'ouïe devenait plus délié et répercutait le bruit de l'orage, qui, ressemblant d'abord à celui de la girouette d'une cheminée, avait fini par atteindre la grandeur imposante d'une charge aérienne d'escadrons fantastiques. C'est alors que la surface limpide du lac commença à s'agiter et que Maso reconnut l'imminence du danger. Peu à peu les vagues s'élevèrent à une hauteur prodigieuse pour une nappe d'eau de si peu d'étendue, et semblèrent soulevées par une tempête échappée de son sein; car on n'avait pas encore senti le plus léger souffle d'air. Mais au moment où les trois passagers et le patron tombaient par-dessus le bord, le Winkelried était ballotté à la fois par l'ouragan et par l'agitation des vagues.

Malgré les ténèbres, un éclair qui fendit la nue vint éclairer le moment terrible qui eut pour témoins tous les passagers rassemblés sur le pont. Les esprits les plus indomptables et les plus acharnés à sacrifier un de leurs semblables à leur barbare superstition poussèrent un cri d'horreur dominé par celui d'Adélaïde, qui résonna au-dessus de la tempête comme l'appel du jugement dernier. Le nom de Sigismond poussé du sein de l'onde par le baron de Willading ajouta à l'horreur de cette scène.

Maso avait achevé son travail à l'avant, et venait d'atteindre le tillac juste à temps pour être témoin de l'accident. Sans perdre de temps, il fit attacher Adélaïde et ses femmes autour des mâts, avec tous les égards et tous les soins imaginables pour les préserver des vagues qui balayaient le pont.

Dans les cas exceptionnels d'un danger subit et inconnu, l'instinct supplée à la raison. Tous les hommes se jetèrent à plat ventre et saisirent les cordes que Maso avait eu le soin d'arrimer autour des mâts dans cette prévision. Les chiens donnèrent en cette occasion des preuves de la variété d'intelligence dont la nature les a doués. Le vieil Uberto rampait, hurlait aux pieds de son maître, tandis que le chien de Terre-Neuve sautait, courait de l'arrière à l'avant, humant l'air avec ses naseaux et hurlant à la mort comme pour le défier.

Une vaste trombe d'air, celle qui avait été l'avant-coureur de l'ouragan qui accompagna la tentative contre Balthazar. Dix mille chariots lancés à fond de train n'eussent pas égalé la tourmente qui s'éleva au-dessus du lac. Les vagues commencèrent à fléchir sous la pression atmosphérique, balayées à la surface et répandues en atomes humides qui saturèrent l'espace. Le Winkelried reçut le choc au moment où le tribord de sa large carène plongeait dans l'élément, et où sa proue était soulevée sur une montagne d'eau. Il s'éleva avec un sourd mugissement, puis l'aplatissement subit de la vague lui rendit l'équilibre. Maso affirma depuis que sans ce mouvement d'oscillation l'ouragan eût balayé tout ce qu'il y avait de créatures humaines sur le pont.

Sigismond avait entendu le cri d'angoisse d'Adélaïde éplorée, et malgré le conflit redoutable des éléments et la sombre obscurité de la nuit, il n'hésita pas à affronter le danger. Soutenu par une corde, sa taille herculéenne plia comme un roseau sous le choc de la tempête, puis, dès qu'elle eut passé, il s'élança par-dessus le bord et plongea dans les profondeurs du lac avec la ferme résolution de sauver une existence si chère à Adélaïde ou de mourir. Maso avait suivi cette scène avec l'œil, la conception et le sang-froid d'un marin. Son pied n'avait pas quitté le plancher; pliant un genou, il s'était tenu au tillac, et faisait face à la tempête comme s'il eût été le dieu des eaux. Il y avait en effet quelque chose de sublime dans l'intelligence et la science de calcul avec laquelle ce marin solitaire, inconnu et presque sans espoir, obéissait à l'instinct de sa profession dans cet effrayant conflit des éléments. Il avait jeté loin de lui son bonnet, ramenant en avant ses longues boucles pour protéger ses yeux, et épiait les coups de vent comme le lion prudent et courageux suit de l'œil les mouvements de l'éléphant. Un sourire éclaira ses traits lorsqu'il sentit la barque reprendre son équilibre sur le lit agité. On vit alors l'utilité de la précaution qu'il avait prise et qui avait paru aux autres incompréhensible. La barque tourna sur elle-même avec rapidité, et sous l'impulsion de la trombe, tandis que l'onde écumeuse retombait à flots sur le pont. Mais les câbles se tendirent et toutes les ancres opposant une forte résistance, amenèrent la poupe au vent. A cette épreuve décisive de la résistance des câbles, Maso ne put retenir une exclamation de joie. Quittant alors son poste avec toute la dignité d'un homme confiant dans sa force, il appela son chien.

— Vous êtes bien connu, pèlerin, dit d'un ton un peu sévère l'officier à celui qui s'approchait de la porte.

— Neptune! Neptune! où es-tu, brave Neptune?
Le fidèle animal était resté auprès de lui, n'attendant qu'un signal pour agir à son tour. A la voix de son maître, il poussa un jappement prolongé et s'élança par-dessus le pont dans le lac en fureur.
Lorsque Melchior de Willading et son ami revinrent à la surface, après leur premier plongeon, ils se crurent déjà livrés aux caprices infernaux du génie du mal: c'était au moment le plus fort de la tempête, car ce que nous avons mis tant de temps à décrire ne dura qu'une minute. Maso s'agenouilla sur le passavant, enroula un de ses bras autour d'un pieu, et se pencha sur le gouffre pour en sonder les profondeurs. Une ou deux fois il crut entendre la respiration haletante et oppressée d'une créature humaine luttant contre l'onde furieuse. Continuant à encourager son chien de la voix, il saisit rapidement un bout de câble au bout duquel il fit un nœud coulant, puis il le lança incessamment avec dextérité, le tirant à lui et renouvelant sans relâche ses efforts quoiqu'au hasard, car la lueur des éclairs l'éblouissait plus qu'elle ne l'aidait dans ses pénibles recherches, et les puissances de l'air apportaient à ses oreilles des sons stridents comme les éclats sauvages d'une troupe de démons.
Parmi les exercices de leur jeunesse, les deux vieillards n'avaient pas négligé la science utile de la natation. Aussi ils possédaient en outre le sang-froid et la présence d'esprit sans lesquels l'habileté ne saurait se maintenir dans le danger. Chacun d'eux en remontant à la surface conservait donc toute sa lucidité d'esprit, et ils se gardèrent bien d'épuiser leurs forces en efforts désespérés. La position était assez périlleuse, car la barque leur paraissait déjà hors d'atteinte. Dans cette incertitude c'eût été folie de se débattre au milieu des vagues, ils bornèrent donc leurs efforts à se soutenir et à s'encourager mutuellement.
Pour Sigismond, la tempête, le bouillonnement des vagues n'étaient

qu'un jeu; il plongeait dans les profondeurs du lac et remontait aussi aisément qu'il eût bondi sur la terre. Ce cri : — Sigismond! oh! Sigismond! poussé par Adélaïde, résonnait à ses oreilles et redoublait son courage. Le jeune Suisse était un nageur habile et expérimenté. Dans un bassin tranquille, il ne lui eût pas été difficile de franchir la distance du *Winkelried* aux côtes vaudoises; mais comme les autres, en se jetant à l'eau, il avait été contraint de nager au hasard et au milieu d'un ouragan qui coupait la respiration.
Néanmoins lorsqu'il revint à la surface, il comprit le danger de la situation. Il nageait aveuglément au milieu de ces montagnes de vagues qui l'éloignaient de la barque, déplaçant de ses bras nerveux l'onde écumeuse. Elevant la tête au-dessus des flots pour chercher la direction de la barque, il aperçut une masse informe flottant à quelques brasses, et sentit bientôt le museau froid du chien qui s'élevait vers son visage. L'instinct admirable du chien lui démontra que ses services n'étaient pas nécessaires de ce côté, et il continua sa course en aboyant joyeusement comme pour défier les flots. La pensée vint tout à coup à Sigismond que sa plus sûre espérance reposait sur les facultés de l'animal. Etendant un bras il se cramponna à lui, se laissant entraîner sans savoir où, mais secondant la marche du chien par ses propres mouvements. Un nouveau jappement annonça le succès de l'expédient, et des voix humaines qui paraissaient sortir du sein des eaux indiquèrent la proximité des deux vieillards. Le plus fort de l'ouragan était passé et le clapotis des vagues en annonçait le terme.
Les forces des deux amis s'épuisaient. Le signor Grimaldi avait jusque-là généreusement soutenu son vieil ami moins vigoureux et moins habile, et il continuait à le bercer d'un espoir qu'il n'avait pas lui-même, refusant jusqu'au dernier moment de se séparer de lui.
— Courage, mon vieil ami, courage, on vient à notre secours.
L'eau pénétrait dans la gorge du baron, qui agonisait.
— Il est bien tard, mon cher Gaetano; que Dieu protège mon enfant, ma pauvre Adélaïde!

Peter Hofmeister, bailli de Vevey, appartenait à une de ces familles de l'aristocratie bourgeoise du canton.

— Ce nom si cher, prononcé dans ce moment solennel, sauva la vie du baron. Le bras nerveux de Sigismond, dirigé par la voix, saisit ses vêtements, et il sentit qu'une nouvelle puissance conservatrice s'interposait entre lui et l'abîme sans fond. Il était temps, car la tête du baron plongeait déjà sous l'eau pour ne plus reparaître.
— Confiez-vous au chien, signor, dit Sigismond rejetant l'eau de sa bouche pour se faire entendre, fiez-vous à sa sagacité, et avec l'aide de Dieu nous pouvons tous être sauvés.
Le signor Grimaldi suivit ce conseil, et il fut heureux pour lui aussi bien que pour son ami d'avoir perdu assez de leurs forces pour s'abandonner sans résistance aux sauveurs que le ciel leur avait envoyés si à propos.

La voix de Maso continuait d'encourager les efforts de son chien et empêchait Sigismond de s'écarter de la direction de la barque. Mais les forces du jeune homme étaient épuisées. Ses idées devenaient confuses et vagues, lorsqu'un long câble vint siffler au-dessus de sa tête et tomber sur la vague qui la couvrait déjà. Le saisissant par une contraction nerveuse, le jeune soldat se sentit de nouveau soulevé à la surface. Il venait de trouver le câble que le marin n'avait pas cessé de lancer au hasard, et il touchait au bord de la barque avant que ses facultés engourdies lui eussent fait comprendre comment il était sauvé.

Maso tourna rapidement la corde, et favorisé par un mouvement incliné de la barque, il amena sur le pont le baron de Willading. Grimaldi y était déjà. Répétant le même mouvement, avec autant de sang-froid que de bonheur, Maso parvint à mettre aussi Sigismond en sûreté. Le premier fut étendu sans vie au fond de la barque, et reçut aussitôt les soins empressés qui avaient fait revivre le signor Grimaldi et avec le même résultat. Sigismond fit signe qu'on le laissât seul, sachant combien d'autres avaient besoin de secours. Il fit quelques pas sur le pont comme un homme ivre ; puis, succombant à l'épuisement de ses forces, il tomba tout de son long sur le plancher humide, où il resta longtemps incapable de faire un mouvement ou de parler.

— Neptune, brave Neptune, courage ! continuait l'infatigable Maso toujours à son poste sur le tillac et lançant son câble dans toutes les directions. Les vents capricieux commençaient à diminuer d'intensité, on distinguait mieux les jappements du chien qui continuait ses recherches, et des voix étouffées semblaient se rapprocher sensiblement de la barque. Il y avait donc encore un léger espoir de sauver ceux qui luttaient contre les vagues. Maso sentait son courage redoubler au succès de ses premières tentatives, et se penchant de nouveau sur les flots il continuait de crier.

— Va, brave Neptune, va toujours !

Des voix d'hommes se faisaient entendre, mais leurs paroles ressemblaient à des sons étouffés. Neptune jappait avec force et son maître lui répondait. Enfin le chien hurla sourdement, fatal présage qui fut suivi du bruit répété des voix qui semblaient toujours se rapprocher de plus en plus. Enfin le marin put discerner un groupe informe qui roulait à quelques brasses de la barque, et quelques exclamations incomplètes parvinrent à ses oreilles.

— Lâche-moi, maudit Baptiste, lâche-moi !
— Misérable, c'est toi qui me retiens !
— Dieu ne t'a-t-il pas abandonné ?
— Pourquoi râles-tu ainsi, infernal Nicklaus ?
— Tu mourras damné !
— Tu m'étouffes, misérable ! misérable ! pardon, pardon !

Puis plus rien ! L'élément engloutit les blasphèmes. Le chien hurla deux ou trois fois, et l'ouragan traversa de nouveau le Léman dans toute sa fureur, comme pour chasser au loin les âmes impures qu'il engloutissait.

Le marin commença à éprouver la crainte que son chien ne perdît ses forces. Il l'appela de nouveau à plusieurs reprises, mais en vain. Le changement de position et le dernier coup de vent semblaient l'avoir entraîné au loin. Il employa plus de temps à l'appeler en vain qu'il ne s'en était passé pour l'accomplissement des diverses scènes que nous avons essayé de décrire. Lorsqu'il eut reconnu l'inutilité de ses efforts, il se jeta sur le pont dans un paroxysme de fureur, s'arrachant les cheveux et pleurant amèrement. La trempe vigoureuse de son esprit, qui avait résisté à tant d'émotions palpitantes, était vaincue par la force de ses regrets.

— Neptune, mon brave mon fidèle Neptune ! que me sont tous ces

198

— Epargnez-moi, Adélaïde ; Baltbazar, le bourreau de Berne... c'est mon père.

hommes, comparés à toi? n'es-tu pas le seul qui m'ait aimé? n'as-tu partagé ma bonne et ma mauvaise fortune, sans jamais varier dans ton attachement, sans jamais désirer changer de maître? Quand les prétendus amis m'ont abandonné, toi seul es resté fidèle.

Frappé d'un aussi étrange désespoir, le bon moine, qui jusque-là avait prodigué ses soins aux naufragés, s'approcha de lui.

— Console-toi, brave marin, dit-il, tu nous sauves la vie à tous, et il y a parmi nous des hommes qui sauront récompenser ton courage et ta science ! Oublie donc ton chien, et joins tes prières aux nôtres pour rendre les actions de grâces à la Vierge et aux saints qui nous ont si miraculeusement sauvés d'une mort certaine.

— Mon père, j'ai vécu avec ce pauvre animal, il a partagé mon pain, ma couche, mes combats, mes luttes avec les éléments, mes joies enfin, et actuellement j'aimerais mieux être avec lui au fond de ce lac. Que me font tous ces nobles et leur or sans mon chien !

— Des âmes chrétiennes ont été appelées cette nuit devant le tribunal suprême sans y avoir été préparées, et nous devrions prier pour elles plutôt que de nous abandonner à une douleur qui n'a pour objet, en définitive, qu'un être sans raison.

Mais Maso n'écoutait pas et continuait à pleurer sur son chien, qu'il paraissait aimer plus que quelque créature humaine. Reconnaissant l'inutilité de ses conseils, le bon Augustin se retira pour offrir au ciel ses actions de grâces et l'implorer en faveur des morts.

L'explosion de la douleur de Maso fut aussi brève qu'elle avait été violente. La plaie resta saignante au fond du cœur, mais l'énergie de son caractère reprit son empire. La tempête sembla suivre le même cours. Violente et impétueuse en commençant, elle s'apaisa tout à coup pour faire place à une forte brise du nord.

Pendant les scènes précédentes, la plupart des passagers étaient restés couchés à plat ventre sur le pont, les uns par frayeur, les autres pour ne pas être balayés par les vagues qui tombaient sur la barque. Mais, à mesure que le vent diminua et que les mouvements de la barque devinrent plus réguliers, ils reprirent peu à peu leur courage et se levèrent les uns après les autres. Adélaïde eut en même temps le bonheur d'entendre la voix de son père bénir ses tendres soins et

calmer sa douleur. Le vent du nord chassa au loin les nuages divisés, et les étoiles brillèrent sur le Léman furieux, apportant avec elles l'espérance du divin secours, comme la colonne lumineuse qui guida les Juifs dans leur passage de la mer Rouge.

Maso par son courage et son habileté avait obtenu le commandement de la barque. Dès que sa douleur se fut apaisée, il appela autour de lui les hommes de l'équipage et leur donna les ordres nécessaires pour gagner le port. Ses ordres furent suivis avec zèle et activité, et bientôt le vent enfla les voiles dans la direction si longtemps désirée. Il ne fut plus question du bourreau ni de son influence funeste sur l'ouragan. Il eut néanmoins le soin de se tenir prudemment à l'écart, afin de ne pas réveiller la rage superstitieuse de ses ennemis. Le marin posté à la barre fit carguer la grande voile et longea les rochers de la Savoie au grand désappointement des matelots, dont cette manœuvre réveilla les soupçons contre un homme qui ne paraissait pas en règle avec les lois du pays. Mais une demi-heure suffit pour dissiper leurs craintes. Lorsqu'il se fut assez rapproché des montagnes pour échapper aux rafales du vent, il hissa la voile d'artimon, et le Winkelried rassuré par cette sage manœuvre porta bravement toute sa toile et longea la côte en fendant la lame de son éperon acéré. Il laissa derrière lui ravins, vallées, précipices et hameaux, comme s'il eût eu les ailes d'un goëland.

En moins d'une heure on eut dépassé Saint-Gingaulph, village qui

sépare les territoires de la Suisse des Etats de Sardaigne, et les excellents calculs de Maso devinrent plus évidents.

La force même du vent qui partait de la gorge des montagnes du Valais le poussait en ligne directe vers le port. La traversée dans toute cette largeur du Léman dura néanmoins plus d'une heure, que les passagers employèrent en félicitations sur leur sortie miraculeuse du danger, et en commentaires sur la fin terrible du patron et de Nicklaus Wagner.

Le phare continuait à briller sur la tour du château de Roger de Blonay et servait à maintenir la barque dans la direction voulue. Enfin les masses confuses des côtes vaudoises commencèrent à se détacher lentement et à prendre des formes plus précises. Çà et là, une tour et la tête chevelue d'un arbre projetaient leur ombre sur l'azur étoilé du ciel. Des lumières continuaient à circuler le long de la côte, et bientôt le son des voix vint caresser les oreilles des passagers d'une douce espérance. Les voiles se détendirent peu à peu, et le _Winkelried_ modérant sa course glissa paisiblement dans la baie artificielle et sûre de la Tour-du-Peil. Une forêt de voiles latines encombrait le port. Mais glissant légèrement et dirigé par un main habile au milieu des mâts courts et rabougris, la barque vint se poser lentement le long de la berge pour y déposer ses passagers, qui furent accueillis par de grandes démonstrations de joie, car leur approche et le danger qu'ils avaient couru avaient été suivis avec anxiété.

Cinquante fougeux Veveysins s'élancèrent sur le pont, qui retentit de leurs joyeuses félicitations. Du milieu d'eux bondit une masse informe et couverte de vase. C'était Neptune qui vint joyeusement sauter autour de son maître, qui l'accueillit avec tous les transports d'une joie immodérée. Quelques instants plus tard, lorsque le bonheur de le retrouver eut cédé à une satisfaction plus calme, Maso aperçut entre les dents du fidèle animal une boucle de cheveux fraîchement arrachés, et huit jours après le flot paisible vint jeter sur la côte les cadavres de Baptiste et du paysan de Berne, toujours entrelacés dans la dernière étreinte de la mort violente qui avait si brusquement terminé leur carrière.

CHAPITRE VIII.

Le _Winkelried_ avait été aperçu tout le jour, de la côte de Vevey; on attendait l'arrivée du baron de Willading et de sa fille, le premier ayant su indépendamment de son rang et de sa fortune, qui lui assuraient le respect, gagner tous les cœurs, par son aménité, et par la droiture de son caractère. Roger de Blonay n'était pas le seul ami d'enfance qu'il possédât dans ce lieu; l'officier chargé de la surintendance des districts, par lesquels Berne avait permis que son territoire vaudois fût divisé, était qualifié du titre de bailli; il s'appelait de son nom de famille Peter Hofmeister, membre d'une de ces familles de la bourgeoisie ou de l'aristocratie municipale du canton, qui en trouvait les institutions vénérables, justes et presque sacrées, par la simple raison qu'elle était en possession d'un privilège exclusif, non-seulement facile à exercer, mais d'un excellent rapport. Par une de ces dispositions abusives de l'époque, la famille d'Hofmeister avait conservé héréditairement cette charge, qui augmentait chaque jour de richesse et son importance. A part la morgue de sa position, dont il eût été embarrassé d'expliquer l'origine, et malgré son profond respect pour la suprématie de Berne, sur laquelle reposait sa propre autorité, il n'y avait pas d'homme plus philanthropique que Peter Hofmeister. C'était un joyeux compère, un franc buveur, un grand défenseur des lois, et un célibataire de soixante-huit ans; en somme, le herr Hofmeister était bailli, à peu près comme Balthazar était bourreau, par les services ou les fautes qu'il eût été difficile de dire lesquels de l'un de ses ancêtres, par les lois du canton, et par l'opinion des hommes. La seule différence matérielle qui existait entre eux était que l'un occupait joyeusement son emploi, tandis que l'autre paraissait avoir fort peu de goût pour le sien.

Quand Roger de Blonay se fut assuré à l'aide d'une bonne lunette que la barque qui pointait au delà de Saphorin contenait les personnes qu'il attendait, il fit allumer le fanal, et descendit sur le port, pour être prêt à recevoir les amis. Il trouva le bailli sur la promenade qui baigne l'eau limpide du lac, avec l'air préoccupé d'un homme investi de hautes fonctions.

— Tu attends tes amis de Genève, qui s'avancent là-bas dans cette barque? dit brusquement herr Hofmeister.

— Et toi?

— J'attends un ami, plus qu'un ami; mes renseignements m'apprennent que Melchior de Willading séjournera parmi nous, pendant les fêtes de l'abbaye; et une note secrète m'informe qu'un grand personnage qui désire garder l'incognito doit venir y assister, sans prétendre aux honneurs auxquels il a droit.

— Il n'est pas rare que des nobles de distinction, des princes même, viennent assister à ces plaisirs sous un nom supposé. As-tu beaucoup de convives à Blonay?

— Pas un! J'attends la société de Melchior de Willading et sa fille, mais je n'aime pas ce temps; il y a là-bas dans le voisinage des glaciers de fâcheux pronostics.

— Tu crois toujours aux orages dans ton château là-haut; le Léman ne fut jamais plus paisible, et ce serait mal à lui de se mettre en colère lorsqu'il porte sur ses flots un fardeau si précieux.

— Je ne pense pas que le lac de Genève ait le moindre égard pour le mécontentement d'un bailli, répliqua Roger de Blonay en riant; je le répète, il y a de fâcheux augures, allons consulter les bateliers, car peut-être sera-t-il nécessaire d'envoyer un léger remorqueur à la rencontre des passagers.

Ils descendirent tous deux vers le petit môle de terre qui protège à moitié la jetée de Vevey. Les opinions variaient dans l'examen de l'atmosphère, la plupart pensaient qu'il y aurait un coup de vent, mais comme le _Winkelried_ était connu pour un bâtiment bien construit, et que personne ne pouvait imaginer que la cupidité de Baptiste l'eût chargé au-dessus de ses forces; comme on pensait en outre que le vent loin de lui être contraire, favoriserait la rapidité de sa marche vers le port, on ne crut pas nécessaire de leur envoyer un bateau; cette indécision fut la cause principale du danger que coururent Adélaïde et son père.

Lorsque la nuit fut venue, les gens du port commencèrent à croire que la tempête serait plus grave qu'ils ne l'avaient d'abord supposé. L'obscurité ajoutait au danger, et lorsque l'on mit des barques à l'eau pour voler au secours du _Winkelried_, il longeait les côtes de la Savoie. Peu de temps après, un hurrah général s'éleva, quand l'on découvrit une voile qui traversait en ligne directe le Léman, pointant vers le petit village de la Tour-du-Peil, qui offrait un plus sûr abri que ne lui de Vevey; tous se dirigèrent vers cet endroit, où les voyageurs furent accueillis par de vives démonstrations de plaisir.

Le bailli et Roger de Blonay, entourés d'une foule nombreuse, escortèrent le baron de Willading et ses amis au vieux château d'où le port prend le nom. Le noble Bernois, encore ému des scènes qu'il venait de traverser, et des preuves de tendresse que sa fille lui avait données, témoigna néanmoins sa satisfaction de l'accueil cordial qui lui était fait.

— Tu te vois arraché à la voracité des poissons du Léman, cher de Blonay, dit-il s'appuyant sur le bras de son ami; sans ce brave jeune homme, ce à homme comme jamais on n'en vit naviguer sur l'eau douce ou salée, tout ce qui reste du vieux Melchior de Willading ne voudrait pas en ce moment la dernière nacelle du lac.

— Dieu soit loué, puisque tu nous es rendu! Nous avons craint pour toi, et ces barques sont sur le lac à ta recherche. Ce brave jeune homme, qui, je le vois, est Suisse et soldat, a doublement droit à notre accueil, pour le service qu'il nous a rendu à tous deux.

Sigismond reçut ce compliment si bien mérité, avec modestie; le bailli, non content de lui adresser des félicitations ordinaires, murmura à son oreille, qu'un service comme celui-là, rendu à un des patriciens les plus honorables, ne serait pas oublié des Conseils.

— Soit le bienvenu parmi nous, herr Melchior, ajouta-t-il à haute voix; notre abbaye vous assister à ses fêtes une honorable société, car divers personnages de haut rang sont déjà arrivés, et j'apprends qu'il nous en viendra d'autres natures situées au delà du Rhin. N'avais-je pas avec toi dans la barque, d'autres compagnons que ceux que je vois ici autour de toi?

— Il y en a un autre, et je m'étonne qu'il ne nous ait pas suivis, c'est un noble Génois, dont tu m'as souvent entendu parler, sire de Blonay, comme d'un homme que j'aime. Si tu as retenu quelques souvenirs de nos causeries intimes, le nom de Gaetano Grimaldi doit t'être familier.

— Tu m'en as si souvent parlé, que c'est déjà pour moi une vieille connaissance. A ton retour des guerres d'Italie tu ne tarissais pas sur son éloge. Comment se fait-il qu'il soit venu avec toi?

— Par une heureuse rencontre sur le quai de Genève, après une séparation de trente longues années. Et comme si le ciel eût réservé ces épreuves pour cette occasion, nous avons encouru le même danger, et nous nous soutenions l'un l'autre au milieu du lac, au moment le plus fort de la tempête.

Le baron parlait encore, lorsque son ami entra avec l'air calme et digne qui lui appartenait lorsqu'il voulait garder son rang. Il fut présenté à Roger de Blonay et au bailli comme le meilleur ami de leur hôte; la réception du premier fut chaude et amicale, et le herr Hofmeister se montra si prodigue de protestations de plaisir et de respect, qu'il excita la surprise des autres.

— Merci! merci! bon Peterchen, dit le baron de Willading qui avait coutume d'employer ce diminutif familier à l'égard du bailli, merci honnête Peterchen, les politesses pour Gaetano sont un témoignage de l'amitié que tu me portes.

— J'honore tes amis comme toi-même, Herr von Willading, répondit le bailli, car tu as droit à l'estime de la bourgeoisie et de tous ses serviteurs, mais l'hommage rendu au signor Grimaldi lui est personnel. Nous ne sommes que de pauvres Suisses, séjournant au milieu de montagnes sauvages, peu favorisés du soleil si vous voulez, et ignorant le monde, mais nous avons nos manières, la manière investi comme moi depuis longtemps d'une certaine autorité ne s'en montrerait pas digne s'il ne reconnaissait des personnes de rang. Signor, la perte de Melchior de Willading devant notre port nous eût rendu tour des mois, pour des années même, tu le haïssable à la vue; mais si nous avions eu le malheur de vous voir périr sous nos yeux, j'eusse alors souhaité que les montagnes comblassent le bassin pour enterrer le Léman sous leurs masses rocheuses.

Melchior de Willading et le vieux Roger de Blonay rirent de bon cœur de ce compliment hyperbolique de Peterchen, quoiqu'il fût évident que le digne bailli lui-même s'imaginait avoir déployé une rare éloquence.

— Je ne vous remercie pas moins, signor, que mon ami de Willading, répliqua le Génois, dont un rayon de bonne humeur éclaira la physionomie. Cette réception courtoise surpasse notre politesse italienne, car je doute qu'il y ait sur le versant des Alpes un homme qui voulût condamner l'un ou l'autre de nos lacs à un châtiment si écrasant pour une faute si vénielle, ou du moins si naturelle. J'implorerai donc le pardon du lac, puisqu'au pis aller il n'a été qu'un agent secondaire dans le conflit; le crime doit plutôt être imputé aux vents, et comme ils s'échappent des montagnes, je crains bien qu'en définitive, ces mêmes montagnes ne soient atteintes et convaincues de ce crime de lèse-existence.

Le bailli rit et grimaça comme un homme content de son esprit et des saillies qu'il a provoquées chez les autres; et la conversation changea de nature.

On s'occupa de prodiguer des soins aux voyageurs, qui avaient grand besoin de rafraîchissements après les fatigues et les dangers de la journée. Roger de Blonay insista pour que l'on se dirigeât aussitôt vers son château, où tout était préparé pour la réception des voyageurs; on se procura des chars à bancs, sorte de véhicule particulier au pays. La courte distance fut bientôt franchie, et là Peterchen prit congé, s'excusant sur les nombreux devoirs de sa charge à l'occasion des préparatifs de la fête.

— Nous aurons un doux hiver, car je n'ai jamais vu le herr Hofmeister si obséquieux, dit Roger de Blonay, en introduisant ses hôtes dans le château. Tes autorités bernoises, Melchior, ne prodiguent pas d'ordinaire leurs compliments à nous autres nobles vaudois.

— Vous oubliez, signor, l'intérêt de notre ami, dit en riant le Génois : il y a d'autres et de meilleurs bailliages à la disposition des Conseils, et le signor de Willading y possède une voix influente; n'ai-je pas trouvé l'explication de son zèle?

— Je ne le crois pas, répliqua le baron, car Peterchen n'a guère d'autres perspectives que de mourir dans l'emploi qu'il occupe; je lui sais donc gré de son œuvre charitable, et si réellement une occasion se présentait de lui être agréable, et qu'il ne fallût que ma pauvre voix pour l'appuyer, elle ne resterait pas silencieuse.

Une heure plus tard, un léger repas était terminé, et Roger de Blonay conduisit ses convives sur la terrasse du château pour admirer les beautés de la nuit. En vérité, le changement qui s'était opéré était si grand qu'il eût été difficile de convertir en imagination le spectacle doux et souriant que représentaient la nature au-dessus et au-dessous des tours de Blonay, en ces sombres ténèbres et ce lac furieux à la fureur duquel ils venaient d'échapper tout récemment encore.

Les nuages étaient dissipés, gagnant les plaines de l'Allemagne, et l'astre de la nuit arrivé à son zénith au-dessus de la dent ébréchée de Jaman, dardait ses rayons argentés sur le miroir uni du Léman; mille étoiles pensives scintillaient au firmament. Les vagues écumeuses s'étaient affaissées comme par enchantement, et avaient fait place à des myriades de cercles moutonneux, au milieu desquels perlaient les reflets brisés de la lune. Çà et là des voiles légères glissaient comme des mouettes aux ailes déployées vers les villages environnants.

— Il existe une forte et terrible ressemblance entre les passions humaines et les mouvements désordonnés de la nature, observer le signor Grimaldi après quelques instants de silence employés à admirer le magnifique panorama. Ne vous semble-t-il pas, signor Sigismond, que ce lac paisible et ce ciel étoilé ont l'air de regretter leurs récentes agitations, et qu'ils veulent nous faire oublier, dans ce calme majestueux et solennel, un moment de mauvaise humeur? Vous devez connaître mieux que moi le genre de tempête que nous venons d'essuyer.

— Signor, répondit modestement le jeune soldat, vous oubliez ce brave marin, dont le sang-froid et la prévoyance pouvaient nous eussions tous péri. Cédant à nos instances, il a suivi jusqu'à Blonay, et nous l'avons oublié.

Sur un signe de Sigismond, Maso s'avança, et se tint devant le société dans une attitude insouciante et calme qui lui était habituelle.

— Je suis venu jusqu'au château, signor, parce que vous m'en avez prié, dit-il s'adressant directement au Génois; mais ayant à m'occuper de mes propres affaires, je vous prierais de me dire ce que je puis encore faire pour vous servir.

— Nous avons été vraiment bien négligents à ton égard en mettant pied à terre. Ma première pensée a été pour toi, mais d'autres affaires sont venues nous distraire. Tu es Italien comme moi, je crois?

— Je le suis, signor.

— De quelle contrée?

— De la vôtre, signor; je suis Génois, comme j'ai déjà eu l'honneur de vous le dire.

Le patricien se rappela cette circonstance, quoiqu'elle ne parût lui procurer qu'un médiocre plaisir; il regarda autour de lui comme pour pénétrer les pensées de ses auditeurs, puis il reprit ses questions :

— Un Génois! répéta-t-il lentement; s'il en était ainsi, nous devrions connaître quelque chose l'un de l'autre. As-tu quelquefois entendu parler de moi dans tes fréquentes visites sur le port?

Maso sourit; il parut au premier abord disposé à plaisanter, mais un sombre nuage vint tout à coup obscurcir ses traits rembrunis, et sa physionomie prit une expression de tristesse qui frappa son interlocuteur.

— Signor! dit-il après un moment de silence, la plupart de ceux qui suivent mon genre d'existence connaissent plus ou moins Votre Excellence; si c'est seulement pour me faire subir un interrogatoire que vous m'avez fait venir ici, je vous demanderai la permission de m'éloigner.

— Non, par san Francisco, tu ne nous quitteras pas si brusquement. J'ai tort d'assumer un air de supériorité avec un homme à qui je dois la vie, et tu m'as bien répondu; mais nous avons un compte sérieux à régler ensemble, et je veux faire quelque chose pour toi aujourd'hui, quoiqu'il ne me soit pas permis de faire tout ce que je voudrais en attendant que tu viennes réclamer de moi lorsque nous serons tous deux de retour à Gênes.

Le signor Grimaldi avait, en achevant ces mots, tendu la main vers son compagnon Marcelli, qui lui remit une bourse bien garnie; il en vida le contenu, déroulant une assez bonne somme de sequins qu'il offrit sans réserve au marin. Maso regarda froidement le brillant métal, et sembla par son hésitation donner à penser que la récompense était insuffisante.

— Je te dis que cet or n'est qu'un à compte sur ce que je te dois; nous réglerons à Gênes, mais pour le moment c'est tout ce qu'un voyageur prudent peut disposer. Viens me trouver dans notre ville natale, et je m'occuperai de ton sort.

— Signor! vous m'offrez ce qui dirige les actions des hommes, bonnes ou mauvaises; ils vendent leurs âmes pour ce métal, ils méprisent les lois de Dieu, ils foulent aux pieds les droits de la nature, se moquent de la justice, et deviennent des démons acharnés pour s'en rendre possesseurs, et cependant quoique pauvre, ma position me commande de refuser vos offres.

— Je te dis, Maso, que nous l'augmenterons plus tard; mais nous ne sommes pas encore réduits à la mendicité. Vide tes poches, bon Marcelli, et nous aurons recours, s'il le faut, à la bourse de notre ami Melchior de Willading jusqu'à ce que nous puissions disposer de nos propres ressources.

— Melchior de Willading ne serait-il pour rien dans tout ceci? s'écria le baron. Reprends ton or, Gaetano, et laisse-moi pour le moment contenter cet honnête marin. Plus tard il ira le trouver en Italie, mais ici sur mes propres terres, je réclame le droit d'être son banquier.

— Signor! répondit Maso, avec plus d'émotion qu'il n'avait coutume d'en laisser voir, vous êtes tous deux beaucoup trop généreux pour mes désirs; je suis venu dans ce château à votre requête et pour vous faire plaisir, mais nullement dans l'espérance d'y recevoir de l'argent. Je suis pauvre, et il serait inutile de le nier, car les apparences sont contre moi.

— Il se mit à rire d'un rire sec et contraint; — mais la pauvreté et la bassesse ne sont pas toujours inséparables. Vous avez plus que soupçonné aujourd'hui que je mène une vie errante, j'en conviens; mais ce serait une erreur de croire que, parce que les hommes quittent le sentier élevé que quelques-uns appellent l'honnêteté dans certaines circonstances particulières, ils aient renoncé pour cela à tous sentiments humains. J'ai eu le bonheur de vous sauver la vie, messeigneurs, et il y a pour moi plus de plaisir dans cette pensée que je n'en trouverais dans les moyens de gagner le double de ce que vous m'offrez. Voici le signor capitaine, ajouta-t-il prenant Sigismond par le bras et le plaçant devant lui, répandez sur lui vos généreux dons, car nulle habileté de ma part ne vous eût servis sans son courage. Si vous lui donnez tous vos trésors, même votre perle la plus pure, vous ne ferez que justice.

En prononçant ces mots, Maso dirigea son regard vers la jeune Adélaïde, qui étudia le sens de ses paroles même qu'il eut cessé de parler; la rougeur pudique qui couvrit les joues de la jeune innocente fut visible par la lueur pâle de la lune. Sigismond s'échappa de la rude étreinte du marin comme le coupable cherche à se soustraire aux regards.

— Ces paroles te font honneur, Maso, répondit le Génois affectant de ne pas comprendre le sens exact qu'elles couvraient, et elles inspirent le désir de faire une plus ample connaissance avec toi. Je ne t'en dirai pas davantage à présent dans ta disposition d'esprit, mais tu viendras me voir à Gênes.

L'expression de la physionomie de Maso était incompréhensible, quoiqu'il gardât la même indifférence de manières.

— Signor Gaetano, dit-il avec la brusque franchise d'un matelot, il y a à Gênes des nobles auxquels il conviendrait mieux de frapper à la porte de votre palais que moi, et il y a dans la ville des gens qui gloseraient s'ils apprenaient que vous admissiez de tels serviteurs. Tu penses trop ouvertement à un vilain et dangereux métier, je soupçonne que tu te livres à la contrebande; mais ce n'est pas en somme un travail assez exempt de danger, assez avantageux à en juger par les apparences, pour que tu y sois enchaîné pour la vie; on peut trouver des moyens de t'en relever, en te donnant par exemple un emploi dans ces douanes que tu as si souvent frustrées.

Maso laissa échapper un franc éclat de rire.

2.

— Voilà pourtant comme les choses se passent dans cette société tant vantée pour sa morale! celui qui veut s'élever dans un poste de confiance, n'a qu'à se rendre dangereux pour se faire acheter bien cher; vos preneurs de voleurs sont hors de leur emploi de fieffés coquins; vos gabelous de rivière ont appris leur métier en volant l'Etat; la règle est assez solidement établie sans qu'il soit nécessaire d'y ajouter mon pauvre nom, et avec votre permission je resterai ce que je suis: il y a un certain plaisir à vivre au milieu des périls, à railler les autorités lorsque l'on est pris, et à se moquer d'eux lorsqu'on échappe à leurs embûches.

— Jeune homme! tu as pourtant en toi les éléments d'une vie meilleure.

— Cela peut être vrai, signor, dit Maso dont la physionomie s'assombrit de nouveau; nous nous vantons d'être les seigneurs de la création, et la barque du pauvre Baptiste n'a pas été plus libre de ses mouvements dans cette dernière tempête, que nous ne sommes maîtres de nos fortunes. Signor Grimaldi, j'ai en moi les matériaux qui font un homme, mais les lois, les préjugés et les maudites entraves sociales m'ont laissé ce que je suis. Dans les quinze premières années de ma carrière, l'Eglise semblait être le marchepied qui dût m'élever au chapeau de cardinal ou à un riche prieuré; mais l'eau salée de la mer a chassé de mon front l'onction monacale.

— Tu es d'une meilleure naissance que tu ne le parais! tu dois avoir des amis qui pleurent sur ton sort.

L'œil de Maso brilla d'un éclat sauvage, mais il le baissa aussitôt vers la terre par la force de sa volonté indomptable.

— Je suis né d'une femme, dit-il avec emphase.

— Et ta mère ne pleure-t-elle pas sur ta destinée? la connaît-elle?

Le sourire hagard que provoqua cette question, fit regretter au Génois de l'avoir posée.

Maso luttait évidemment pour comprimer l'orage qui grondait dans sa poitrine, et il réussit par un empire sur lui-même dont peu d'hommes eussent donné l'exemple. — Elle est morte! répondit-il sourdement. Sainte, elle le serait retrouver les anges; si elle avait vécu, jamais je n'aurais été marin, et, portant sa main à sa gorge comme pour comprimer la suffocation qui s'y portait, il ajouta avec un éclat de rire sauvage, si le Winkelried eût fait naufrage.

— Maso! viens me voir à Gênes; j'ai besoin de te parler, de te questionner encore sur ton destin. Un esprit noble a été perverti dans ta chute, et le soutien amical d'un homme qui n'est pas sans influence peut encore lui rendre tout son éclat. Le signor Grimaldi parlait avec chaleur, et sa voix exprimait un regret mélancolique; la nature turbulente de Maso fléchit sous ce témoignage d'intérêt; il s'approcha du noble Génois, et lui prit respectueusement la main:

— Pardonnez-moi cette liberté, signor, dit-il avec plus de douceur en contemplant les traits flétris du vieillard; ce n'est pas la première fois que notre chair se rapproche, quoique nos mains ne se soient jamais jointes, que ce soit en signe d'amitié; il m'est venu une fantaisie, et je vous demande humblement pardon, vénérable vieillard, si je prends la liberté de vous le dire: vous êtes âgé, honoré, et sans aucun doute votre place est déjà marquée dans le ciel; accordez-moi votre bénédiction avant que je parte.

En proférant cette étrange requête, Maso s'agenouilla respectueusement; le Génois surpris sans être déconcerté, prononça avec dignité et avec une expression de profonde sensibilité les paroles sacramentelles; le marin se leva, imprima un baiser sur la main qu'il tenait encore, fit un rapide signe d'adieu à tous, descendit la rampe de la montagne sur laquelle ils étaient tous rassemblés, et disparut derrière les ombres d'un taillis.

Sigismond, qui avait été témoin de cette scène inaccoutumée, le suivit des yeux, et put apercevoir en lui tous les signes d'une profonde émotion; le signor Grimaldi dut se convaincre que leur étrange sauveur s'était exprimé sincèrement, car une larme brûlante perlait encore sur sa main; s'appuyant sur le bras d'un ami, il rentra lentement dans le château de Blonay.

— Cette étrange demande de Maso a rappelé à ma mémoire la triste image de mon pauvre fils, cher Melchior; plût au ciel qu'il eût reçu cette bénédiction, et qu'elle eût pu lui servir d'égide auprès de Dieu! Peut-être pourra-t-il la recevoir encore, car, le croirais-tu, j'ai pensé que ce Maso était peut-être un de ces indignes associés, qu'un désir ardent de lui communiquer cette scène l'avait poussé à implorer la requête que je lui ai accordée.

Leur conversation continua, mais elle resta secrète et confidentielle; le reste de la société se retira bientôt pour se reposer des fatigues de la journée, mais on put apercevoir des lumières brûler jusqu'à une heure avancée de la nuit dans la chambre des deux vieillards.

## CHAPITRE IX.

L'automne américain est incomparable et sans égal dans presque toutes les autres parties de la terre. Néanmoins jamais plus matinée n'éclaira notre hémisphère que celle qui vint illuminer les Alpes, le lendemain de l'ouragan que nous avons récemment décrit. A mesure que le soleil s'élevait sur l'horizon, le tableau s'embellissait graduellement, et frappa d'admiration Adélaïde de Willading qui, ap-

puyée sur le bras de son père, vint s'accouder à son réveil sur la terrasse élevée et sablonneuse du château de Blonay.

Nous avons déjà dit que cette ancienne et historique construction était adossée au flanc de la montagne qui s'élève à une petite lieue au-dessus de la ville de Vevey; toutes les saillies de cette région sont autant de pics d'un unique et immense rocher, et celui sur lequel Blonay s'appuyait depuis l'enfance du moyen âge fait partie de cette ligne particulière du rempart qui sépare les vallées des cantons du centre de la Confédération suisse, et qui est connue sous le nom de l'Oberland; cette rangée de roches couronnée de neige se termine en précipice perpendiculaire, plongeant dans la glace du Léman, et forme de ce côté du lac une partie des hauteurs splendides qui allongent la corne du sud-est en croissant. Le mur naturel qui surplombe Villeneuve et Chillon suit le cours du lac, laissant juste assez de place pour le passage des voitures; il parcourt ainsi une distance de deux lieues environ, parsemé çà et là de quelques chalets, pour pénétrer dans les terres où il va se confondre parmi les collines de Fribourg.

Au milieu des Alpes, où la nature a travaillé sur une sublime échelle, et où toutes les proportions sont rigoureusement observées, les débris des hautes montagnes contiennent fréquemment des villages, des villes même. Suivant leur élévation et leur exposition au soleil, ils deviennent de vastes champs, des plants de vignes, ou de riches pâturages.

Le château de la famille de Blonay remonte à la plus haute antiquité dans les souvenirs du pays de Vaud. Une grosse tour carrée, taillée dans le rocher, fut le commencement de l'édifice: diverses constructions vinrent se grouper alentour à différentes époques, et présentent aujourd'hui une vaste étendue de bâtiments qui domine la belle vallée de Vevey.

— Si un air pur et doux, un ciel doré et un paysage ravissant sont ce que vont choisir les personnes qui traversent les Alpes, mon père, dit Adélaïde, pourquoi le Suisse quitterait-il sa terre natale? Trouverait-on en Italie rien de plus doux, rien de plus séduisant et de plus sain?

— On a souvent appelé ce lieu l'Italie de nos montagnes; la figue mûrit là-bas, près du village de Montreux, et s'ouvre au soleil levant, tandis qu'elle est abritée par les précipices situés au-dessus; mais ceux dont l'esprit a besoin de distractions et dont la constitution faiblit, préfèrent généralement les contrées populeuses, où une grande variété d'occupations vient en aide au climat et à la nature pour compléter la guérison.

— Mais tu oublies, mon père, qu'il est convenu entre nous que je vais maintenant devenir forte, vive et rieuse comme autrefois à Willading.

— Si je pouvais seulement revoir ces jours heureux, je n'aurais plus rien à désirer dans ma vieillesse.

— Ne comptes-tu pour rien, mon père, une conscience paisible et l'espérance?

— Si j'eusse prévu que ta santé s'altérerait auprès de ta bonne sœur, j'aurais empêché cette visite; mais le plus sage d'entre nous est faillible et connaît à peine ses besoins de chaque heure. Tu m'as dit, je crois, que ce brave Sigismond pensait que je ne consentirais jamais à accueillir un prétendant si peu favorisé par la fortune et la naissance, il y avait au moins du bon sens et de la modestie dans ce doute; mais il eût dû avoir une meilleure opinion de mon cœur.

— Il a dit cela, répondit Adélaïde, car il a trop d'honneur pour vouloir obtenir l'enfant d'une famille noble sans le consentement de ses parents.

— Il est tout naturel que ce jeune homme t'aime, c'est une nouvelle preuve de ton mérite; mais il a tort de se méfier de mon affection et de ma justice. Que font des ancêtres et la richesse pour le bonheur?

— Tu oublies, mon père, que mon bonheur dépend du sien; il connaît les préjugés du monde contre les mésalliances et contre la pauvreté.

— Le garçon a raisonné en avare plutôt qu'en soldat: n'avons-nous pas Willading avec toutes ses belles et bonnes dépendances, outre nos droits dans la cité? Le crois-tu nous en réduit à mendier d'autre fortune? Tu as comme lui méconnu mon caractère, ma fille, autrement une telle crainte n'aurait pas pénétré dans ton âme.

— Je n'ai jamais pensé, mon père, que tu le repousserais pour sa pauvreté; mais comme il n'avait aucun droit aux privilèges de la noblesse, je redoutais ton refus de l'admettre parmi les membres de notre famille.

— Nous sommes une république, et le seul titre essentiel à Berne est celui de bourgeoisie. Mais en outre je possède des amis dans les cours d'Allemagne, et des lettres de noblesse pourraient donner au jeune homme la position qu'il désire pour aspirer à ta main sans offenser les préjugés de Berne ou d'autres pays; c'est un brave cœur, il nous a deux fois rendu service, et nous pouvons le considérer comme notre égal. J'aperçois Gaetano Grimaldi, qui nous fait signe à sa fenêtre, comme s'il allait descendre. Retourne dans ta chambre et laisse-moi causer avec lui de cette affaire; bientôt tu en connaîtras le résultat.

Adélaïde se retira d'un air pensif. Privée de bonne heure de sa mère, cette jeune fille délicate mais d'un esprit sérieux s'était accoutumée de bonne heure aussi à prendre son père pour confident de ses pensées, de ses espérances et de ses projets d'avenir; la crainte de lui faire de la peine l'avait donc empêchée longtemps de lui déclarer son amour. Sa connaissance avec Sigismond avait été longue et intime, et elle éprouvait une profonde estime pour son caractère; mais redoutant la répugnance de son père à accueillir une alliance avec le jeune soldat, elle s'était efforcée de chasser de son cœur ces idées de future félicité, et dans la lutte qui s'était engagée entre ses sentiments, ses couleurs vives avaient disparu, laissant croire au père alarmé qu'un dérangement dans l'organisme en était la cause; car avant cette préoccupation de la pensée, il n'avait pas existé de fille plus fraîche, plus florissante qu'Adélaïde : elle avait concerté un voyage d'Italie, comme un moyen de faire diversion aux sombres peines qui l'accablaient. La présence de Sigismond dans ce voyage était purement accidentelle; surtout la jeune fille ne pouvait s'empêcher de croire que le jeune soldat avait saisi cette occasion d'aller regagner ses drapeaux. Des circonstances inutiles à la clarté de notre récit avaient permis à Adélaïde d'introduire Sigismond auprès de son père, malgré la défense de sa tante, dont l'imprudence avait occasionné un accident qui avait failli lui devenir fatal, et dont elle avait été sauvée par Sigismond. Elle ne se rendait pas compte de toute l'étendue de son attachement pour son jeune sauveur, car elle l'avait laissé prendre peu à peu de l'empire sur son esprit et sur ses espérances avant d'apprendre qu'elle était aimée.

Comme Adélaïde disparaissait d'un côté de la terrasse, le signor Grimaldi parut à l'autre. Les deux vieillards s'étaient séparés la nuit précédente après une longue et sérieuse conférence dont l'objet avait fortement agité l'âme de l'Italien et éveillé les sympathies de son ami.

— Que la Vierge et san Francesco veillent sur toi, dit-en s'avançant le signor Grimaldi; nous avons tous deux raison de les remercier de leur intervention pour nous avoir permis de nous retrouver ce matin sur cette solide terrasse au lieu d'être enterrés au fond de ce triste lac.

— C'est à Dieu seul que revient la grâce de nous avoir conservé la vie.

— Tu as raison, tu as raison, don Melchior; nul que celui qui tient dans sa main les destinées de l'univers ne pouvait nous préserver du danger.

— Et après lui, notre reconnaissance peut descendre sur celui qui nous a secourus pendant la tempête.

— Tu veux parler de mon intraitable compatriote? J'ai pensé de nouveau après son départ à son refus obstiné, mais j'espère encore trouver les moyens de vaincre sa résolution.

— Je souhaite que tu réussisses, et tu peux compter sur moi pour t'y aider. Mais ce n'est pas à lui que je songeais : un autre a plus risqué encore que le marin, car il a exposé sa vie pour sauver la nôtre.

— C'est un fait certain, et j'ai déjà beaucoup réfléchi sur les moyens de lui faire du bien. C'est un soldat de fortune, à ce que j'ai appris; s'il veut prendre du service à Gênes, je me charge de son avancement. Ne te préoccupe donc pas de la position du jeune Sigismond, j'en fais mon affaire, et tu sais quel est mon crédit.

Le baron semblait embarrassé de donner à sa pensée tout son développement, tant les préjugés des castes prévalaient encore presque universellement; mais les souvenirs de la nuit précédente se représentant à son esprit dans toute leur horreur, la reconnaissance pour son jeune sauveur triompha de ses préjugés.

— Tu sais qu'il est Suisse, dit-il, et qu'en raison de ces liens, je réclame un droit égal à lui faire du bien.

— Nous ne nous querellerons pas pour la préséance en cette occasion; seulement souviens-toi que j'ai en mon pouvoir des moyens particuliers de l'avancer dans sa carrière — des moyens que tu n'as pas.

— Cela n'est pas prouvé, interrompit le baron de Willading; je n'occupe pas ton rang, Gaetano, je ne possède pas ta puissance politique, il est vrai, ni ta fortune princière; mais, malgré ma pauvreté comparative, j'ai avec moi un gage qui vaut tous les avantages et qui sera plus agréable à ce jeune homme, si j'ai bien apprécié sa nature, que toutes les faveurs que tu pourrais lui conférer.

Le signor Grimaldi, qui s'était promené pensif, les yeux fixés à terre, s'arrêta et regarda son ami avec surprise, comme pour lui demander l'explication de ses dernières paroles.

— Tu sais que j'ai une fille, reprit le baron d'une voix ferme, déterminé à rompre brusquement la glace, et à dévoiler sa décision qu'il craignait que son ami ne taxât de faiblesse.

— Je t'en félicite, car il n'y en a pas de plus belle, de plus modeste, de plus tendre, et au besoin, d'un esprit plus ferme parmi son sexe. Mais tu ne penserais pas à donner Adélaïde à un inconnu sans consulter son inclination, pour récompense de ce service.

— Les filles nées et élevées comme Adélaïde sont toujours prêtes à faire ce qui convient pour conserver l'honneur de leurs familles. La reconnaissance est une dette dont un Willading ne peut longtemps tarder à s'acquitter.

Le Génois était grave et semblait écouter son ami avec un certain déplaisir.

— Nous qui avons parcouru la plus forte partie de notre carrière, dit-il, nous devrions en connaître les hasards et les difficultés; la route est longue et pénible, et doit être adoucie par cette communauté de sentiments et d'affections qui en allège la fatigue. Je n'ai jamais aimé

cette manière de trafiquer du plus tendre des liens pour relever une branche qui s'éteint ou une fortune chancelante; mieux vaudrait qu'Adélaïde passât ses jours seule et isolée dans ton vieux château que de disposer de sa main par une impulsion soudaine de reconnaissance, comme par un froid calcul d'intérêt.

Par ma messe, pour me servir d'une de tes expressions favorites, je m'étonne de t'entendre parler ainsi, toi que j'ai connu pour une tête chaude, jaloux comme un Turc, et soutenant à la pointe de ton épée que les femmes négligées se ternissaient comme l'acier se ternit par la rouille, et que leurs mentors devaient s'occuper de les établir. Je me souviens t'avoir entendu dire une fois que tu ne dormirais pas tranquille jusqu'à ce que ta sœur fût mariée ou religieuse.

— C'était le langage de ma jeunesse irréfléchie, et je l'ai payé cher plus tard. J'épousai une belle et noble jeune fille; mais ma conduite loyale envers elle m'a fait gagner son estime, j'arrivai trop tard pour lui faire partager mon amour. C'est chose terrible que d'entrer dans les liens solennels et graves du mariage sans comprendre dans les chances de bonheur, le jugement, l'imagination, la similitude des goûts et des penchants dont le développement déjoue trop souvent les prévisions humaines.

— Tu ne parles pas du mariage, mon pauvre Gaetano, en homme qui ait eu lieu de s'en réjouir.

— Je t'ai dit ce qui n'était que trop vrai, répondit le Génois avec un profond soupir; ma naissance, ma fortune ont poussé les parents de ma femme à lui faire contracter une union avec son cœur réprouvé. J'avais cependant pour moi un puissant auxiliaire dans l'indignité reconnue de celui qui avait séduit sa jeune imagination, et que sa raison condamna dès que l'âge eut amené en elle la réflexion. Je fus donc accepté comme palliatif à un cœur blessé, et mon rôle ne fut pas tout ce qu'un homme bienveillant eût pu désirer, ou un orgueilleux tolérer. La malheureuse Angiolina mourut en donnant naissance à son unique enfant, le fils dont je t'ai si souvent entretenu. Elle a trouvé dans la tombe la fin de ses souffrances.

— Tu n'as pas eu le temps de donner essor à ta tendresse et à tes nobles qualités, ou, sur mon âme, elle eût fini par t'aimer, Gaetano, comme t'aiment tous ceux qui te connaissent, s'écria le baron avec ardeur.

— Merci, mon brave ami, mais garde-toi de faire un mariage de simple convenance. J'ai entendu dire à un homme qui connaissait à fond l'espèce humaine que ces sortes d'alliances tendaient à dépouiller la femme de son plus grand attrait, c'est-à-dire, de cette supériorité qui lui fait mépriser les calculs mondains et vulgaires de l'intérêt, et que dans toutes les unions où les faux principes ont prévalu, l'esprit est devenu égoïste et corrompu.

— Ces réflexions peuvent être vraies; mais Adélaïde aime le jeune homme.

— Ah! ceci change tout à fait la question. Comment l'as-tu appris?

— De son propre aveu. Le secret lui est échappé dans cette ardente et franche expansion de sentiments que les derniers événements ont si naturellement excitée.

— Et Sigismond, il a sans doute ton consentement? car je ne suppose pas que ta fille aurait cédé à un amour que l'amant aimé n'aurait pas sollicité.

— Il l'a; c'est-à-dire je le lui accorde. Il y a bien ce que le monde appellerait un obstacle, mais ce n'en sera pas un pour moi : le jeune homme n'est pas noble.

— L'objection est sérieuse, mon ami; le mariage est une épreuve précaire dont on devrait écarter tous les éléments de désunion. Je voudrais qu'il fût noble.

— Par la faveur de l'empereur on peut surmonter cet obstacle. Au besoin, tu connais en Italie des princes qui pourraient bien lui conférer cette faveur.

— Quelle est son origine, son histoire, et par quel concours de circonstances ta fille a-t-elle connu un homme d'une condition obscure?

— Sigismond est Suisse et d'une famille bourgeoise de Berne, je crois; car, je le sais pas au juste, je ne sais pas grand'chose de lui, sinon qu'il a été plusieurs années au service et qu'il a sauvé la vie de ma fille, il y a environ deux ans, dans un accident de nos montagnes, comme il vient de sauver la mienne et la tienne. Ma sœur, près de laquelle commencèrent leurs premières relations, en permit la continuation, et il serait maintenant trop tard y mettre un terme. Et, pour parler franchement, je commence à me réjouir qu'il soit tel que nous le trouvons, afin que notre reconnaissance soit plus de valeur. S'il était l'égal d'Adélaïde en toutes choses autres que sa personne et en son caractère, il aurait trop d'avantages de son côté. Non, par la foi de Calvin, que tu traites d'hérétique, je suis heureux qu'il ne soit pas noble.

— Comme tu voudras, répliqua le Génois dont la physionomie restait pensive et soucieuse; que son origine soit ce qu'elle voudra, l'or ne lui manquera pas. Je me charge de la dot. Et voici notre hôte hospitalier qui vient ratifier le traité.

Roger de Blonay s'avança sur la terrasse pour faire accueil à ses convives, et les trois vieillards continuèrent leur promenade pendant une heure, devisant sur la fortune à venir du jeune couple.

## CHAPITRE X.

Quoique l'on applique le nom de château en Europe aux anciens édifices baroniaux, la construction diffère de style, d'étendue et d'importance suivant les contrées. Le but général ayant été la sécurité, la dignité, les conditions convenables à l'état de la noblesse, la position et la défense ont varié selon l'aspect géologique du lieu. Dans les pays plats, comme la Flandre, la Hollande, diverses parties de l'Allemagne et de la France, on recherchait les fossés et les larges entourages d'eau; tandis qu'en Suisse, en Italie, dans tous les pays de montagnes, ces constructions ont été établies sur les faites des rochers et sur tous les points culminants. L'ancien édifice baronial était du nombre de ces derniers. A l'épreuve du fer au dehors, de hautes échelles conduisaient aux étages supérieurs; les offices et les communs réunis à sa base étaient enclos par un mur d'enceinte. La Rithsaal, la salle des Chevaliers, était la plus vaste et la mieux décorée; éclairée par des fenêtres en ogive, ayant vue d'un côté sur le Valais, et de l'autre sur l'irrégulière et admirable lisière du Léman, sur sa nappe limpide, sur les chalets, villes, villages, châteaux et montagnes ardues, bornées à l'horizon par le sombre Jura. L'une de ces fenêtres était garnie d'un balcon suspendu à une hauteur immense au-dessus du sol. C'est là qu'Adélaïde était venue s'asseoir, après avoir quitté son père.

Adélaïde de Willading, dont nous avons esquissé quelques traits et qui joue un rôle en important dans cette histoire, était plus belle par l'ensemble et l'expression que par la régularité des traits. D'une intelligence au-dessus de son âge et supérieure à l'éducation ordinaire de son sexe, elle imposait à ceux qui, attirés par sa beauté et sa candeur, eussent eu le désir de devenir familiers. En somme, cette jeune fille était d'un naturel sûr et dévoué, d'un sens droit, et soumise à ses devoirs. Il y avait déjà plus d'une année qu'elle avait découvert la force de son attachement pour Sigismond Stimbach; et pendant tout ce temps, elle avait en vain lutté pour surmonter un sentiment qui ne lui laissait entrevoir qu'une malheureuse issue. L'aveu du jeune homme, fait dans un élan de passion, l'avait éclairée sur la véritable situation de son cœur; mais elle avait eu garde le secret avec cette pieuse résolution d'en faire le sacrifice au bonheur de son père et de Sigismond lui-même. De ce moment elle évita les occasions de se trouver seule avec lui, sans toutefois paraître oublier l'obligation qu'elle lui devait. En vérité, à la seule exception de l'inégalité de rang, rien ne semblait discréditer son choix, si l'on peut appeler d'un sentiment spontané entretenu par une secrète sympathie. Parfois elle avait remarqué comme d'autres un malaise évident chez le jeune soldat, lorsqu'une allusion indirecte était faite aux premières années de sa vie ou à sa famille; elle craignait d'abord d'avoir à attribuer cette répugnance au souvenir de quelque action condamnable, et s'efforça d'en découvrir la cause pour y puiser un remède contre sa propre passion; mais la droiture de son esprit bannit bientôt un soupçon qui ne se fondait sur aucune certaine et qui était également blessant pour tous deux. C'est dans cette lutte mentale et dans ses tentatives infructueuses de chasser de son cœur l'image de Sigismond qu'elle avait perdu peu à peu ses couleurs florissantes, et la gaieté insouciante de ses premières années, à laquelle avait succédé une douce mais profonde mélancolie.

Actuellement la perspective de l'avenir venait de subir un changement favorable. Le riche incarnat de son teint, quoique plutôt produit par une soudaine excitation que par le retour de la santé, brillait de nouveau sur ses joues, et le sourire du bonheur errait sur les coins relevés de ses lèvres. Se penchant en dehors du balcon, elle aspirait l'air natal de ses montagnes, qui ne lui avait jamais semblé si pur et si doux. En ce moment l'objet de ses pensées lui apparut sur la rampe verdoyante de la montagne, à travers les châtaigniers qui ombragent la colline de Blonay. Il la salua respectueusement et lui montra du do gt le majestueux panorama du Léman. Le cœur d'Adélaïde battit violemment; ses craintes et son orgueil luttèrent encore une fois contre son amour; puis, pour la première fois de sa vie, elle lui fit signe de venir auprès d'elle.

Quelles que fussent l'importance du service que le jeune soldat avait rendu à la fille du baron de Willading et la longue intimité qui en avait été le fruit, elle avait maintenu entre eux une réserve qu'il resta frappé de stupeur, ne pouvant s'imaginer que cet appel s'adressât à lui. Adélaïde vit son embarras et lui fit signe de nouveau. Gravissant la colline avec la rapidité de la flèche, le jeune homme disparut derrière les murs du château.

Le circuit qu'il avait à parcourir pour pénétrer auprès d'elle permit à Adélaïde de rassembler ses idées. La barrière de réserve qu'elle avait si longtemps maintenue était franchie, et quelques instants allaient décider de son sort.

Lorsque Sigismond entra, il la trouva toujours assise près de la fenêtre ouverte du balcon, pâle, sérieuse, mais parfaitement calme et le visage rayonnant d'une expression de bonheur qu'il n'avait pas vu régner depuis dix mois. Il reconnut avec une vive satisfaction qu'elle avait supporté sans épuisement les craintes et les alarmes de la nuit précédente, et le lui exprima avec toute sa franchise allemande.

— Ne craignez-vous pas de rester ainsi exposée au-dessus du lac,

Adélaïde? dit-il la contemplant avec un sentiment de plaisir qui la fit rougir jusqu'aux tempes.

— L'agitation de l'esprit est un excellent antidote contre les fatigues du corps. Loin de souffrir des événements passés, je me sens plus forte aujourd'hui et plus en état de supporter la fatigue qu'à aucun temps où j'ai passé les grilles de Willading. Cet air embaumé me fait l'effet de l'Italie, et je ne vois pas la nécessité d'aller chercher plus loin ce que l'on dit nécessaire à ma santé : des sites agréables et un soleil généreux.

— Vous ne passerez donc pas le Saint-Bernard? demanda-t-il d'un air désappointé.

Un sourire qui vint errer sur les lèvres d'Adélaïde parut l'encourager. Néanmoins, malgré la noble sincérité de la jeune fille et son désir de le rendre heureux, soit préjugé, soit éducation, elle cherchait à reculer l'explication qu'elle venait de provoquer.

— Comment souhaiter quelque chose de plus beau, de plus sain que cet endroit? répondit-elle d'un ton évasif; n'avons-nous pas ici un air pur, un paysage que l'Italie ne saurait nous offrir, et un toit hospitalier? L'expérience des vingt-quatre heures qui viennent de s'écouler ne sont guère un encouragement à franchir le Saint-Bernard.

— Votre œil contredit votre langage, Adélaïde, vous êtes bien aujourd'hui, et assez heureuse pour plaisanter; mais, pour l'amour du ciel, ne dédaignez pas de profiter de cette disposition avantageuse, dans l'espérance trompeuse que Blonay peut égaler les ressources de Pise. Vienne l'hiver, et vous reconnaîtrez que ces montagnes sont toujours les Alpes glacées, et que les vents du nord soufflent dans ce lieu sauvage comme dans les corridors de Willading.

— Nous avons du temps devant nous pour y songer. Vous vous rendrez sans doute à Milan, après les réjouissances de Vevey?

— Le soldat n'a d'autre règle que son devoir. Les longs et fréquents congés qu'ont été accordés pour affaires de famille m'imposent l'obligation d'être ponctuel au retour.

Adélaïde écoutait attentive. Jamais auparavant il n'avait parlé de sa famille en sa présence. L'allusion semblait même avoir réveillé en lui de pénibles souvenirs, car lorsqu'il eût cessé de parler, sa physionomie s'assombrit, et il demeura plongé dans ses réflexions, oubliant la présence de sa belle compagne. Celle-ci désirant changer le sujet de leur conversation, vint, par une étrange fatalité, hâter l'explication qu'elle voulait reculer.

— Mon père m'avait souvent vanté le site du château de Blonay, reprit-elle, mais jusqu'à présent j'avais cru qu'un sentiment d'amitié avait embelli ses descriptions.

— Vous ne lui rendiez pas justice, répondit Sigismond; de toutes les anciennes résidences seigneuriales de la Suisse, Blonay est réputée pour posséder la plus belle situation. Pourrait-on croire que ce miroir uni est le même vase bouillant sur lequel nous avons été ballottés sans secours et presque sans espérance?

— Sans espérance, si vous n'aviez pas été là, Sigismond.

— Vous oubliez le hardi et vaillant Italien dont le talent et le sang-froid nous ont préservés d'une mort imminente.

— Que m'importerait que la barque fût sauvée, si mon père et son ami eussent subi l'affreux destin du patron et de ce malheureux paysan de Berne?

Le cœur du jeune homme battait vivement, car il y avait une expression inaccoutumée de tendresse dans la voix d'Adélaïde.

— Je vais chercher le brave marin, dit-il tremblant que sa présence d'esprit ne l'abandonnât, il est temps qu'il ait des preuves plus palpables de notre reconnaissance.

— Sigismond, répliqua la jeune fille avec fermeté, ne me quittez pas ainsi, j'ai encore beaucoup de choses à vous dire concernant mon futur bonheur et le vôtre.

Sigismond était intrigué, car les manières de sa compagne, quoiqu'elle changeât de couleur à plusieurs reprises, restaient calmes et pleines de dignité. Il prit le siége qu'elle lui désigna et s'assit immobile comme une statue de pierre, ses facultés rassemblées dans une seule, le sens de l'ouïe. Adélaïde vit de ce moment critique était arrivé et que reculer devenait impossible.

— Vous devez trouver en vous-même, Sigismond, un vif contentement en songeant à votre noble conduite envers les autres! Sans vous Melchior de Willading n'aurait plus de fille, et sans vous encore sa fille serait aujourd'hui orpheline.

— Vous avez raison, Adélaïde, répondit-il à voix basse, je n'échangerais pas ce bonheur de vous avoir été utile, ainsi qu'à ceux que vous aimez, pour le trône du puissant prince que je sers. Mon secret m'est déjà échappé une fois, et il ne me serait plus possible de le nier. Vous savez combien je vous aime, et malgré moi, mon cœur chérit cette faiblesse. En voici plus que je n'avais l'intention de répéter à vos chastes oreilles, qui ne devraient pas être blessées par de semblables aveux. Mais, vous riez, Adélaïde! se pourrait-il que votre esprit si pur se moquât d'un amour sans espoir?

— Pourquoi mon sourire n'aurait-il pas une autre signification?

— Adélaïde! oh non! c'est impossible, cela ne peut être. Un homme de ma naissance, d'une origine vile, ignoble, ne peut honorablement exprimer ses désirs à une personne de votre rang et de tant d'espérances!

— Cela se peut, Sigismond. Vous n'avez pas bien approfondi le cœur d'Adélaïde de Willading, ou la reconnaissance de son père.

Le jeune homme contemplait avec ardeur le visage candide d'Adélaïde. Mais au lieu de l'expression de joie qu'elle s'attendait à produire sur lui, il parut accablé de sentiments opposés et pénibles. Sa respiration oppressée, son regard terne, ses lèvres convulsives accusaient l'angoisse de son âme. Une sueur froide couvrait son front.

— Adélaïde, chère Adélaïde, vous ne connaissez pas la portée de vos paroles. Un homme de ma sorte ne peut jamais devenir votre époux.

— Sigismond! pourquoi ce désespoir? Parlez-moi, soulagez votre cœur. Je vous jure que j'approuve du fond de mon âme le consentement de mon père. Je vous... Je t'aime, Sigismond, veux-tu de moi pour femme? Que puis-je dire de plus?

Le jeune homme la regarda d'un air incrédule, puis, lorsque la lumière se fit dans son esprit, il secoua tristement la tête et se cacha le visage dans ses deux mains.

— N'en dites pas davantage. Adélaïde, pour moi, pour vous, arrêtez. Vous ne pouvez jamais être à moi; non, non, l'honneur le défend; de votre part, ce serait folie; de la mienne, un crime. Nous ne pouvons jamais être unis. Par quelle fatale faiblesse suis-je resté auprès de vous! Il y a longtemps que je redoutais ce moment.

— Redouter?

— Ne répétez pas mes paroles, je sais à peine ce que je dis. Vous et votre père, vous avez cédé dans un élan de gratitude à une impulsion noble, généreuse; mais je ne dois pas profiter d'un hasard qui m'a donné cet avantage. Que dirait votre famille, Adélaïde, si la plus noble, la plus belle, la plus douce vierge du canton épousait un soldat de fortune, sans nom, sans naissance, qui n'a pour toute recommandation que son nom et quelques dons naturels. Votre excellent père réfléchira, et nous ferons mieux de n'en plus reparler.

— Si je n'écoutais que mon orgueil, Sigismond, cette répugnance à accepter l'offre de mon père, ratifiée par moi, me porterait à feindre le mécontentement. Mais entre vous et moi, il n'y aura jamais que la sainte vérité. Mon père a pesé toutes ces objections, et il a généreusement résolu de les ensevelir dans l'oubli. Quant à moi, comparées avec vos qualités, elles n'ont jamais eu de valeur à mes yeux. Si vous ne pouvez atteindre à cette noblesse qui nous rendrait égaux, je trouverai plus de bonheur à descendre jusqu'à vous qu'à vivre misérable par le cœur dans cette vaine élévation, où le hasard et les circonstances m'ont placée.

— Adorable, naïve enfant! mais à quoi bon tout cela? notre mariage est impossible.

— Si vous connaissez un obstacle qui le rende impossible à une fille faible mais vertueuse.

— N'achevez pas, Adélaïde, n'achevez pas. Je suis assez humilié, avili, sans que vous y ajoutiez ce cruel soupçon.

— Alors, pourquoi notre mariage est-il impossible quand mon père non-seulement y consent, mais désire qu'il se fasse?

— Laissez-moi le temps de réfléchir, vous saurez tout, Adélaïde, tout, tôt ou tard. Oui, je dois au moins cela à votre noble franchise. Vous aurez dû en toute justice le savoir plus tôt.

Adélaïde le contemplait dans une muette appréhension, car la lutte violente qu'il trahissait en lui attestait l'agonie mentale sous laquelle il était écrasé.

— Cette explication a déjà trop tardé, reprit-il cherchant à maîtriser son émotion. Il faut en finir coûte que coûte. Ne m'accusez pas de cruauté ou d'un silence coupable, mais plaignez ma faiblesse qui vous causera peut-être autant de chagrins qu'à été amère pour moi. Je ne vous ai jamais caché que j'ai pris naissance dans cette classe que l'on considère dans toute l'Europe inférieure à la vôtre. Sur ce point je suis plutôt fier qu'humilié de mon origine, car les injustes distinctions du hasard ont souvent provoqué des comparaisons, et j'ai souvent été à même d'apprécier que l'accident de la naissance ne donne ni la perfection humaine, ni le courage supérieur, ni une intelligence plus développée. Quoique les inventions des hommes tendent souvent à opprimer les moins fortunés, Dieu oppose des limites à leur puissance. Celui qui prétend s'élever au-dessus de l'espèce humaine, indépendamment des dons naturels, doit avilir ses semblables pour atteindre son but. Je n'ai donc jamais été sensible à cette supériorité de naissance. Peut-être dois-je attribuer cette insensibilité au déshonneur qui m'accable.

— Au déshonneur! répéta Adélaïde d'une voix étouffée; ce mot est affreux. Parlez, expliquez-vous.

— Je ne saurais en choisir un autre. C'est un déshonneur de l'avis unanime des hommes. Il semblerait même que le jugement de Dieu c'en est un également. Ne croyez-vous pas, Adélaïde, qu'il y a de certaines races maudites, dans leur génération, pour accomplir quelque grand et sérieux dessein, des races sur lesquelles la bénédiction ne descend jamais, tandis qu'elle tombe sur les autres?

— Comment croirais-je à tant d'injustice de la part d'une puissance sage sans réserve et qui pousse l'amour paternel jusqu'au pardon des coupables!

— Votre réponse serait bonne, si cette terre était l'univers, mais les décrets de celui dont la vue s'étend au delà de la tombe, de celui qui dispose de la justice, de la miséricorde et de la bonté, sur une

echelle grande comme ses attributs et non pas selon nos moyens limités, ne peut pas l'apprécier d'après les étroites règles que nous appliquons aux hommes. La justice est une puissance relative et non pas abstraite, et jusqu'à ce que nous comprenions les rapports de la Divinité avec nous-mêmes, comme nous comprenons nos rapports avec elle, nous raisonnons dans l'obscurité.

— Je n'aime pas vous entendre parler ainsi, Sigismond, et surtout avec cette voix sombre.

— Je vous raconterai mon histoire plus gaiement, chère Adélaïde. Je n'ai pas le droit de vous faire partager ma misère. Et pourtant c'est ainsi que j'ai raisonné et pensé, jusqu'à ce que mon cerveau brûlant fut prêt à éclater, pour laisser échapper la raison... depuis cette heure maudite où la vérité m'a été connue, où j'ai appris ce fatal secret.

— Quelle vérité? quel secret? Si vous m'aimez, Sigismond, parlez avec calme et sans réserve.

Le jeune homme la contempla avec anxiété, comme s'il redoutait les conséquences du coup qu'il allait lui porter; après une pause il continua:

— Nous venons tout récemment de traverser ensemble une scène terrible, une de ces épreuves capables d'effacer la distance que les lois humaines et la tyrannie des préjugés ont mise entre nous deux. Si la volonté de Dieu eût ordonné que la barque fût submergée, quelle foule confuse d'esprits eût été lancée d'un seul coup dans l'éternité! Il y avait là tous les degrés du vice, comme tous les degrés de l'éducation, depuis l'iniquité subtile du jongleur napolitain, jusqu'à l'âme pure et éthérée qui t'a donné la vie. Là, dans ce Winkelried, auraient péri le noble de haut parage, le révérend prêtre, le soldat dans l'orgueil de sa force physique, et le misérable mendiant. La mort est un niveleur irréprochable, et les profondeurs du lac auraient au moins lavé toutes nos taches, qu'elles proviennent de notre propre culpabilité ou de la consécration des usages; tous, jusqu'au malheureux Balthazar, auraient trouvé quelqu'un pour pleurer leur perte.

— Si quelqu'un de nous eût rencontré la mort sans causer une larme de regret dans cet accident fatal, c'eût été celui qui d'ordinaire inspire si peu de sympathie humaine, qui étant la cause active des douleurs des autres, a moins de droits à la compassion que nous n'en accordons en général aux êtres de notre espèce.

— Par pitié, Adélaïde, épargnez-moi, car celui que vous maudissez ainsi est mon père!

## CHAPITRE XI.

En révélant ce fatal secret aux oreilles terrifiées d'Adélaïde, le jeune soldat se leva et s'enfuit. Les serviteurs de Blonay observèrent son trouble et sa précipitation lorsqu'il traversa la grille du château pour gagner la campagne. Il marcha ainsi pendant une demi-heure, tournant sur lui-même, et se retrouva de nouveau sous le balcon de la salle des chevaliers. Hasardant un coup d'œil dans cette direction, il aperçut Adélaïde assise et toujours seule. Elle paraissait avoir pleuré, et il maudit la faiblesse qui l'avait empêché d'accomplir sa résolution de fuir, pour effacer de sa mémoire ses cruelles infortunes. Néanmoins un second coup d'œil le convainquit qu'il était appelé de nouveau.

Les changements dans les projets des amoureux sont fréquents et promptement exécutés. Sigismond, qui avait formé dans son esprit une demi-douzaine de plans, plus déraisonnables les uns que les autres, pour placer la largeur du lac entre lui et celle qu'il aimait, retournait auprès d'elle d'un pas précipité.

Adélaïde avait été élevée sous l'influence des préjugés du siècle et du pays sous les lois desquels elle vivait. La charge de bourreau à Berne et la nature de ses devoirs héréditaires lui étaient connues; et quoique supérieure aux sentiments d'inimitié qui s'étaient élevés contre le malencontreux Balthazar, elle n'eût jamais pressenti un choc aussi cruel que celui qui venait de la frapper lorsqu'en apprenant que cet être méprisé et persécuté était le père du jeune homme auquel elle avait donné son cœur. Elle resta un moment accablée sous le coup, incapable de rassembler ses pensées ou de réfléchir sur le parti qu'il lui convenait de prendre, mais comme nous l'avons déjà vu, elle prit la résolution d'avoir une seconde entrevue avec son amant. Lorsqu'il entra, elle était calme en apparence du moins, et s'efforçait de l'accueillir le sourire sur les lèvres. Comme tous deux n'avaient pensé qu'aux derniers mots prononcés en se séparant, il reprit l'entretien au point d'où il l'avait quitté, et vint s'asseoir à côté d'elle, exactement à la même place.

— Le secret m'est échappé enfin, Adélaïde; le bourreau du canton est mon père. Si ce fait était connu du public, les lois impitoyables me contraindraient à devenir son successeur. Il n'a pas d'autre enfant que moi, et une fille douce, innocente et bonne comme vous.

Adélaïde se couvrit le visage de ses deux mains, comme pour éloigner de son corps l'horrible vérité. Tandis que son corps tremblait ainsi sous la violence des émotions, un rayon de vérité et de justice éclairait son esprit, et lorsqu'elle retira ses mains, elle sourit au jeune homme attentif et silencieux.

— J'essayerais en vain de vous cacher, Sigismond, dit-elle, que j'eusse désiré apprendre tout autre chose. J'avouerai même que lorsque la réalité se présenta à mon esprit dans toute sa franchise brutale, vos services réitérés à mon égard, et ce qui est moins pardonnable encore, votre mérite éprouvé ont été un moment oubliés dans ma répugnance à unir ma destinée à un homme si fatalement partagé du sort. Il y a des moments où les préjugés l'emportent sur la raison, mais leur triomphe est court sur les esprits éclairés. Jamais peut-être l'injustice de nos lois ne m'avait frappée avec autant de force que la nuit dernière, lorsque ces misérables passagers paraissaient avoir soif du sang de... de...

— De mon père, Adélaïde.

— De l'auteur de vos jours, Sigismond, continua-t-elle d'un air solennel, qui prouva au jeune homme combien elle respectait ce titre. Je fus obligée de reconnaître que parfois la société est cruellement injuste, mais maintenant que je sais que ses lois et ses proscriptions vous frappent, mon âme se révolte contre elles.

— Merci ! mille fois merci ! répondit avec ferveur le jeune homme, je n'en attendais pas moins de mademoiselle de Willading.

Le signor Grimaldi, doge de la ville de Gênes.

— Si vous n'en attendiez pas davantage, répliqua-t-elle, vous avez été à peine moins injuste que le monde, et j'ajouterai que vous n'avez jamais compris cette Adélaïde de Willading, dont vous prononcez le nom avec tant de froideur. Nous avons nos moments de faiblesse, où les séductions de la vie, les liens sans valeur qui unissent ensemble les égoïstes dans ce que l'on appelle les intérêts du monde, semblent préférables à tout. Si j'avais connu votre histoire, la crainte des conséquences ou ces formalités froides qui protègent les fortunés de ce monde auraient jeté un voile sur mon jugement et m'auraient empêchée de vous apprécier à votre juste valeur. Je ne dis pas cela, Sigismond, pour vous faire le moindre reproche de dissimulation, je me rappelle trop bien la cause accidentelle de notre liaison, et que notre intimité nous fut imposée par ma reconnaissance, je cherche simplement à définir mes sensations. Nous ne pouvons juger notre situation d'après les règles ordinaires, et je ne déciderai pas de vos prétentions à ma main, comme la fille du baron de Willading accueillerait la demande d'un homme sans naissance, mais comme Adélaïde doit évaluer les droits de Sigismond, amoindris peut-être si vous voulez dans les avantages qu'ils comportent, mais toujours imprescriptibles.

— Croyez-vous donc possible, après ce que vous savez, d'accepter ma main ? s'écria-t-il dans le plus grand étonnement.

— Loin de considérer la question à ce point de vue, je me demande s'il serait juste, possible même, de rejeter la main de celui qui m'a sauvé la vie et celle de mon père, parce qu'il serait le fils d'un homme persécuté par ses semblables.

— Adélaïde !

— N'anticipez pas sur mes paroles, reprit-elle avec calme, mais de manière à contenir son impatience par la dignité paisible de son attitude. Cette décision est importante et solennelle, et s'est présentée soudaine et sans préparation à mon esprit. Vous ne penserez donc pas

mal de moi, si je demande le temps de réfléchir avant de prononcer un serment pour toujours. Mon père, vous croyant d'origine obscure, mais appréciant ce que vous valez, cher Sigismond, m'a autorisée à parler comme je l'ai fait au commencement de notre entretien, mais peut-être les conditions de son consentement se modifieraient-elles en apprenant cette fâcheuse découverte? Il devient donc nécessaire que je lui aie parlé, car vous n'ignorez pas que je dois me soumettre à sa décision, et votre propre sens de la piété filiale doit approuver ma réserve.

L'espérance qui était revenue au cœur de Sigismond, faiblit de nouveau sous cette intention d'en appeler au baron, car son juste raisonnement établissait dans un cas comme celui-ci, la différence d'opinion qui devait exister entre les deux juges.

— Ne troublez pas son esprit, Adélaïde, de considérations qu'il ne se décidera jamais à admettre. Plus tard, lorsque le souvenir du dernier orage sera moins récent, votre propre raison approuvera son refus.

— Si vous êtes le fils de Balthazar, pourquoi vous appelle-t-on Steinbach? demanda-t-elle, ardente à recouvrer la plus faible lueur d'espoir.

— C'était mon intention de ne rien vous cacher, mais de vous dérouler l'histoire de ma vie avec toutes les considérations qui ont influé sur ma conduite. Une autre fois lorsque nous serons plus calmes, j'oserai vous prier de m'écouter.

— Tout délai serait inutile, inconvenant même. Je dois tout révéler à mon père. Ne croyez pas que j'incrimine vos motifs ; mais j'aime mieux tout savoir à présent.

Cédant à la douce persuasion de sa voix et de son sourire, il lui dit:

— J'ai peu de choses à vous apprendre. Vous connaissez les lois du canton ; ces lois cruelles qui condamnent une famille à l'accomplissement d'une charge révoltante. Ce devoir, qui a pu être un privilége dans les temps barbares, est devenu aujourd'hui un impôt que nul de ceux qui ont été élevés avec de meilleures espérances ne voudrait volontairement supporter. Mon père, préparé dès son enfance à remplir cet emploi, succéda jeune encore à son père, et quoique doux et compatissant par nature, il n'a jamais reculé devant l'accomplissement de sa tâche lorsqu'il en a été requis. Mais, mû par un sentiment d'humanité, il désira me soustraire à l'infamie de notre race. Comme fils aîné j'étais appelé à remplir cet emploi ; mais, à ce que l'on m'a appris depuis, la tendresse de ma mère lui suggéra un plan qui devait m'y soustraire. Je fus éloigné secrètement de la maison dès mon plus jeune âge ; on répandit le bruit de ma mort, et jusque-là, le ciel soit loué ! les autorités ignorent que j'existe.

— Et votre mère, Sigismond ; j'éprouve un profond respect pour cette noble femme qui doit être douée de plus de constance et de fermeté que n'en comporte notre sexe, puisqu'elle a juré foi et amour à votre père, connaissant sa triste destinée.

Le jeune homme sourit d'un air si navrant, que son enthousiaste compagne regretta sa question.

— Une mère est certainement une femme qu'on doit non-seulement aimer mais révérer. Ma pauvre et noble mère a mille excellentes qualités. Elle n'était pas faite pour donner le jour à une race d'exécuteurs.

— Vous voyez, Sigismond, qu'une douce et excellente femme a cru pouvoir confier son bonheur à votre famille. Elle était sans doute la fille d'un honorable bourgeois du canton qui avait élevé sa fille à distinguer entre l'infortune et le crime.

— Elle était fille unique et seule héritière comme vous même, Adélaïde, répondit Sigismond; vous n'êtes pas plus aimée de votre père qu'elle ne l'était du sien.

— Que voulez-vous dire, Sigismond ? votre trouble me fait peur.

— Neufchatel et d'autres cantons que Berne ont aussi leurs priviléges. Ma mère était fille unique du bourreau de ce canton. Vous le voyez, Adélaïde, et puis établir mes quartiers comme tant d'autres. Dieu soit loué, nous ne sommes pas contraints légalement d'exécuter d'autres condamnés que ceux de notre canton!

L'amertume sauvage avec laquelle il prononça ces derniers mots, fit tressaillir toutes les fibres nerveuses de sa compagne.

— Tant d'honneurs ne sont pas sans compensations, reprit-il. Nous sommes riches pour des gens de peu d'ambition, et nous possédons des moyens suffisants d'existence sans les revenus de notre charge. J'ai été nourri et élevé pendant longtemps sans connaître mon origine ; la naissance d'un second fils permit à ma mère de persévérer dans ses pieuses intentions à mon égard sans éveiller les soupçons. A l'âge convenable et malgré la mort de mon frère, je pris du service dans l'armée autrichienne sous le nom supposé que je porte. Je ne vous dépeindrai pas mes angoisses, Adélaïde, quand enfin la vérité me fut dévoilée. De toutes les cruautés que nous inflige la société, il n'y en a pas de plus injuste que le stigmate qu'elle imprime sur la génération du criminel ou du malheureux ; de toutes ses faveurs, il n'y en a pas de moins justifiée en droit et en raison que les priviléges accidentels du rang et de la naissance.

— Et pourtant nous sommes habitués à honorer ceux dont l'origine est ancienne, et à reconnaître la gloire des aïeux dans le descendant le plus éloigné.

— Oui, plus la gloire est éloignée plus on a de déférence pour celui qui en rappelle le souvenir; n'est-ce pas là la meilleure preuve de la faillibilité humaine? Ainsi l'enfant direct d'un héros, celui dont le sang ne peut mentir, qui porte la ressemblance de son père sur son visage, qui a été nourri de son exemple et de ses conseils, et qui est supposé avoir hérité d'une partie de sa grandeur par la proximité de sa naissance, est moins noble que ceux dont le sang a parcouru cent courants irréguliers, et qui, si la vérité se laissait trahir, n'auraient souvent aucun droit au rang et à la fortune dont ils se glorifient.

— Cependant, Sigismond, on ne saurait nier qu'il y ait un sentiment justifiable à désirer appartenir à une famille bonne et noble.

Le chien du Saint-Bernard monta sur les gradins d'un pas grave et délibéré, comme s'il eût été convaincu de la dignité et de l'utilité de son existence.

— Si la bonté et la noblesse n'étaient qu'une seule et même qualité, vous auriez parfaitement raison; car qui ne désire retrouver dans ses pères la bravoure, l'honneur et la science? L'exemple héréditaire des vertus oblige l'homme à lutter contre l'entraînement des passions viles; mais quelles espérances a-t-il celui qui comme moi est placé de telle sorte qu'il ne peut avoir en héritage et transmettre à ses descendants que disgrâce et honte? Je n'affecte pas de mépriser les avantages de la naissance, simplement parce que je n'en suis pas doué, je me plains seulement que d'astucieuses combinaisons aient travesti le sentiment et l'honneur en un préjugé étroit et vulgaire, au moyen duquel des êtres ignobles et égoïstes jouissent de priviléges dont ils sont indignes; tandis que ceux dont les vertus mériteraient les plus grands honneurs que la société puisse conférer, languissent dans l'opprobre et la misère.

— Vous savez que ni mon ni moi ne sommes disposés à observer les préjugés du monde à votre égard.

— C'est-à-dire que ni l'un ni l'autre vous n'eussiez insisté sur la noblesse; mais cela ne veut pas dire que l'un ou l'autre ne reculerait pas devant une alliance avec une famille de bourreau.

— Vous ne m'avez pas encore raconté tout ce qu'il est nécessaire que je sache, avant de prendre une décision.

— Il me reste peu de chose à ajouter. L'expédient de mes bons parents a réussi quant à présent; leurs deux enfants survivant, ma sœur et moi, ont échappé un temps du moins à leur fortune maudite, tandis que mon pauvre frère, par une partialité que je ne m'arrêterai pas à examiner, passa toute sa vie pour l'héritier de mes priviléges infernaux. — Excusez-moi, chère Adélaïde, je serai plus calme, mais la mort a sauvé l'adolescent de son exécrable charge, et je suis maintenant le seul enfant mâle de Balthazar. — Oui, ajouta-t-il avec un rire effrayant, j'ai aujourd'hui le monopole de tous les honneurs de notre maison.

— Vous, Sigismond! vous, avec vos habitudes, votre éducation, votre sentiment! Oh! c'est impossible, on ne pourrait vous contraindre à remplir les devoirs de cette charge sanguinaire.

— Il est aisé de voir que mes hauts priviléges ont peu d'attraits pour

vous, mademoiselle de Willading, et je ne m'en étonne pas. Je suis surpris seulement que vous ayez toléré si longtemps en votre présence le fils d'un bourreau.

— Si je ne comprenais pas l'amertume que vous devez éprouver dans votre position, ce langage me blesserait cruellement, Sigismond; mais vous ne croyez réellement pas sérieusement qu'il y ait danger pour vous de remplir ce pénible emploi. S'il en était ainsi, l'influence de mon père ne pourrait-elle vous en préserver? Ses décisions sont généralement respectées dans les conseils du canton.

— Nous ne savons encore ce que pourrait son amitié, car nul, excepté mes parents, ma sœur et vous, ne connaît encore les faits que je viens de vous raconter; ma pauvre sœur est une innocente mais malheureuse jeune fille, car, dans une intention bienveillante, notre mère ne l'a guère préparée à supporter la vérité, comme elle l'eût fait si elle fût restée constamment devant ses yeux. Pour le monde, un jeune parent de mon père semble destiné à lui succéder; notre position en est là, jusqu'à ce que le sort en décide autrement. A l'égard de ma sœur, nous avons un faible espoir de la soustraire à la malédiction de sa race, car elle est sur le point de contracter ici, à Vevey, un mariage qui lui permettrait de cacher son origine sous le nom d'une autre famille. Quant à moi, l'avenir décidera de mon sort.

— Pourquoi la vérité ne serait-elle jamais connue? s'écria Adélaïde cherchant avec ardeur à trouver un expédient qui relevât pour toujours Sigismond de cet odieux emploi. Vous dites que votre famille possède de grandes ressources; abandonnez tout à ce jeune homme, à la condition de prendre votre place.

— Je mendierais volontiers moi-même pour en être déchargé.

— Vous n'aurez jamais besoin de mendier, tant que les Willading seront riches; quelle que soit notre décision définitive par rapport à d'autres considérations, je puis du moins vous promettre ceci.

MASCARADE DE VEVEY.

Un rire général accueillit le vieux Silène monté sur un âne et soutenu par deux noirs.

— Mon épée me préservera toujours de la nécessité d'accepter l'offre que vous me faites. Avec elle je pourrai toujours m'assurer une existence honorable, et si la Providence m'épargne la disgrâce de la changer contre celle d'un bourreau; mais il existe encore un autre obstacle, dont je ne vous ai pas encore parlé: ma sœur, dont le cœur déteste cette horrible profession, est fiancée à un jeune homme qui a exigé un secret éternel sur ce point, et une forte dot, pour posséder la plus douce et la plus vertueuse fille du monde; vous voyez, Adélaïde, que tout le monde n'est pas aussi généreux que vous. Mon père, dans son vif désir de faire un sort à sa fille, a accepté ces conditions; or, comme le jeune parent qui est appelé à succéder aux honneurs de la famille n'est pas disposé à les accepter, et qu'il a déjà quelques soupçons de ce qui le concerne, je puis être contraint de me dévoiler, afin de protéger de la malédiction des hommes les rejetons de ma sœur.

— Votre sœur et son futur connaissent sa naissance et comprennent les chances qu'ils vont courir?

— Elle sait tout, et telle est sa générosité, qu'elle ne me trahirait pas pour se sauver de l'infamie; mais cette abnégation est pour moi une nouvelle obligation de me déclarer. Dites-moi maintenant, Adélaïde, que vous me haïssez à cause de ma parenté, et que vous me méprisez pour avoir osé si longtemps m'imposer à vous, lorsque j'avais toujours présent à ma pensée la conscience de ce que je suis.

— Je n'aime pas vous entendre faire ces allusions amères à un accident de cette nature, Sigismond. Si je vous disais que je n'en suis pas presque aussi accablée vous-même, je manquerais aux devoirs de la reconnaissance; mais il y a plus d'élasticité dans le cœur de la femme que dans celui de votre sexe impérieux et fier. Loin d'avoir mauvaise opinion de vous, vous voudriez en vain le croire, je ne vois rien que de naturel dans votre réserve. Souvenez-vous que vous n'avez pas séduit mes oreilles par des protestations et des prières, comme les femmes en entendent ordinairement, mais que l'intérêt que vous m'avez inspiré vient d'une source plus pure. Je ne veux pas en dire ni en entendre davantage en ce moment, car cette découverte imprévue a produit de la confusion dans mes idées; laissez-moi réfléchir sur ce que je dois faire, et soyez convaincu que vous n'avez pas de meilleur et de plus partial avocat que mon propre cœur.

En terminant ces mots la fille de Melchior de Willading tendit affectueusement sa main au jeune homme, qui la pressa et s'éloigna lentement et à regret.

### CHAPITRE XII.

Notre héroïne était femme dans toute la meilleure acception du mot. Sensible, réservée et parfois timide sur des points qui n'exigeaient pas le développement de ses hautes qualités, elle était ferme dans ses principes, constante autant que vraie dans ses affections, et dévouée jusqu'à l'abnégation, lorsque l'inclination et le devoir l'exigeaient. Si sa situation eût été renversée, et que Sigismond eût été noble et Adélaïde la fille d'un bourreau, il est probable que le jeune homme se fût livré à sa passion sans faire un trop grand sacrifice à l'orgueil. En transportant sa femme dans le château, lui transmettant son nom, la séparant de tout ce qu'il pouvait y avoir de désagréable et de dégradant dans son alliance, il eût trouvé des motifs plausibles pour amoindrir les conséquences d'une telle union. Ce sont les avantages que la nature et les lois de la société donnent à l'homme sur le sexe plus faible mais plus sincère. Mais Adélaïde se trouvait dans l'alternative de renoncer au nom vénérable et noble de sa famille pour adopter celui que le canton regardait comme infamant.

Nous ne dirons pas que ces réflexions se présentèrent avec toute leur lucidité à l'esprit de la jeune fille, mais elle avait certainement une vague perspective des conséquences qu'aurait pour elle son union avec Sigismond.

Celui-ci avait déjà disparu derrière l'enclos des vignes lorsqu'elle se leva et laissa échapper un profond soupir, résultat d'une longue et pénible méditation mais son œil brillant et le riche carmin de ses joues dénotaient une résolution arrêtée, avec ce rare et généreux dévouement d'un cœur féminin qui aime de toute la fraîcheur et toute la pureté d'un premier amour. Au même instant des pas se firent entendre dans le corridor, et les trois nobles vieillards que nous avons laissés sur la terrasse du château, parurent ensemble dans la salle des chevaliers.

Melchior de Willading s'avança vers sa fille, la physionomie ouverte et riante, car il avait triomphé de ses préjugés, et cette victoire sur lui-même le mettait en belle humeur.

— La question est résolue définitivement, dit-il en baisant tendrement le front d'Adélaïde et se frottant les mains de l'air d'un homme soulagé d'un doute embarrassant. Ces bons amis sont d'accord avec moi que dans un cas semblable, il est de notre dignité d'oublier l'origine obscure du jeune homme. Celui qui a sauvé la vie des deux derniers de Willading mérite au moins de faire partie de la famille. Voici le bon Grimaldi prêt à me quereller si je ne le laisse pas enrichir ce brave garçon; comme si nous étions des mendiants, et que nous n'eussions pas les moyens de faire crédit à notre parent. Mais nous ne nous laisserons pas endetter auprès d'un ami éprouvé. L'œuvre sera tout entière nôtre, jusqu'aux lettres de noblesse que je ferai venir de Vienne.

— Je ne t'ai jamais vu, mon cher Melchior, dit le signor Grimaldi en riant, si égoïste à propos de libéralité. Ta vie peut avoir une haute valeur à tes yeux, mais je suis peu disposé à payer la mienne un prix aussi mesquin que celui que tu voudrais m'imposer. Tu as bien, noblement agi en accueillant ce brave Sigismond comme ton fils; mais ne croyez pas, jeune fille, que je n'aurai aucune considération pour le service qui lui a été rendu. Je réclame le droit de doter votre époux, afin qu'il soit digne de paraître comme il convient au gendre de Melchior de Willading.

— Agis comme tu voudras, bon Gaetano, pourvu que tu ne nous abandonnes le jeune homme.

— Mon père!

— Je ne veux pas d'enfantillage, Adélaïde. Je désire que tu accueilles le mari que nous te présentons d'aussi bonne grâce que s'il

portait une couronne. Nous avons arrêté que Sigismond Steinbach serait notre fils, et de temps immémorial les filles de notre maison se sont soumises à la sagesse de leurs parents, comme il convient à leur sexe et à leur inexpérience.

Les trois vieillards étaient entrés joyeux et contents, mais cette joie ne paraissait pas se communiquer à la fille du baron aussi rapidement que son père l'eût désiré. Son père changeait de couleur, et ses regards erraient de l'un à l'autre avec une angoisse inexprimable chaque fois qu'elle était obligée de répondre. Le signor Grimaldi murmura quelques mots à ses compagnons, et Roger de Blonay se retira discrètement sous le prétexte que ses services étaient requis à Vevey, où se faisaient les préparatifs des fêtes de l'abbaye des vignerons.

Le Génois voulait en faire autant, mais le baron le retenant par le bras, regarda sa fille comme pour l'inviter à agir plus franchement avec lui.

— Mon père, dit Adélaïde d'une voix tremblante, avant que cette acceptation de herr Steinbach soit irrévocablement résolue, j'ai quelque chose d'important à vous communiquer.

— Parle librement, mon enfant; nous sommes devant un ami éprouvé, et qui est en droit de connaître tout ce qui nous concerne, surtout dans cette affaire. Toute plaisanterie à part, j'espère, Adélaïde, que tu ne feras pas de fausse modestie avec Sigismond, à qui nous devons tout, même la vie, et en faveur duquel nous sommes prêts à sacrifier tout sentiment de préjugé ou de coutume; tout ce que nous possédons, jusqu'à notre orgueil.

— Tout! mon père.

— J'ai dit tout, et je ne retirerai pas une lettre du mot, dût-il m'en coûter Willading, mon rang dans le canton, et l'ancienneté de mon nom : n'ai-je pas raison, Gaetano? Je place le bonheur de ce garçon au-dessus de toute autre considération, celui d'Adélaïde étant intimement lié au sien; je le répète donc, tout!

— Je crois qu'il serait bon d'entendre ce que la jeune personne a à dire avant d'aller plus loin, dit le signor Grimaldi, qui, moins exalté que son ami, observait avec plus de calme. Je me trompe fort, ou ta fille a une révélation sérieuse à te faire.

L'affection paternelle de Melchior prit l'alarme; il regarda avec sollicitude son enfant, qui lui répondit par un sourire d'amour, mais dont l'expression douloureuse ne fit qu'accroître ses craintes.

— N'es-tu pas bien, ma fille? Il n'est pas possible que nous ayons été trompés; que quelque fille de paysan ait été jugée digne de te supplanter. Ah! signor Grimaldi, cette affaire commence à devenir offensante. Mais vieux comme je suis... Enfin nous ne saurons jamais la vérité, si tu ne t'expliques pas franchement. Ce serait une rare insolence, Gaetano, si ma fille devait être rebutée par un roturier.

Adélaïde fit un geste suppliant, et reprit son siège, car il lui était impossible de se tenir debout. Les deux vieillards l'imitèrent en silence.

— Vous faites injure à l'honneur et à la modestie de Sigismond, mon père, reprit la jeune fille après un moment de silence. Si vous et votre excellent ami voulez me prêter quelques minutes d'attention, je ne vous dissimulerai rien.

La surprise et l'attention des deux vieillards redoublèrent, car l'affaire leur parut plus grave qu'ils ne se l'étaient d'abord imaginé. Adélaïde s'arrêta une seconde fois pour rassembler son courage, puis elle raconta succinctement mais clairement ses explications avec Sigismond.

Les deux auditeurs saisirent au passage chaque syllabe qui s'échappait des lèvres tremblantes de la jeune fille, et, lorsque sa voix eut cessé de se faire entendre, ils se regardèrent avec la stupeur d'hommes sur la tête desquels un affreux malheur tombe inopinément.

— C'est une circonstance épouvantable, murmura le baron; n'a-t-elle pas dit que Sigismond est le fils de Balthazar, l'exécuteur public du canton? de Balthazar! de cette famille maudite!

— Telle est la parenté qu'il a plu à Dieu de donner au sauveur de nos jours, répondit doucement Adélaïde.

— Comment le misérable a-t-il osé s'introduire dans ma famille en cachant cette affreuse vérité! Il s'est efforcé de greffer l'impureté de sa souche sur la tige noble et sans tache d'une noble et vieille famille. Il y a dans tout ceci quelque chose qui dépasse la simple duplicité, signor Grimaldi, il y a un crime, un crime révoltant et prémédité.

— Il y a eu aussi au-dessus de notre puissance de remédier, bon Melchior; ne blâmons pas inconsidérément ce garçon, auquel sa naissance doit être imputée plutôt comme un malheur que comme un crime. Il serait mille fois Balthazar, qu'il ne nous a pas moins préservés de la mort!

— Tu dis vrai! toujours vrai! Quoique d'origine méridionale, ton cerveau a toujours été moins bouillant que le mien. Voilà donc tous nos beaux projets, tous nos plans libéraux de générosité perdus, anéantis!

— Cela n'est pas certain, répliqua le Génois, qui n'avait pas cessé d'étudier le visage d'Adélaïde, comme pour y découvrir le secret de sa pensée. Vous avez eu à ce sujet, belle Adélaïde, une longue conversation avec le jeune homme.

— C'est vrai, signor, j'allais lui faire part des intentions de mon père, car les circonstances dans lesquelles nous étions placés, l'importance de nos obligations, m'en faisaient un devoir, lorsqu'il arrêta ma confidence par l'aveu que je viens de vous révéler.

— Il apprécie sa naissance...

— Comme une barrière infranchissable à notre union. Sigismond Steinbach, si peu favorisé qu'il soit par le hasard de sa naissance, n'est pas un mendiant pour aspirer à ce que condamnent ses généreux sentiments.

— Et vous?

Adélaïde baissa les yeux, et parut réfléchir avant de répondre.

— Vous me pardonnerez cette curiosité en faveur de mon âge, de ma vieille amitié, des événements récents qui viennent d'avoir lieu, et de mon affection croissante pour vous. Mais à moins que nous ne commissions vos intentions, ma fille, ni Melchior ni moi ne saurions prendre un parti.

Adélaïde demeura longtemps silencieuse; la lutte était violente entre son orgueil, le souvenir du respect qui avait entouré son berceau, et l'amour qui ne lui montrait en perspective que mépris et humiliation.

Le Génois comprenait le combat entre les préjugés de la naissance et la violence de la passion; mais comme il en prévoyait la conclusion, il résuma les pensées qui agitaient la jeune fille comme pour lui donner le temps d'en suivre le cours et d'en apprécier toutes les conséquences.

— C'est bien certainement une déplorable situation, continua-t-il. Mais le trône, les richesses, la société, ni même les saintes affections ne sont assurés contre les revers. Réfléchissons donc et calculons les chances de bonheur avant de prendre une dernière résolution. Tu sais quelles étaient les espérances qui entouraient mon berceau, Melchior, et les cruels désappointements qui menacent de clore ma pénible existence. Nul adolescent n'entrevoyait un plus riche avenir le jour où je reçus la main d'Angiolina; il a suffi de deux années pour dissiper mes illusions, détruire mon bonheur et jeter sur l'avenir un épais nuage, qui n'est pas encore dissipé. Un mari veuf, et père sans enfant, ne peut pas être un mauvais conseiller, mon ami, dans un moment où tant de doutes viennent vous assaillir, toi et ta fille.

— Ton esprit se reporte naturellement sur ton enfant, pauvre Gaetano, lorsqu'il est question de l'avenir du mien.

Le signor Grimaldi trahit un moment d'angoisse, en sentant saigner cette blessure du cœur que le temps n'avait pas cicatrisée, mais il se remit aussitôt, et reprit:

— Nous devons reconnaître dans ces événements les secrets desseins de la Providence. Voici un jeune homme qui possède toutes les qualités désirables, digne en tout point de l'amour d'une fille unique et adorée, brave, vertueux, et noble excepté par le sang, et cependant tellement ravalé dans l'opinion du monde, que nous aurions honte de l'avouer qu'il est resté dans notre société pendant seulement une heure, si l'on savait qu'il est réellement l'homme qu'il a déclaré être...

— Vous avez une étrange manière, signor Grimaldi, d'assombrir le tableau de nos misères, dit Adélaïde tressaillant.

— Un jeune homme d'un aspect si imposant, qu'un roi serait fier de lui léguer une couronne; d'une raison d'une plus mûre que ses années, d'une vertu à l'épreuve; enfin douée de toutes les qualités que nous respectons et qui ne proviennent pas du hasard; et pourtant un jeune homme condamné par les hommes à se courber sous la haine et le mépris, ou à cacher comme un crime le nom de la mère qui lui a donné le jour. Compare ce Sigismond avec d'autres que je pourrais nommer, avec l'héritier de quelque illustre maison, dépensant sa vie dans le libertinage, s'appuyant sur le privilège pour se jouer de la justice et de l'honneur, plus digne d'être enfermé dans une maison de fous que de siéger au conseil, le type de tous les vices, appelé à réglementer la vertu, perdu d'estime, quoique possédant tous les titres que le monde à l'honneur et au respect qu'il foule aux pieds; et dis-moi pourquoi il en est ainsi? Quelle est la sagesse qui a établi des différences si arbitraires, et qui, tout en proclamant la nécessité de la justice, la brave si ouvertement et avec tant d'effronterie?

— Signor! cela ne peut pas être, Dieu ne peut avoir voulu qu'il en soit ainsi.

— Je ne blasphème pas, je ne prétends pas que Dieu n'ait pas suffisamment pourvu au châtiment de ceux qui enfreignent les sages commandements. Mais quel crime peut-on imputer à la famille de ce jeune homme, sinon la misère, qui porta le premier de sa race à accepter pour vivre cette exécrable charge? Tout, dans la situation présente de Sigismond, concourt à proclamer l'injustice des hommes.

— Et toi, Gaetano Grimaldi, l'allié de tant d'anciennes et illustres maisons, toi, Gaetano Grimaldi, l'honoré de Gênes, tu me conseillerais de donner la main de ma fille unique, de l'héritière de mes biens et de mon nom, au fils du bourreau, à l'héritier direct de ses ignobles devoirs?

— La question posée ainsi est grave, et demande réflexion. Ah! pourquoi ce Balthazar est-il si riche en enfants lorsque je suis si pauvre? Mais ne nous pressons pas, ma fille; vous venez d'apprendre par les paroles de votre père que ma position et mon rang plaident contre vous; ne craignez rien pourtant, laissez-nous à notre recueillement, notre décision réclame beaucoup de soins, et un plus grand empire sur nous-mêmes, que nous ne saurions en obtenir devant ce

doux et pâle visage qui fait un appel si éloquent à notre cœur en faveur du pauvre jeune homme.

Adélaïde se leva, et présentant son front d'albâtre aux baisers de ses deux tuteurs, elle se retira en silence. Nous tirerons momentanément le rideau sur la conversation qui suivit entre les deux vieillards, pour arriver aux autres incidents de notre histoire. Nous nous bornerons à dire que la journée se passa paisiblement, sans occurrence digne d'être racontée; tous les habitants du château s'occupant généralement de leurs préparatifs pour assister aux fêtes prochaines. Le signor Grimaldi chercha l'occasion d'avoir un entretien long et confidentiel avec Sigismond, qui de son côté évita toute nouvelle rencontre avec celle qui possédait un si grand empire sur ses sentiments, jusqu'à ce que tous deux eussent eu le temps de recouvrer leur présence d'esprit.

## CHAPITRE XIII.

Les fêtes connues en Suisse sous le nom de fêtes de l'abbaye des vignerons sont supposées tirer leur origine des anciens rites de Bacchus. Dans l'origine elles étaient empreintes d'un caractère simple et rustique, bien loin des cérémonies étudiées et des allégories classiques des temps modernes. Il est probable que la discipline et la sévérité monacale en avaient banni les allusions mythologiques, qui plus tard se renouvelèrent. Tant que cette simplicité sévère régna dans les réjouissances, elles furent célébrées tous les ans; mais lorsque de plus fortes dépenses et de plus longs préparatifs devinrent nécessaires, on observa de plus longs intervalles, elles furent d'abord triennales, puis on les célébra plus que tous les six ans. Comme on avait plus de temps pour rassembler les éléments et les matériaux nécessaires, la fête gagna en éclat, au point de devenir une sorte de jubilé, auquel les curieux et les amateurs de tous les territoires environnants accouraient en foule. La ville de Vevey profitait largement des dépenses qui se faisaient à cette occasion.

Le surlendemain de l'arrivée de nos voyageurs au château voisin de Blonay, un corps de soldats habillés en hallebardiers s'avança de bonne heure vers la grande place de Vevey, et prenant position au centre, il mit des sentinelles à toutes les issues, pour en interdire le passage. C'était le lieu choisi pour la plupart des cérémonies du jour. Les curieux ne tardèrent pas à se grouper en foule derrière le cordon militaire, et au moment où le soleil dardait perpendiculairement sur les montagnes de Fribourg, quelques milliers de spectateurs se coudoyaient autour des issues de la place, et des barques venues des bords opposés de la Savoie, versaient à chaque instant des flots de paysans accompagnés de leurs femmes et de leurs enfants. À l'une des extrémités de la place, on avait dressé d'immenses échafauds pour contenir les privilégiés du rang ou de la fortune. Les trois autres côtés étaient disposés d'une manière moins commode, pour les moins fortunés, ils complétaient un vaste parallélogramme destiné à recevoir au centre les acteurs des diverses représentations que comportait le programme. La partie située au bord de l'eau restait inoccupée, mais dominée par une rangée de voiles latines, et une rangée de ponts alignés, qui suppléait au manque d'espace et de tribune. À des intervalles réguliers, des bandes de musiciens exécutaient les airs nationaux, entrecoupés des cris et des chants sauvages, qui caractérisent la mélodie des montagnards des Alpes.

Les autorités de la ville furent bientôt sur pied, et comme il est d'usage chez les agents principaux des petits intérêts, ils exerçaient leurs fonctions municipales avec un embarras et une gravité qui auraient parfaitement convenu au chef de l'État.

L'estrade élevée pour les principaux spectateurs était décorée d'étendards et recouverte de tapis et de tentures de soie. L'édifice situé au fond de la place, et dont les fenêtres, suivant la coutume suisse ou allemande, laissaient voir les lignes entremêlées qui indiquaient une propriété de la république, resplendissait également des plus vives couleurs; c'était la résidence officielle de Peter Hoffmeister, fonctionnaire que nous avons déjà présenté à nos lecteurs. Une heure plus tard, un coup de feu donna le signal, et les différents acteurs s'avancèrent au milieu de la place. À mesure que la petite procession gagnait du terrain au son de la trompette ou du bouquin, la curiosité croissait, et on permit alors à la foule de circuler dans les parties de la place qui n'étaient pas nécessaires pour la représentation. En ce moment un individu isolé monta sur l'estrade, il paraissait jouir de privilèges spéciaux, non-seulement par sa position, mais par les acclamations bruyantes qui partirent de la foule lorsqu'il se montra. C'était le bon moine du Saint-Bernard, qui, le visage épanoui, répondait aux différents appels des paysans dont il avait souvent reçu les aumônes, ou auxquels il avait donné l'hospitalité dans leurs passages à travers la montagne.

— Bonne chance, père Xavier et une quête abondante, s'écria un paysan mâle, tu as négligé et oublié Benoît Emmeric et les siens. Quand donc un hospitalier du Saint-Bernard a-t-il jamais frappé à ma porte, pour s'en retourner les mains vides? Nous t'attendons demain, révérend moine, car l'été a été chaud, les raisins sont gonflés et le vin commence à couler à flots dans nos cuves. Vous pourrez y puiser sans que personne se permette d'y regarder, et que vous puisiez du blanc ou du rouge, vous serez le bienvenu.

— Merci, merci, généreux Benoît, saint Augustin n'oubliera pas cette faveur, et vos vignes abondantes n'en deviendront pas plus pauvres. Nous ne demandons que ce que nous pouvons rendre, et notre hospitalité ne s'exerce jamais avec plus de bienveillance que sur les honnêtes Vaudois, que les saints protégent pour leur obligeance et leur générosité!

— Mais je ne vois pas notre ami Uberto! Il vous accompagne d'ordinaire dans nos vallons, et vient nous montrer sa robe brillante.

L'Augustin fit entendre le signal habituel, et le mâtin grimpa sur l'estrade d'un pas grave et délibéré, comme s'il avait eu la conscience de sa dignité et de son utilité. L'apparition de cet animal célèbre et connu de tous produisit une nouvelle agitation dans la foule qui se pressait sur les hallebardiers pour mieux le voir, ou pour lui jeter quelques morceaux de pain tirés de leur havresac, en signe de gratitude et de considération. Au milieu de ces légers témoignages de sympathie, un noir animal sauta sur l'estrade et commença froidement à dévorer les morceaux et les miettes qui échappaient à la voracité d'Uberto. L'intrus fut accueilli comme l'eût été un acteur impopulaire, par les bruyants spectateurs du parterre ou de l'amphithéâtre; les assistants n'oublièrent pas même d'envoyer à son adresse les projectiles qu'ils rencontraient sous leur main. L'animal inconnu, que le lecteur reconnaîtra néanmoins pour appartenir à il Maladetto, reçut ces signes de mécontentement de l'air d'un chien peu habitué à un semblable traitement. Parmi cette pluie de projectiles de toutes sortes et lancés au hasard, une pierre d'assez forte dimension atteignit l'infortuné Neptune dans le flanc et le fit rouler en bas de l'estrade. Au même instant, son maître saisissait l'agresseur à la gorge.

La pierre malencontreuse avait été lancée par Conrad, qui, oubliant son rôle emprunté, s'était joint à la foule pour huer et assaillir le chien dont les services étaient cependant connus de lui. Mais nous avons déjà eu l'occasion de faire observer qu'il existait peu de sympathie entre Maso et le pèlerin, et cette agression n'était pas de nature à rétablir la concorde entre eux.

— Toi aussi! s'écria l'Italien dont le sang s'était échauffé à la première attaque contre son fidèle compagnon; tu n'es pas satisfait de feindre la dévotion et d'abuser les gens crédules; il faut encore que tu te montres l'ennemi de mon chien, parce qu'il est d'usage de louer les chiens du Saint-Bernard au détriment des autres bêtes! Reptile! ne crains-tu pas que le bras d'un honnête homme se lève indigné pour punir ta lâcheté?

— Amis Veveysins, honorables bourgeois, râla le pèlerin lorsqu'il put reprendre haleine, je suis Conrad, pauvre misérable pêcheur! me laisserez-vous assassiner pour un chien?

Le conflit ne pouvait durer longtemps dans un pareil lieu. D'abord la foule compacte favorisa l'agression du marin, mais bientôt elle nuisit à sa sûreté en l'empêchant de fuir, lorsque les hallebardiers purent traverser la place et arriver au secours de Conrad. Il était temps, car à peine le malheureux porteur de reliques pouvait-il recouvrer sa respiration. Alors commença la guerre de mots et d'injures qui précèdent ou suivent toutes les émotions populaires. Aux accusations de l'officier chargé de la police de cette partie de la place, vingt voix répondirent, se mêlant et se croisant dans une confusion contradictoire. L'un soutenait que Conrad, non content d'avoir attaqué le chien, s'était répandu en injures contre le maître; l'autre soutenait au contraire que le chien appartenait au pèlerin, et que c'était Maso qui, en mémoire d'une vieille rancune contre le maître et le chien, les avait attaqués tous deux. Le dernier était le jongleur napolitain Pippo, qui s'étant lié avec Conrad depuis l'aventure de la barque, soutenait son nouveau compagnon et contre toute vérité.

Au milieu de tant d'assertions contradictoires, l'officier se trouvait de plus en plus embarrassé de distinguer le coupable de l'innocent. Il prit en conséquence la sage résolution de les envoyer tous en prison, accusés, accusateurs et témoins, certain par ce moyen d'atteindre le vrai coupable, et apprenant de la sorte auxdits témoins à éviter à l'avenir de se contredire dans leurs dépositions. Comme cette équitable sentence allait recevoir son exécution, le son de la trompette annonça l'entrée d'une partie des acteurs. Ce signal précipita l'action de la justice; car ceux qui étaient chargés d'en appliquer les règlements comprirent la nécessité de se hâter pour ne rien perdre des diverses représentations, et les interrupteurs de la joie officielle furent entraînés hors de la place qui s'ouvrait devant eux.

Comme il devient nécessaire de parler séparément des différents personnages représentés dans cette joyeuse occasion, nous terminerons ce chapitre en disant que les acteurs s'avancèrent par groupe les uns après les autres vers le centre de la place; chaque groupe ayant en tête sa musique spéciale. L'estrade commençait à se couvrir des personnages privilégiés, au milieu desquels on distinguait les familles aristocratiques du canton, ses dignitaires, des gentilshommes de France et d'Italie et quelques voyageurs venus de l'Angleterre, qui à cette époque était considérée comme un pays lointain. On remarquait aussi sur les gradins les femmes et les amis des officiers employés comme acteurs dans la représentation. Pendant que ces derniers se rassemblaient au centre de la place, tous les bancs se couvrirent d'une foule innombrable et élégante, ne laissant de vides que les places réservées au bailli, à ses amis et à ses plus proches parents.

## CHAPITRE XIV.

La journée n'était pas encore bien avancée lorsque la procession se réunit sur la place. Bientôt des fanfares de clairons annoncèrent l'approche des autorités de la ville. D'abord s'avança le bailli dans toute la dignité de sa charge. Peter Hoffmeister devait sa longue faveur auprès des bourgeois au maintien rigide de leur suprématie sans partage, au soin qu'il avait de cultiver leurs intérêts exclusifs, qu'à aucune science ou capacité spéciale.

De chaque côté du digne bailli marchaient sur la même ligne Roger de Blonay et son convive le baron de Willading. Le Génois, qui occupait en apparence une station secondaire, n'avait pas à se plaindre du manque de convenances à son égard, car le bailli affectait souvent de retarder sa marche pour lui parler et lui donner les plus grands témoignages de publique déférence. Adélaïde, accompagnée d'une de ses femmes, fermait ce petit cortège.

Le passage à travers la foule étant préparé par les soins des officiers et de leurs soldats, herr Hoffmeister et ses hôtes furent bientôt convenablement assis sur les gradins les plus élevés de l'estrade. Apercevant le père Xavier assis modestement à l'écart, le bailli vint à lui avec tous les signes vrais ou simulés d'un profond respect, lui parla quelques instants, en affectant de se tourner vers la foule, pour recevoir les saluts et les protestations de respect, puis il alla prendre sa place à côté de Melchior de Willading avec lequel il entama un dialogue confidentiel.

— C'est une question, noble frère, si nous devons estimer ou craindre ces Augustins. Ils rendent de grands services aux chrétiens qui voyagent dans les montagnes, mais ce sont des enragés pour propager le papisme et son idolâtrie parmi le peuple.

— Sont-ils donc si puissants que nous devions craindre de leur laisser exercer en paix une hospitalité dont ils font un si bon usage? J'ignore si la présence de la mort qui a si souvent visité les membres de ma famille m'a porté mon cœur vers les braves Augustins, mais leur existence me paraît toute d'abnégation et de dévouement.

— C'est bien comme vous le dites, noble Melchior, et nous ferons bien de montrer publiquement notre affection pour les révérends moines. Oh! monsieur l'officier, rendez-nous le service de prier le religieux du Saint-Bernard de se rapprocher de nous, afin que le peuple apprenne l'estime que leur charité et leur bienveillance nous inspirent. Comme vous aurez une nuit à passer au couvent, herr von Willading, dans votre voyage en Italie, quelques marques de considération données à cet honnête pourvoyeur ne seront pas perdues pour la confrérie.

Le père Xavier vint occuper la place qui lui était offerte auprès du bailli et de ses amis, ce qu'il fit avec simplicité, comme s'il comprenait que l'honneur s'adressait plutôt à l'ordre auquel il appartenait qu'à lui-même.

Un peu avant le commencement des cérémonies, une garde d'honneur composée de bergers, de jardiniers, de faucheurs, de glaneurs et de vignerons, escortée par les hallebardiers et musique en tête, s'était détachée du centre pour aller querir l'abbé en sa qualité de président ou de chef de la communauté. Elle ramena celle-ce gros et vénérable ecclésiastique, revêtu de son costume ordinaire, mais portant à son chapeau une plume flottante, sur son épaule une écharpe, et dans sa main un bâton de commandement. Ce personnage, auquel étaient dévolues certaines fonctions judiciaires, vint se placer sur le devant de la scène et donna le signal de la procession.

Douze vendangeurs conduits par un chef, tous couronnés de guirlandes de feuilles de vigne et portant les emblèmes de leur profession, marchaient en corps chantant une chanson des champs. Ils conduisaient deux sexe, leurs ouvriers déclarés les plus habiles dans la culture des vignes des coteaux environnants. Arrivés devant l'estrade, l'abbé se leva et leur fit une brève allocution dans laquelle il rendit honneur aux cultivateurs de la terre en général, et fit en particulier l'éloge des heureux candidats, deux paysans gauches, honteux mais enchantés, qui reçurent le prix dû à leur mérite avec reconnaissance. Cette petite ovation achevée au milieu des applaudissements de la foule, les trompettes sonnèrent de nouveau, et les cris : Place! place! se firent entendre de tous côtés.

Un groupe assez nombreux vint se placer au pied de l'estrade et sur une légère élévation en forme de scène, afin de rester en évidence aux yeux de la foule : c'étaient les prêtres de Bacchus. Le grand prêtre, portant la longue robe des sacrifices, la barbe flottante et la tête couronnée de pampres, se tenait sur le devant et célébrait la tisane du cuvier. La troupe faisait chorus à chaque stance, mais sans pouvoir couvrir la voix formidable de son chef.

L'hymne achevé, une musique bruyante lui succéda, et les disciples de Bacchus rejoignirent les acteurs; la procession tout entière s'ébranla, et fit le tour de la place afin d'arriver en ordre devant le bailli.

Le premier corps était composé du conseil de l'abbaye, suivi des bergers et des jardiniers. Un chef revêtu d'un costume antique, tenant une hallebarde, remplissait le rôle de maréchal. Il était suivi des deux vignerons lauréats précédant l'abbé et ses conseillers, et des groupes nombreux de bergers, de bergères, d'hommes et de femmes des champs, tous revêtus du costume distinctif de leur état. Le maréchal et son état-major s'avançaient lentement, s'arrêtant parfois pour donner le temps au cortège de se former. Bientôt les autres acteurs commencèrent à jouer leur rôle. Un groupe de jeunes bergères habillées de justaucorps bleu de ciel avec de blanches jupes, tenant à la main leur houlette, formèrent des danses et chantèrent des chansons dans lesquelles elles imitaient les bêlements de leurs troupeaux. Un nombre égal de jeunes bergers se joignit à elles, chantant des pastorales et formant des figures vives et gaies des danses des montagnes. Ces acteurs improvisés remplissaient d'autant mieux leurs rôles qu'ils n'étaient en réalité, à quelques exceptions près, que la représentation de leurs travaux journaliers.

Les vigoureux jardiniers parurent ensuite avec leurs tabliers et portant sur leurs épaules les pelles, les râteaux, les pioches, emblèmes de leur profession; les femmes avaient sur leurs têtes des paniers d'osier contenant des fleurs, des légumes et des fruits. Parvenus en face de l'estrade, les jeunes gens formèrent avec leurs ustensiles un élégant faisceau; les jeunes filles placèrent leurs paniers alentour, et se prenant par la main, tous dansèrent une ronde, en remplissant l'air de chants appropriés à la circonstance.

Pendant les préparatifs du matin, Adélaïde avait vu la fête avec indifférence, ses peines étant peu en harmonie avec la joie de la foule. Mais la gaieté franche des jardiniers sembla secouer la torpeur qui s'était emparée de son esprit, et son père, pour la première fois, fut récompensé de ses soins et de l'attention avec laquelle il surveillait sa physionomie par un sourire affectueux.

— Voilà une joyeuse fête, herr bailli, s'écria le baron encouragé par ce sourire, et qui fera honneur à votre ville! Je m'étonne que vous n'en ayez pas plus souvent. Lorsque le plaisir est à si bon marché, on ne devrait pas en priver le peuple.

— Tout n'est pas fini, et nous avons encore la plus belle chose à voir. Que pense-t-on à Berne, noble Melchior, des intentions de l'empereur de faire une nouvelle levée de troupes dans nos cantons?

— Je te demande grâce, bon Peterchen; mais, avec ta permission, nous parlerons de ces choses plus à loisir. Ces jeux paraissent sans doute, à tes yeux si souvent fixés sur les questions d'État, de véritables jeux d'enfants; mais je confesse qu'ils commencent à m'intéresser et que nous pouvons bien sans déroger leur consacrer une heure de loisir.

Peter Hoffmeister fit un geste d'impatience et se retourna vers le signor Grimaldi pour voir s'il était mieux disposé à lui répondre; mais celui-ci, comme son ami, suivait attentivement la marche des divertissements et semblait y prendre un vif plaisir. Haussant les épaules de pitié, le bailli se retourna vers la foule pour tâcher de découvrir quelques infractions aux règles de la discipline, afin d'interposer son autorité.

Cependant les réjouissances continuaient.

Dès que les jardiniers eurent quitté l'arène, une autre troupe nombreuse vint y prendre place. Quatre femmes marchant en avant portaient un autel antique décoré de fleurs et de feuillées; elles étaient revêtues de costumes emblématiques et couronnées de guirlandes de feuillages et de fleurs. Des garçons suivaient l'autel avec des encensoirs, et la prêtresse venait ensuite dans le costume de sa dignité, élevée sur un trône de fleurs porté par quatre nymphes. Des faneurs des deux sexes venaient ensuite, et la marche était fermée par un char couvert jusqu'au faîte de l'herbe parfumée des Alpes et sur lequel étaient groupées des femmes nonchalamment couchées.

L'autel et le trône furent déposés sur un piédestal; la prêtresse offrit un sacrifice et chanta les louanges de la déesse avec une voix fraîche et harmonieuse; puis vint la danse des faneurs, et ce deuxième cortège disparut comme le premier pour faire place à un autre.

— Très-bien! c'est parfait! de vrais paysans n'eussent pas mieux joué leur rôle, s'écria le bailli, qui, malgré la gravité de sa charge, commençait à prendre plaisir à la fête; ceci éclipse nos folies du carnaval lombard et génois.

— Est-il d'usage aussi, Hoffmeister, demanda le baron, de renouveler fréquemment ces réjouissances dans le pays de Vaud?

— Elles se renouvellent selon le bon plaisir de l'abbaye, qui en détermine l'époque. A Genève on ne peut avoir de semblables divertissements sans qu'ils soient suivis d'extravagances et de disputes; ici c'est bien différent, nous jouons nos rôles antiques de dieux et de déesses en gens sobres, et quand tout est fini nous retournons tailler nos vignes et compter nos troupeaux comme de fidèles sujets du grand canton. N'est-il pas vrai, baron de Blonay?

Roger de Blonay se mordit les lèvres, car il goûtait peu l'allusion à la manière paisible dont ses compatriotes se soumettaient aux lois et coutumes d'une puissance étrangère; il s'inclina froidement pour toute réponse et pour mettre fin aux interpellations.

— Voici d'autres cérémonies qui réclament notre attention, dit Melchior de Willading, qui connaissait assez les opinions de son ami pour interpréter son silence.

Le nouveau groupe qui s'approcha était composé de ceux qui vivent du produit de la laiterie. Deux vachers et des pâtres conduisaient leurs bêtes. Le son monotone des lourdes sonnettes qui pendaient à leurs cous se mêlait au bruit des fanfares qui les précédaient, tandis

qu'une troupe de jeunes laitières et de montagnards qui conduisent les troupeaux dans les pâturages d'été s'avançaient en chantant. Ils précédaient un char sur lequel figuraient tous les ustensiles propres à la laiterie. Rien n'y manquait. Le laitier portait à sa ceinture l'escabeau pour traire; un autre portait le seau qui servait à recevoir le lait, tandis qu'un troisième avait suspendu à son dos le vaisseau de bois dans lequel on transporte le lait au chalet à travers les précipices. Lorsqu'ils eurent atteint le devant de l'estrade, les hommes commencèrent à traire les vaches, les filles déposèrent les ustensiles de la laiterie, et tous se mirent à chanter le ranz des vaches du district. C'est une erreur généralement accréditée qu'il existe en Suisse un seul air connu sous ce nom; chaque canton possède sa chanson des montagnes, qui varie dans le rhythme comme dans les paroles. Le ranz des vaches du pays de Vaud est dans le patois du pays, composé de mots d'origine grecque et latine entés sur la langue celtique. Les stances sont trop nombreuses et trop variées pour être reproduites. Nous donnerons néanmoins à nos lecteurs un seul couplet de cette chanson suisse devenue célèbre et qui force les montagnards en service étranger à déserter leur drapeau pour retourner au milieu de ces splendides tableaux qui réveillent leur imagination et charment leur sommeil. On reconnaîtra que la puissance de cette chanson prend sa source plutôt dans les souvenirs qu'elle réveille en reproduisant à l'esprit les charmes de la vie champêtre.

> Lé zarmailli dei Colombetté
> Dé bon matin, se san léhia.
>   Ha, ah! ha, ah!
> Liauba! liauba! por aria.
>
>   Venide toté,
> B lantz' et naire,
> Rodz et motaïle,
> Dzjouvan, et etro
> Dezô ou tzehano,
> Io vo z' ario
> Dezo ou triembllo,
> Io le triudzo;
> Liauba! liauba! por aria.
>
> Les vaches sont, de bon matin,
> Sur nos monts; comme à l'ordinaire,
> Elles paissent dans le lointain.
>   Allons les traire!
>   Ha! ah! ha! ah!
>   Liauba! liauba!
>
> Mes vaches aux flancs bigarrés,
> De couleur noire, blanche ou rousse,
> D'humeur capricieuse ou douce,
> Au son de la trompe accourez!
> Près de moi qu'aussi vous amène
> De ma voix le son familier.
> Je vais vous traire sous ce chêne,
> Vous traire sous ce peuplier!

La musique des montagnes est unique et sauvage, prenant son inspiration dans la grandeur de la nature. La plupart des sons ont le caractère de l'écho, étant élevés en notes fausses, tels que les cavernes et les anfractuosités des précipices les renvoient. Les pâtres et les laitières n'eurent pas plutôt dit les deux premiers versets qu'un profond silence se fit dans la foule; puis, à mesure que les strophes du chœur s'élevaient dans l'air, de nombreux échos partant de la foule répétaient les notes sauvages; et à l'exclamation de Liauba! liauba! des milliers de voix partirent simultanément comme pour adresser aux montagnes les vœux de leurs enfants. Les derniers vers se confondirent dans un élan général d'enthousiasme. Alors les pâtres et les jeunes filles rassemblèrent leurs ustensiles, et reprirent leur marche au son mélancolique des cloches et des clochettes.

A ceux-ci succédèrent les disciples de Cérès, avec l'autel, la prêtresse et la déesse couronnée d'épis; des bleuets et des coquelicots ornaient le trône, qui était en outre jonché des fruits de l'automne; le tout surmonté d'une énorme gerbe de blé. Des faucheurs et des glaneurs suivaient le cortège, qui fut coupé comme les autres de haltes, de chants, de chœurs et de danses.

Enfin parurent les vendangeurs, objets principaux de la fête, déployant le grand étendard de l'abbaye. Les laboureurs du printemps marchaient en tête, armés de leurs instruments aratoires, les femmes étaient chargées de vaisseaux contenant des plants de vigne; d'autres suivaient courbés sous des hottes remplies des plus beaux fruits de la saison. Des jeunes gens élevaient sur leurs épaules des modèles reproduits en miniature des divers instruments en usage pour la culture de la vigne. Les chants et les danses recommençèrent jusqu'à ce que la bande des musiciens de Bacchus fit disparaître les vignerons pour prendre leur place. Comme nous touchons à la partie la plus importante de la représentation, nous en profiterons nous-même pour reprendre haleine.

## CHAPITRE XV.

— C'est charmant ! frère Peter ! s'écria le baron de Willading comme il suivait des yeux les vendangeurs dans leur retraite. Si nous devons avoir encore beaucoup de scènes comme celles qui précèdent, j'oublierai, je crois, ma dignité de bourgeois pour me faire acteur avec ces bonnes gens, dussé-je y perdre ma réputation de sagesse.

— Ceci est mieux dit entre nous que devant la foule, honorable Melchior ; quel scandale, en vérité, si ces Vaudois pouvaient se vanter qu'un noble de ton importance dans Berne s'oubliât à ce point au milieu d'eux !

— Je plaisante. Ne sommes-nous pas ici pour nous réjouir de toutes les folies qui se présentent à notre esprit ? Trêve donc à tes craintes officielles, et dépose un moment ta dignité, honnête Peterchen, pour te livrer à une franche gaieté, comme autrefois lorsque nous étions écoliers en récréation, longtemps avant que tu eusses l'idée de ton emploi, ou qu'un chagrin eût obscurci mon front.

— J'en appelle au signor Grimaldi, et je maintiens que la réserve est indispensable aux personnes qui occupent un poste élevé.

— Je répondrai à votre question lorsque les acteurs auront tous joué leur rôle, répliqua en souriant le Génois. Actuellement voici venir celui à qui tous les vieux soldats rendent hommage. Ne lui manquons pas de respect pour si peu.

Peter Hoffmeister, qui était passablement buveur, ajourna ses observations à l'approche du dieu de la treille, qu'annonçaient un nombre d'instruments capables de remplir la voûte du ciel du bruit de leurs fanfares. Les musiciens on voyait tous les serviteurs de l'abbaye réunis pour servir de garde d'honneur à la divinité rubiconde ; puis trois sacrificateurs, dont l'un conduisait une chèvre aux cornes dorées ; les deux autres étaient armés, l'un du couteau et l'autre de la hache. Venaient ensuite l'autel orné de vignes, les encenseurs et le grand prêtre, qui précédaient le dieu des vendanges à cheval sur un tonneau, la tête couronnée d'une guirlande de grappes de raisin garnies de leurs feuilles, tenant d'une main une coupe et d'un sceptre entouré de fruits et de fleurs. Quatre vigoureux Nubiens le portaient sur leurs épaules. Des faunes et des satyres revêtus de peaux de tigre dansaient autour de lui avec une vingtaine de jeunes et riantes bacchantes.

Un hurrah général accueillit l'entrée du gros Silène soutenu sur son âne par deux nègres, une outre à moitié vide pendant à sa ceinture, l'œil éteint, le sourire aviné, les lèvres pendantes et l'air hébété, tout dans sa personne donnait lieu de penser que les soutiens qu'on lui avait donnés provenaient plutôt de la nécessité que de la vérité de la représentation. Deux jeunes gens marchaient derrière, tenant à chaque bout un bâton qui pliait sous une énorme grappe de raisin destinée à représenter les riches produits de la terre de Chanaan apportés par les messagers de Josué. Un lourd chariot recouvert, simulant l'arche de Noé, fermait la procession. Il contenait une presse remplie de raisins que foulaient des vignerons au nombre des enfants du second père de la race humaine, et laissait sur son passage un ruisseau de la liqueur vermeille.

Les bacchanales qui terminèrent le spectacle furent représentées suivant les traditions ; les trompettes sonnèrent des fanfares, et le cortège disparut comme ceux qui l'avaient précédé.

— Ne trouvez-vous pas cette scène jouée au naturel, signor Génois ? dit le bailli. On dirait que les coquins ont puisé leurs inspirations dans le divin nectar, surtout celui qui remplit le rôle du gros personnage sur un âne. Comment l'appelles-tu, noble Melchior ?

— Corps de mon âme ! je ne sais pas mieux savant que toi, digne bailli. Ce qu'il y a de certain, c'est que le drôle n'a jamais récité ses patenôtres sans l'aide d'un flacon.

— Il serait bon de savoir son nom pour complimenter messieurs de l'abbaye quand tout sera fini. Écoute, maître hallebardier, tu es de Vevey, si je ne me trompe, et un bon citoyen dans ton vrai caractère de tous les jours.

— Comme vous l'avez dit, monsieur le bailli, un Veveysin et connu parmi nos artisans.

— C'est vrai, en dépit de ta hallebarde, tu es habile dans ton métier ; mais tu dois être au courant de ces cérémonies. Nomme-moi donc l'homme monté sur son âne, celui qui a si bien rempli le rôle de l'ivrogne. Son nom n'est pas pour le moment présent à notre mémoire, quoique sa manière de jouer son rôle y ait laissé une profonde impression.

— Dieu vous garde, honorable bailli, c'est Antoine Giraud, le gros boucher de la Tour-de-Peil, et le plus fort buveur de tout le pays de Vaud. Il n'est pas surprenant qu'il ait si bien joué son rôle, car pendant que les autres lisaient ou chantaient, Antoine n'a pas fait d'autre exercice que de porter à ses lèvres l'outre pendue à ses côtés.

— Sur mon âme ! cet Antoine Giraud est le meilleur acteur de la journée. Voulez-vous regarder sur le programme qu'ils nous ont remis, belle Adélaïde, pour nous assurer que ce hallebardier ne nous a pas trompés ?

— Cela n'est pas facile à vérifier, herr bailli, attendu que les rôles seuls sont indiqués et non pas les noms des acteurs. L'homme dont vous

parlez représentait Silène, je crois, par toutes les circonstances qui ont accompagné son entrée.

— Antoine Giraud, ou Silène, peu importe ! il a bien joué sa scène.

L'admiration naïve de Peter, qui ne paraissait pas très-fort sur la mythologie, fit sourire la fille du baron, qui chercha un regard sympathique du côté de Sigismond. Mais celui-ci , le cou tendu en avant, le corps immobile, semblait concentrer toute son attention vers un nouveau groupe qui pénétrait dans l'enceinte réservée.

Le conseil de l'abbaye voulut clore les représentations par un spectacle plus intelligible à l'esprit des spectateurs que tous ceux qui l'avaient précédé, et qui s'adresserait aux sympathies et aux habitudes des différentes classes de la société, spectacle intitulé la *Procession des fiançailles*, dont les personnages vinrent lentement occuper la place laissée vide par la retraite d'Antoine Giraud et de ses compagnons.

Précédés comme les autres d'une bande de musiciens, le seigneur du manoir, comme on l'appelait, et sa dame, tous deux vêtus à l'antique, conduisaient six vieux couples pour faire ressortir leur bonheur de la vie de ménage ; suivis d'une longue suite de rejetons de tous les âges depuis l'enfant à la mamelle jusqu'au couple de mariés à la fleur de l'âge. Une maison roulante représentait l'économie domestique, avec tous ses ustensiles, sa cuisine et les objets les plus nécessaires du ménage. Une femme tournait un rouet et filait, une autre pétrissait le pain. Un notaire, le chapeau à la main et portant sous son bras le registre des mariages, et costumé dans toute l'exagération des tabellions de comédie, se tenait debout entre les deux ménagères. Son apparition fut accueillie par un rire universel. Mais cet élan de joie fit aussitôt place au désir de voir les fiancés qui étaient placés de chaque côté du magistrat. Ces deux principaux acteurs jouaient leur rôle au sérieux , car l'abbaye avait cherché pour cette occasion un couple assorti qui consentît à s'unir dans ce jubilé solennel pour donner à la fête une apparence plus réelle de cérémonie et de joie. Les agents de l'abbaye avaient mis tant de soin à cacher leur choix, que jusqu'au dernier moment, le public avait ignoré à quelle condition de la société les deux époux appartenaient. C'était du reste un commun usage de faire de semblables contrats de convenance à l'occasion des fêtes publiques, et l'opinion générale n'eût pas été froissée d'apprendre que le couple choisi se voyait pour la seconde ou la troisième fois seulement et qu'ils allaient s'épouser ainsi sans se connaître au son des trompettes et des tambours. Les commentaires les plus fabuleux circulaient donc parmi la foule sur l'origine et la position sociale du jeune couple qui s'approchait de l'estrade traîné par le lourd décor. Adélaïde sentit une vive rougeur colorer ses joues à cette vue qui lui rappelait ses projets d'avenir. La tournure modeste de la jeune fille d'une beauté supérieure aux charmes rustiques des filles du canton l'intéressa au premier coup d'œil et elle dirigea aussitôt ses regards vers le fiancé pour s'assurer qu'il méritait un aussi heureux choix.

Par l'âge, l'apparence et les conditions sociales, ces deux lui parurent convenablement assortis, quoique la jeune fille semblât annoncer une certaine supériorité d'éducation.

— Elle est bonne, murmura-t-elle à l'oreille de Sigismond placé à ses côtés, et doit mériter d'être heureuse.

— Elle est bonne et méritait un meilleur sort, dit tout bas le jeune homme dont la respiration était oppressée.

— Sigismond, c'est là votre sœur ?

— Dieu ! la ainsi maudite.

— Pourquoi a-t-on choisi une occasion publique comme celle-ci pour marier une jeune fille timide et modeste comme elle ?

— La fille de Balthazar a-t-elle le droit de se montrer si délicate ? L'or , l'intérêt de l'abbaye et le fol éclat de cette représentation, ont permis à mon père de disposer de son enfant en faveur de cet homme mercenaire, qui l'a marchandée comme un juif et qui a posé pour condition absolue au mariage que le véritable nom de ma sœur resterait enseveli dans le secret. Ne sommes-nous donc pas honorés par cette alliance qui nous renie avant même de se conclure ?

Le rire strident qui accompagna ces derniers mots du jeune soldat fit tressaillir sa compagne dont l'attention fut heureusement détournée par l'arrivée de la procession au centre de l'estrade.

Une douzaine de garçons et un nombre égal de filles d'honneur escortaient le couple qui allait prononcer le oui fatal. On portait derrière le trousseau et la corbeille. L'un , formé par les parents de la jeune fille , était riche et amplement fourni des objets et ornements nécessaires à une jeune femme qui entre en ménage , tandis que l'autre , qui ne contenait qu'une chaîne d'or de forme gothique et de médiocre valeur, dénotait le peu de cas que semblait faire le fiancé de l'alliance projetée et ne manqua pas de produire sur la foule une opinion défavorable contre la jeune fille qui devait, suivant les divers commentaires , avoir quelque imperfection cachée , compensée par une plus grande libéralité de fortune.

Les chants et les danses accompagnaient cette dernière procession qui laissa la place entièrement libre et fut le signal de la clôture. La foule se dispersa dans les différents passages publics de la ville que le cortège devait parcourir avant de se rendre à sa dernière station.

Le bailli et ses amis dirigèrent leur promenade sur le bord du lac pour causer plus à leur aise des scènes diverses auxquelles ils avaient assisté. Le signor Grimaldi prenait un malin plaisir à éprouver l'érudition du dogmatique bailli, qui confondait d'une manière comique le sacré avec le profane dans ses évocations historiques.

Sigismond marchait pensif et sombre à côté d'Adélaïde, qui profita de l'attention détournée des autres personnes pour revenir sur le sujet qu'elle n'avait fait qu'effleurer.

— Je souhaite que votre sœur n'ait pas à se repentir de son choix, dit-elle en ralentissant sa marche pour rester en arrière du reste de la société. C'est une horrible violence à la sensibilité d'une jeune fille de se voir ainsi traînée sous les yeux vulgaires des curieux pour accomplir un acte aussi solennel.

—Pauvre Christine ! sa destinée a été pitoyable dès l'enfance. Il n'y a pas au monde d'esprit plus pur, plus doux que le sien. Mais que peut la douceur contre une pareille fatalité ? Ma sœur a été, comme moi, soustraite de bonne heure au spectacle de notre infortune. Confiée sous le sceau du secret à des étrangers, elle a longtemps ignoré, trop longtemps peut-être, la tige dont elle est issue. Lorsque l'orgueil maternel la rappela auprès de ses parents, elle eut l'humiliation d'apprendre qu'elle appartenait à une famille de proscrits. La douceur de son caractère la réconcilia toutefois avec la vérité, et nul ne l'a jamais entendue murmurer un reproche contre le fatal décret de la Providence. La résignation de cette sainte jeune fille a jeté constamment un reproche à l'amertume de mes plaintes, car, je ne puis vous le cacher, Adélaïde, j'ai compris dans mes malédictions tout ce qui me rattachait à l'humiliation de mon sort ! J'ai été jusqu'à accuser mon père d'injustice pour ne m'avoir pas élevé constamment auprès de lui à côté de l'échafaud, afin de puiser dans l'habitude un orgueil farouche du métier qui fait aujourd'hui le désespoir de mon existence.

— Le cœur de votre sœur, Sigismond, est plus fort que son orgueil, c'est pourquoi elle envisage sa position avec la sensibilité d'une femme. Mais vous vous calomniez, Sigismond ; vous aimez votre père, et le dévouement que vous avez montré à le sauver à bord de la barque démentent vos paroles.

— Le ciel me préserve de manquer de sensibilité et d'oublier à ce point mes devoirs ! Et pourtant c'est chose horrible, Adélaïde, de ne pouvoir respecter, aimer profondément et sans crainte ceux qui nous ont donné le jour. Christine, dans sa douce résignation, est moins malheureuse que moi. Je suis le fils du bourreau ! Ce fait horrible ne peut jamais s'effacer de ma pensée lorsque je cherche dans ma famille ces scènes de bonheur que les autres trouvent au milieu des leurs. Balthazar peut avoir été guidé par une bonne pensée en me faisant élever loin de lui et recevoir une éducation différente de la sienne ; mais alors, pour compléter son œuvre, il n'eût jamais dû arracher le voile de mes yeux.

—Mais un cœur comme le vôtre, Sigismond, ne saurait haïr sa mère.

— Mes paroles ont mal rendu ma pensée si elles ont produit une telle impression sur vous. Dans mes moments de calme, je n'ai jamais considéré ma naissance que comme un malheur et j'honore mes parents de m'avoir donné une éducation au-dessus de ma condition. Christine n'est pas la seule dévouée que moi à leur pauvre mère. Il faudra que vous voyez et que vous connaissiez cette femme, Adélaïde, pour comprendre tout ce qu'il y a d'injustice dans les usages impitoyables de la société.

— Parlons de votre sœur en ce moment, Sigismond ; a-t-elle donc été sacrifiée sans égard pour sa volonté ?

— Je ne le pense pas ; mais Christine est habituée à envisager l'humiliation de sa naissance, et la reconnaissance pour un sentiment apparenté de générosité de la part de ce jeune homme lui donne à ses yeux des qualités qu'il a peut-être et qui n'existent que dans son imagination ardente. Vous qui n'avez jamais ressenti les mépris du monde, Adélaïde, vous ne sauriez comprendre tout ce qu'il y a de séduisant à les voir surmonter par l'être le plus indifférent. Je crains bien que le simple fait d'avoir fait choix d'une femme que le monde réprouve n'ait suffi pour lui donner une valeur qu'autrement elle n'eût jamais découverte en lui.

— Vous ne paraissez pas approuver le choix de votre sœur ?

— Je connais les détails de ce dégoûtant marché mieux que la pauvre Christine. J'ai été témoin des exigences sordides d'une part et des humiliantes concessions de l'autre. L'argent n'a même pu obtenir cette union pour la fille de Balthazar, sans qu'on y ajoutât la condition de cacher à tous les yeux le stigmate de sa naissance.

Adélaïde s'aperçut, à la sueur froide qui inondait le front de Sigismond, combien ses souffrances étaient vives, et elle s'efforça par des paroles consolatrices de verser un baume salutaire sur ses blessures. Elle y réussit en partie, et, lorsqu'ils rejoignirent leurs amis, le jeune homme avait repris cette attitude froide mais calme sous laquelle il ensevelissait l'obscurité de l'avenir et le désespoir de ses pensées dont l'amertume lui faisait souvent envisager l'existence comme un fardeau insupportable.

## CHAPITRE XVI.

Pendant que les mascarades racontées aux précédents chapitres s'exécutaient sur la grande place, Maso, Pippo, Conrad et tous les individus arrêtés au sujet du chien, rongeaient leur frein entre les quatre murs de la prison. Vevey possédait plusieurs places publiques, les dieux et demi-dieux répétaient sur chacune d'elles les cérémonies qu'ils avaient exécutées sur la première. La prison publique, l'hôtel de ville donnaient sur une de ces places, et, par une faveur toute spéciale à l'occasion de la fête, l'officier chargé de maintenir l'ordre avait permis que les prisonniers occupassent l'aile du bâtiment dont les fenêtres grillées y avaient vue, afin de ne pas soustraire à leurs regards les cérémonies de la fête. On avait usé de cette indulgence à la condition qu'ils cesseraient leurs disputes et resteraient calmes. Tous, comme on pense, souscrivirent à cette réserve.

La colère de Maso, soudaine et violente comme dans tous les tempéraments bouillants, s'était apaisée tout à coup sous le contrôle de l'éducation et des principes qui le rendaient supérieur à son antagoniste. Le mépris succéda en lui à la colère, et bientôt il s'efforça d'en oublier l'origine.

— Donne-moi ta main, Conrad, dit-il avec le franc pardon qui distingue la réconciliation entre hommes habitués à passer leur vie au milieu des orages et des tourments. Tu as ton humeur et tes habitudes, comme j'ai les miennes. Si le trafic des pénitences et des prières est de ton goût, suis ta fantaisie pour l'amour de Dieu, et laisse moi et mon chien vivre à notre manière.

— Tu n'aurais pas dû oublier combien nous avons de raisons, nous autres pèlerins, de priser les chiens des montagnes, répondit Conrad. Tu n'as jamais gravi les pics du Saint-Bernard, ami Maso, chargé des péchés de toute une paroisse, tu ne peux donc apprécier la valeur de ces animaux qui nous arrachent souvent à une tombe de neige.

Il Maladetto sourit malicieusement et murmura entre ses dents une expression de mépris pour ces démonstrations hypocrites indignes de l'homme.

— Comme tu voudras, pieux Conrad, mais faisons la paix. Je suis Italien, tu sais, et si nous nous vengeons de ceux qui nous offensent, tout est oublié dans une poignée de main. Je pense que les Allemands ne sont pas moins honnêtes.

— Que la Vierge soit sourde à mes prières et que les bons pères de Lorette me refusent l'absolution si j'y pense davantage. Ce n'était qu'un serment que pardonne à notre manière.

— La fortune ou les saints nous ont au moins donné un toit pour abri. Tu n'as rien arrivé sur les jours, si j'en juge par la mine de quelques-uns d'entre nous. Voilà une occasion de donner du repos à Polichinelle, Pippo, pendant que son maître prend l'air à la fenêtre de cette prison.

— Si nous étions à Naples, dit le Napolitain que cette saillie fit rire, je n'aurais pas besoin d'autre toit que son ciel bleu et brillant.

— Tu es né sans doute sous le portique de quelque palais ducal, reprit Maso avec son insouciance satirique, tu mourras sans abri sous l'hôpital pour être jeté à la voirie de ton Campo santo avec un monceau de tant de chrétiens comme toi qu'au jour du jugement dernier tu seras bien embarrassé de reconnaître tes bras ou tes jambes de ceux de tes voisins.

— Suis-je donc un chien pour finir ainsi ? interjeta Pippo d'un air menaçant.

— Nous avons déjà eu une querelle à propos de brutes, ne recommençons pas, répliqua il Maladetto d'un ton sarcastique. Princes ou nobles, ajouta-t-il avec une gravité affectée, nous sommes retenus ici par le bon plaisir des ordonnateurs de la fête ; notre parti le plus sage sera donc de passer le temps le plus agréablement que nous pourrons. Le révérend Conrad aura les honneurs du cardinalat ; Pippo sera conduit au cimetière par des chevaux caparaçonnés, et quant à ces dignes Vaudois qui sont sans aucun souci des hommes de poids, ils deviendront baillis et tiendront conseil dans les murs de notre palais. La vie, messieurs, n'est qu'une grave mascarade, et le second de ses secrets est de faire croire aux autres que nous sommes ce que nous voudrions être. Chacun de vous n'a donc qu'à se figurer être le haut personnage que je l'ai proclamé d'être, et le plus fort de la prédiction sera accompli.

— Tu as oublié de faire mention de ta propre qualité ! s'écria Pippo trop habitué aux jongleries pour ne pas goûter l'idée de Maso, et qui avait en vrai Napolitain déjà oublié sa colère.

— Je jouerai le rôle du public patient, et comme je suis disposé à me laisser duper, l'œuvre sera complète. Commencez, mes braves, et vous verrez comme mes yeux et mes oreilles s'ouvriront pour admirer et entonner votre philosophie.

Cette sortie provoqua de joyeux éclats de rire. Les Vaudois, altérés comme des montagnards, demandaient du vin, et comme les gardiens considéraient leur arrestation comme une simple mesure temporaire de police, ils donnèrent leur consentement. À mesure que le vin, qui était bon et à bas prix, commençait à échauffer les têtes, le véritable caractère des différents individus se dessina plus fortement.

Les paysans vaudois, au nombre de trois et de la plus basse classe, commencèrent à devenir bruyants dans leur langage à mesure que leurs facultés s'épaississaient. Conrad jeta son masque d'hypocrisie et parut le vrai mécréant qu'il était, composé de superstition et de bassesse, de sensualité et de vice. L'esprit inventif et les saillies de Pippo se succédaient en un torrent de plaisanteries grossières qui trahissaient les idées d'un homme habitué à duper et à méconnaître les droits de ses semblables. Sur Maso, le vin produisit un effet tout contraire. Désirant étudier le caractère des individus au milieu desquels le hasard l'avait jeté, il buvait avec eux et feignait de partager leur ivresse pour rester confondu avec ces vulgaires disciples de Bacchus et échapper à l'œil scrutateur de la justice dont il redoutait les investigations. Ses yeux brillaient d'un éclat inaccoutumé, son visage se colorait, sa langue même semblait embarrassée, tandis qu'il conservait toute sa lucidité de jugement. Deux heures se passèrent ainsi hors de la surveillance des gardiens, trop occupés à regarder les cérémonies du dehors pour veiller sur ceux confiés à leur garde.

— Tu mènes une existence heureuse, honnête Pippo, s'écria Conrad dont la vue se troublait; ta vie se passe à rire perpétuellement et à faire rire les autres, et tes saillies font oublier les peines et les fatigues.

La curiosité fut excitée bien davantage à la vue de la fiancée et de son futur.

— Corpo di Bacco! je souhaiterais que tu eusses dit vrai. La différence qui existe entre nous deux, Conrad, est que tu ris dans ta barbe en conservant ton air grave, tandis que je bâille à me démancher la mâchoire dans le moment même où je ris le plus. Les plaisanteries de commande vous rendent triste comme un bonnet de nuit. Cospetto! je donnerais bien mes bénéfices d'une année pour une nouvelle série de jeux de mots qui n'eussent pas encore été dans la bouche de tous les jongleurs d'Europe.

— Un sage de l'antiquité dont aucun de vous n'a sans doute entendu parler, observa Maso, a dit qu'il n'y avait rien de nouveau sous le soleil.

— Celui qui a dit cela, n'avait jamais goûté de ce vin qui est dur comme s'il sortait de la cuve, reprit le pèlerin. Coquin! oses-tu bien apporter une pareille boisson à des hommes de notre qualité? Tâche de nous rendre plus de justice dans les suivants.

— Ce vin est le même que vous avez trouvé si bon au commencement, remarqua froidement il Maladetto, mais c'est la nature de l'ivresse de changer le palais des buveurs. Va, mon garçon, il est inutile de rapporter du vin à des gens qui savent si peu y faire honneur.

Maso poussa le garçon hors de la salle, et lui glissant dans la main une pièce de monnaie, il lui ordonna de ne plus revenir. L'ivresse était arrivée à un degré suffisant pour le but qu'il se proposait.

— Voici la mascarade, dieux et déesses, bergers et bergères, pour nous entretenir en belle humeur. Rendons au moins justice aux Veveysins, ils nous traitent bien puisqu'ils nous envoient leurs acteurs pour amuser notre solitude.

Les différents cortèges débouchaient sur la place et recommencèrent les danses et les cérémonies que nous avons déjà décrites. Silène, à la grande joie des gamins, roula de dessus son âne sous l'influence des nombreuses libations auxquelles il s'était livré pendant le parcours. Le cortège de la noce s'avança à la suite, et la douce fiancée éveilla partout sur son passage les sympathies de la foule. Ces louanges, qui pour la première fois de sa vie arrivaient à son oreille, lui donnaient du courage et lui firent oublier un moment l'abjection de sa famille. La

beauté exerce une influence universelle. Les prisonniers à demi ivres louèrent également sa beauté et sa modestie, et ce concert unanime de louanges sembla réveiller la fiancée de sa froideur glaciale et vulgaire.

— Voici la grande procession, dit Pippo; et la ravissante fiancée! San Gennaro te bénisse, bella sposina, et le digne homme qui est la tige d'une si belle rose! Envoyez-nous du vin, généreux fiancé et heureuse mariée, que nous puissions boire à votre santé.

Christine changea de couleur et regarda furtivement autour d'elle comme ceux qui, courbés sous le mépris du monde, redoutent tout ce qui peut faire allusion à leur pénible position. Cette crainte se communiqua de même à son futur époux, qui jeta un coup d'œil soupçonneux sur la foule pour s'assurer si le secret de sa fiancée était découvert.

— Heureux père qui te nomme sa fille, belle fiancée, et plus honorée encore la mère qui conçut une aussi excellente fille! Scelerati, vous autres de la foule, pourquoi ne portez-vous pas ces braves parents dans vos bras, que tous puissent voir et rendre hommage aux honorables rejetons de cette riche souche? Envoyez-nous du vin, bonnes gens; envoyez-nous des coupes de joyeux vin.

Les cris et les paroles énigmatiques de Pippo attirèrent l'attention de la foule qui l'écoutait avec des démonstrations de joie le mélange de dialecte dont il assaisonnait ses interpellations. Les circonstances les plus légères, lorsqu'elles détournent le cours des sympathies populaires, deviennent souvent les précurseurs de grandes calamités.

La populace, qui escortait les époux, fatiguée de la répétition des mêmes cérémonies, saisit avidement cette diversion à ses plaisirs, et se joignit aux félicitations du Napolitain à moitié ivre.

— Avance toi-même, et viens servir de père à la fiancée, grave et révérend étranger, criait une voix de la foule. Un si bon exemple se perpétuera dans ta lignée jusqu'à la troisième génération.

Un éclat de rire accueillit cette sortie, qui provoqua une prompte et vive repartie de la part du Napolitain.

Pippo, bouffon italien.

— Je donne ma bénédiction à la rougissante fleur. On peut avoir de plus mauvais parents que Pippo, car celui qui vit en faisant rire les autres mérite bien des hommes, tandis que vos médecins mangent le pain des coliques, des rhumatismes et autres maladies dont ils prétendent être les ennemis.

— Ne saurais-tu trouver quelqu'un de pire que toi? cria la même voix.

— Cinquante, te comptant pour le premier. Je te bénis, belle fiancée; trois fois heureuse, celle qui reçoit la bénédiction de l'honnête et joyeux Pippo! Ne dis-je pas vrai, ma fille?

Christine sentit que la main de son fiancé se détendait peu à peu et quittait la sienne, comme si la honte s'emparait de lui. Elle supporta cette humiliation avec le sentiment de confiance dans la justice des autres que possèdent les consciences pures, mais d'un pas tremblant qui fut attribué à la timidité de sa position.

En ce moment, comme la procession tournait l'angle de l'hôtel de ville, et pendant que l'air résonnait du bruit des instruments, un cri de terreur sorti de l'intérieur fut suivi d'un mouvement rétrograde de la foule que la curiosité attira vers l'endroit d'où il était parti.

Rompue et dispersée, la procession disparut, et une activité mystérieuse et inaccoutumée se manifesta parmi les agents de la place, avant que la cause du désordre transpirât parmi les rares curieux qui étaient restés sur la place. Le bruit se répandit alors qu'un des prisonniers Italien et marin avait profité du moment où les gardiens étaient attentionnés à regarder la procession pour terrasser la sentinelle et prendre la fuite, suivi des hommes les moins ivres et qui pouvaient courir.

L'évasion de quelques misérables coquins n'était pas un événement capable de détourner longtemps l'attention des curieux des réjouissances de la journée, d'autant plus qu'ils devaient être rendus à la liberté dès le coucher du soleil. Mais lorsque le rigoureux bailli Peter Hoffmeister apprit cette brutale infraction à sa justice, il vociféra une quantité de blasphèmes contre l'impudence des vagabonds et la négligence de leurs gardiens. Il donna des ordres pour qu'ils fussent poursuivis et amenés aussitôt en sa présence avant la reprise des réjouissances. Une douzaine d'agents s'élancèrent aussitôt pour exécuter les ordres de leur supérieur. L'heure du banquet approchait et devait être précédée par l'union des époux; la foule se rassembla de nouveau sur la place pour assister à cette dernière scène de la bénédiction nuptiale, qui devait être prononcée par un véritable serviteur des autels sur Jacques Colis et Christine, pour terminer joyeusement les cérémonies de la journée.

CHAPITRE XVII.

Dans l'après-midi la place principale se remplit de nouveau de curieux, et le bailli et ses amis vinrent une seconde fois occuper leurs sièges d'honneur sur l'estrade. Les différents cortéges reparurent dans l'enceinte, exécutant l'une après l'autre les cérémonies et les danses de la matinée, recevant les applaudissements de la foule et

A mesure que le vin commençait à échauffer les têtes, le caractère des individus se dessina plus fortement.

des principaux de la ville, qui étaient devenus plus démonstratifs et moins réservés. Le bailli surtout était devenu communicatif et familier, louant par ici, blâmant par là, donnant des ordres, adressant des réprimandes, interpellant fréquemment le signor Grimaldi, qu'il soupçonnait d'être d'un rang plus élevé qu'il n'affectait de l'être, et qui néanmoins prêtait une oreille complaisante à ses jérémiades.

— Ceux qui viennent de passer, frère Melchior, dit le bailli apostrophant le baron de Willading dans le style fraternel de la bourgeoisie, pendant que son œil cherchait à attirer l'attention du Génois pour lui faire admirer son érudition sur le paganisme, ne sont que bergers et bergères de nos montagnes, et non des dieux et demi-dieux comme on pouvait le penser, parce que les uns sont portés sur les épaules, et que les autres sont montés sur des ânes et sont entourés des objets le plus à leur convenance. Ah! voici venir les masques de premier ordre. Cette jolie créature est en réalité Mariette Maron de ce pays, qui ne possède pas de fille mieux bâtie, ni de plus effrontée. Mais, peu importe, elle est en ce moment la prêtresse de Flore, et je vous garantis qu'il n'y a pas dans toute notre vallée de bouquin capable d'éveiller les échos de nos montagnes avec plus de succès que les sons qui s'échappent de son gosier. Celle qui est assise sur le trône est Flore, elle-même représentée par la fille d'un de nos gros bonnets de Vevey, assez riche pour l'avoir équipée dans le costume que vous lui voyez, sans

avoir eu besoin de recourir à la munificence de l'abbaye. Elle ne porte pas une fleur sur elle qui n'ait été cueillie dans son propre jardin.

— Tu traites la poésie de ces cérémonies avec si peu de respect, bon Peterchen, que les dieux et leur suite ne seraient, suivant tes remarques, que des laitières et des vendangeurs.

— Pour l'amour du ciel, ami Melchior, interrompit le Génois, ne nous prive pas de la description chorégraphique du digne bailli. La mythologie peut être une très-jolie chose, mais elle ne perdra rien à ces notes et à ces illustrations, qui feraient honneur à un docteur de Padoue. Continuez, je vous prie, savant Peter, afin que nous autres étrangers ne perdions rien des beautés de l'exposition.

— Tu vois, baron, reprit le bailli transporté, qu'une bonne explication ne saurait gâter une bonne chose, quand même cette chose serait la loi. Ah! voici Cérès et sa suite, composée de nos moissonneurs, hommes et femmes, qui représentent la richesse agricole du bon pays de Vaud. Signor Grimaldi, ces drôles, qui ont des escabeaux attachés derrière le dos et portent des houlettes, sont des laitiers et tous les gens de la laiterie. Cérès était un personnage important parmi les anciens au delà de toute dispute, comme on peut le voir par les attributs de la terre. Il n'y a pas de richesse solide si elle ne repose sur la fertilité du sol. Vous voyez que la déesse est assise sur un trône dont tous les ornements sont empruntés à la terre. Le dais est composé d'une gerbe de blé, sont des épis aux oreilles des pendants de graines, et pour sceptre la faucille : ce ne sont que des allégories, signor Grimaldi, mais de semblables allusions entretiennent de sages pensées dans l'esprit de nos cultivateurs. Nos jeux font allusion à toutes les sciences politiques, religieuses ou légales.

— Un habile écolier trouverait même dans une allégorie moins claire un argument en faveur de la bourgeoisie, répliqua le Génois. Mais vous avez oublié, signor bailli, de décrire l'instrument que Cérès tient dans son autre main, et qui laisse tomber les fruits de la terre, cet objet qui ressemble à la corne d'un bœuf, veux-je dire.

— C'était, sans aucun doute, un des ustensiles des anciens; peut-être un vase pour traire, à l'usage des dieux et des déesses, car vos divinités n'étaient pas de mauvaises ménagères, et se faisaient une gloire de leurs professions; Cérès par exemple n'avait pas honte de son état. Par ma foi, cette mascarade a été formée dans un but tout à fait moral. Mais nos pâtres se préparent à nous donner une aubade.

Peterchen mit fin à son érudition classique, et les disciples de Cérès se rangèrent en ordre, entonnèrent leurs chansons. La mélodie contagieuse du ranz des vaches s'éleva de nouveau, et rappela la foule de tous les quartiers de la ville pour se joindre aux chœurs. Le bailli, tout jaloux qu'il était de son origine bernoise, et de faire prévaloir la supériorité du grand canton en maintenant une réserve et une dignité convenables, céda néanmoins à l'entraînement général, et hurla comme les autres, développant une paire de poumons capables d'atteindre les parties les plus éloignées des montagnes. On parla longtemps après de cette condescendance du député de Berne; les esprits simples et crédules l'attribuant à un élan généreux d'intérêt pour leurs plaisirs et leur bien-être; et les esprits prudents et observateurs imputant cet excès musical à un excès d'un autre genre dont ils accusaient pour cause les vins généreux de leurs coteaux. Les paysans les plus près du bailli riaient sous cape de ses gauches tentatives de gracieuseté. Malgré ces critiques, le bailli joua son rôle à sa propre satisfaction, et regagna son siége avec la conscience d'avoir mérité les applaudissements des spectateurs, pour avoir si bien interprété l'esprit de leurs jeux, et d'avoir affaibli dans leur mémoire quelques centaines d'actions moins mélodieuses et agréables. Il resta convenablement paisible jusqu'à l'entrée du cortège de Bacchus ; mais à la vue du petit dieu de la treille, à cheval sur son tonneau, il reprit ses dissertations avec l'assurance qu'il allait traiter un sujet qui lui était familier.

— Ceci est le dieu de la douce liqueur, dit-il, comme vous pouvez en juger d'après son siège, et la danse de ses disciples démontre que le vin rend le cœur gai. Voyez comme la presse est mise en mouvement pour extraire le jus, et cette énorme grappe que vous voyez là représente celle que les envoyés de Josué rapportèrent de Canaan, histoire que vous devez, signor, en Italie, connaître sur le bout du doigt.

Gaetano Grimaldi parut embarrassé. Versé comme il l'était dans l'étude de la mythologie, sa science comme papiste n'était pas très-étendue sur les dogmes de la foi chrétienne.

— Vous n'avez pas, je pense, oublié l'histoire, signor, s'écria Peterchen, étonné de l'hésitation visible de l'Italien. C'est la plus admirable des légendes du livre sacré. Ah ! par ma vie, voici l'âne sans la monture. Qu'est devenu ce coquin d'Antoine Giraud ? Le drôle aura mis pied à terre pour boire un coup de quelque autre que la sienne, qu'il a vidée sans doute jusqu'à la lie. C'est de la négligence ; on aurait dû mettre à sa place un homme plus sobre, ou du moins une tête plus solide, car, voyez-vous, c'est un rôle qui doit supporter au moins un décalitre, puisque les seules répétitions suffisent à faire trébucher un buveur ordinaire. Nous allons voir actuellement la jolie fiancée et ses filles d'honneur, continua le loquace bailli clignant des yeux à ses auditeurs ; c'est ici que doit se célébrer la cérémonie devant les autorités et comme conclusion des réjouissances de la journée. Ah ! mon brave et vieil ami, nous ne sommes plus ce que nous étions, autrement nous ne laisserions pas ces joyeux danseurs sans nous joindre à leurs plaisirs. Préparez-vous, mes bons amis, car ce n'est plus une comédie à laquelle nous allons assister, mais un véritable mariage, et nous devons reprendre à cette occasion notre gravité magistrale. Mais que signifie ce mouvement parmi les agents chargés de l'ordre ?

Peterchen avait été interrompu par le retour des limiers, qui escortaient les prisonniers qu'ils étaient parvenus à rattraper. Une des qualités du bailli était de se montrer expéditif dans l'occasion. Un acte de justice menaçait donc de retarder les progrès de la cérémonie.

— Quels sont ceux qui osent ainsi affronter les pouvoirs réglementaires de cette journée et en troubler les réjouissances ? demanda sévèrement le magistrat lorsque Maso et ses compagnons eurent été amenés devant lui. Savez-vous, misérables, que ces fêtes sont solennelles et presque religieuses à Vevey, et qu'un crime est double lorsqu'il est commis dans la présence et sous les yeux des pouvoirs de l'État, et contre leur autorité ; ce dernier degré étant le pire de tous les degrés criminels ?

— Nous ne sommes que pauvres ignorants, révérend bailli, répondit Maso, comme vous pouvez vous en convaincre d'après notre apparence extérieure. Notre unique tort provient d'une querelle à propos d'un chien, et dans laquelle les mains et les pieds servaient d'argumentation, mais qui eût été terminée sans danger si les autorités nous avaient laissés la décider entre nous. Comme vous l'avez si bien dit, c'est une joyeuse occasion, et nous devons regretter d'être privés pour si peu de chose des divertissements qu'elle amène.

— Il y a quelque chose de vrai dans ce qu'il dit là, reprit Peterchen à voix basse ; que fait à Berne un chien de plus ou de moins ? Laissez partir ces hommes, et veillez à ce que l'on chasse les chiens de la place afin que leurs sottises ne se renouvellent pas.

— Je vous ferai observer que ces hommes ont échappé aux autorités après avoir terrassé leur gardien, observa humblement l'officier.

— Comment cela ? Ne m'as-tu pas dit, drôle, qu'il s'agissait d'un chien ?

— J'ai parlé de la cause de notre réclusion. J'avoue que, fatigués de respirer si peu d'air et un peu échauffés par le vin, nous sommes sortis sans permission, mais nous espérons que vous nous pardonnerez cet excès de liberté en faveur de la circonstance.

— Drôle, tu aggraves ta faute par les moyens de défense. Un crime commis, dans une circonstance exceptionnelle devient exceptionnel lui-même, et exige un châtiment exceptionnel. Vous avez insulté les autorités, et c'est un crime impardonnable dans tous les gouvernements. Approchez, mes amis, car je tiens à ce que mes raisons soient comprises de tous ceux qui pourraient atteindre mes décisions, et c'est une excellente occasion de donner une bonne leçon aux habitants de Vevey — Que les époux attendent — et vous tous, approchez, afin de bien entendre ce que je vais dire.

La foule se resserra au pied de l'estrade, et Peterchen reprit son discours.

— Le but de toute autorité, continua-t-il, est de puiser en elle-même sa propre force, autrement elle ne pourrait exister et tomberait infailliblement ; vous en savez assez pour comprendre qu'une chose devenue indifférente a bientôt perdu toute sa valeur. Le gouvernement est donc établi de manière à se protéger lui-même. Puisque sans la force morale ou physique il cesse d'exister, il n'y a pas un homme qui ne soit forcé d'avouer qu'un mauvais gouvernement vaut mieux que l'absence de tout principe régulateur. Mais le nôtre est particulièrement bon, son plus grand soin étant de se faire respecter en toute occasion, et celui qui se respecte lui-même est sûr d'inspirer le respect à ceux qui

l'entourent. Faute de cette garantie nous serions comme le cheval sans frein, et nous deviendrions les victimes de l'anarchie et du désordre, voire même, de damnés hérétiques en matière de religion. Ainsi donc, mes amis, votre choix se partage entre le gouvernement de Berne et l'absence totale de gouvernement ; car lorsque deux choses existent, si vous en retirez une il ne vous en reste plus qu'une ; et comme le grand canton conservera toujours sa part de nos institutions, en se retirant la moitié, le canton de Vaud reste nu comme ma main. Demandez-vous à vous-mêmes si vous possédez d'autre principe réglementaire que celui-ci ? Vous répondrez non ! Abandonnez celui de Berne, que vous reste-t-il ? Rien ! Officier, vous portez une épée qui représente l'autorité, tirez-la, et levez-la bien haut, que tous puissent la voir. Vous voyez, mes amis, que l'officier possède une épée, mais qu'il n'en a qu'une. Mettez-la à vos pieds. Voyez maintenant, il ne l'a plus. Cette arme représente donc notre autorité, si nous la déposons, nous restons désarmés.

Cette éclatante comparaison fut accueillie par un murmure approbateur, car elle réunissait les qualités d'une théorie populaire, d'une démonstration forte, d'une exposition succincte et d'un éclaircissement pratique. Elle fut comparée plus tard au jugement mémorable de Salomon, qui avait résolu par l'épée une question presque aussi difficile à résoudre que celle du bailli. Lorsque les applaudissements se furent un peu calmés, Peterchen continua sa harangue.

— A quoi bon enseigner aux hommes la lecture et l'écriture ? Si Franz Kauffman eût ignoré ce dernier art, il n'eût pas imité la signature de son maître, et n'aurait pas subi la peine capitale pour avoir pris le nom d'un autre pour le sien. Rien de plus facile à démontrer. Pour ce qui est de l'autre science, le peuple lirait-il de mauvais livres s'il n'avait jamais appris l'alphabet ? Y a-t-il à présent un homme qui soit prêt à affirmer le contraire, car il n'y a pas d'inquisition dans notre gouvernement, et nous provoquons la discussion. Vous êtes sous un gouvernement libre, paternel et doux, comme vous savez tous ; mais un gouvernement qui déteste l'écriture et la lecture lorsqu'elles conduisent l'une à puiser de mauvais principes dans les livres, l'autre à faire de fausses signatures. Citoyens, car nous sommes tous égaux, à part quelques distinctions qu'il n'est pas nécessaire d'énumérer, le gouvernement veut votre bien, donc il doit vouloir le sien, et son premier devoir est de se protéger lui et ses défenseurs contre tous dangers, quand il devrait par accident commettre une apparente injustice. — Drôle, sais-tu lire ?

— Assez mal, honorable bailli, répliqua Maso, il y en a qui ont moins de peine que moi à arriver à la fin d'un livre.

— Il veut dire d'un bon livre ; mais je vous garantis que lorsqu'il s'agit d'un mauvais, il aura bien vite épuisé le contenu. Tel est l'effet de l'éducation sur les ignorants. Rien de plus corrupteur dans un gouvernement que de donner de l'éducation aux ignorants. L'esprit éclairé peut supporter le savoir, comme une nourriture abondante profite à l'estomac qui y est habitué, mais elle devient de l'ellébore pour celui qui se nourrit mal. L'éducation est une arme, car le savoir est une puissance, et l'ignorant n'étant qu'un enfant, lui donner de l'éducation c'est mettre entre les mains d'un enfant une espingole chargée. Prisonnier, quel est ton nom ?

— Tommaso Santi, connu par mes amis sous la dénomination de San Tommaso, appelé par mes ennemis il Maladetto, et par mes camarades Maso.

— Voilà un nombre formidable d'alias, signe caractéristique du coquin. Tu avoues que tu sais lire ?

— Signor bailli, je ne voudrais pas qu'il fût dit aussi...

— Par la foi de Calvin, tu l'as avoué devant cette honorable société. Renieras-tu tes paroles, drôle, en face de la justice ? — Tu sais lire. — C'est écrit sur ta figure, et je jurerais presque que tu sais manier la plume. J'ignore ce que vous pensez de ceci de l'autre côté des Alpes, signor Grimaldi, mais chez nous, les plus grands ennemis viennent de ces bandits bien élevés, qui ont ramassé leurs bribes de savoir pour en faire mauvais usage, au mépris des besoins et des droits du public.

— Nous avons les inconvénients comme partout où l'homme se rencontre avec son égoïsme et ses passions, signor bailli. Mais n'agissons-nous pas d'une façon peu gracieuse envers cette belle fiancée en donnant la préséance à des hommes de cette sorte ? Ne serait-il pas préférable de renvoyer la modeste Christine heureusement enchaînée sous les lois de l'hyménée, avant de chercher à approfondir les desseins de ces prisonniers ?

A l'étonnement de tous ceux qui connaissaient le naturel rétif et obstiné du bailli, Peterchen se rendit à cette observation avec un empressement qu'il montrait lorsqu'il s'agissait de renoncer à une idée enfantée dans son cerveau. Par suite de cette déférence qu'il avait montrée pendant le cours de ses relations avec l'Italien, il changea ses dispositions, ordonnant aux agents de garde à leurs prisonniers et de les tenir seulement un peu à l'écart pour permettre au cortège de s'avancer sur le devant de l'estrade, puis il donna le signal pour le commencement de la cérémonie du mariage.

## CHAPITRE XVIII.

Pendant tout le jour les questions s'étaient multipliées pour avoir quelques renseignements sur la mariée, dont la beauté et le maintien étaient supérieurs au rôle qu'on lui faisait jouer. Mais nul ne savait ou ne voulait révéler son histoire. La curiosité avait atteint son plus haut degré d'intensité lorsque la cérémonie commença, tous se pressant au-devant d'elle pour mieux considérer ses traits à mesure qu'elle s'avançait entre une triple haie de curieux.

Le bailli, que la liqueur chaude des coteaux avait mis en disposition de déployer ses fleurs de rhétorique et ses préceptes de sagesse, permit à la foule de franchir les limites qui devaient la séparer des principaux acteurs, et de se rapprocher le plus possible de lui afin de ne rien perdre du discours qu'il allait prononcer à cette nouvelle occasion.

Le doux rayon d'espoir et de bonheur qui avait lui dans l'âme de la fiancée à son entrée dans le cortège s'était lentement éclipsé pour faire place à un sentiment de méfiance et de frayeur, que son inexpérience de la vie augmentait à mesure qu'elle se rapprochait de l'heure solennelle. Ayant le sentiment de l'opprobre qui pesait sur sa race, elle n'avait consenti à changer de condition que parce que toute autre alliance eût entraîné la nécessité de trahir aux yeux de tous l'infamie de sa naissance. Ce secret, comme nous l'avons déjà dit, était exigé par son futur époux, qui, au moyen d'un subterfuge que lui inspirait son esprit cupide, espérait duper le cercle étroit de ses connaissances et satisfaire aisément son avarice.

Il y a un moment où la conscience du droit défend à l'humanité de s'abaisser davantage. La fiancée traversa donc la haie vivante d'un pas ferme et avec une contenance plus assurée qu'on n'eût pu l'espérer d'une nature aussi sensible. Le bailli, ordonnant d'un geste à la foule de faire silence, ouvrit la cérémonie par une courte allocution débitée avec une volubilité qu'expliquaient suffisamment l'heure avancée et l'approche du banquet qui devait couronner les cérémonies du jour.

— Nous avons traversé un heureux jour, mes amis, dit-il, un jour qui restera célèbre dans vos souvenirs et qui vous rappellera vos devoirs envers les Conseils. Les signes d'abondance vous démontrent la sollicitude de notre mère nature; nous retrouvons nos imperfections dans les divers accidents qui ont accompagné nos divertissements. Je vous signalerai entre autres l'ivresse inopportune d'Antoine Giraud, qui n'a pas su remplir son rôle de Silène jusqu'au bout; que cet exemple soit profitable à ceux qui se livrent avec excès de l'intempérance. Vous voyez donc que si nos cérémonies sont païennes à l'extérieur, elles renferment un précepte de morale chrétienne. Et maintenant que nous avons fini avec les divinités et les légendes, redescendons aux intérêts matériels des mortels. Le mariage est honorable devant Dieu et devant les hommes, et quoique je n'aie pas eu le loisir d'entrer moi-même dans cette corporation, ce qu'il faut attribuer à beaucoup de raisons, parmi lesquelles figurent mes devoirs envers l'État, auquel nous devons tous beaucoup, et tout autant que la femme la plus fidèle à son époux, il ne faudrait pas en conclure que je ne tienne pas en grande vénération l'état de mariage. Je n'ai pas encore éprouvé autant de plaisir dans les diverses cérémonies de ce jour que j'en ressens en ce moment, en présence de ce mariage qui va compléter si heureusement les plaisirs de la journée. Que le fiancé et la fiancée s'arrêtent sur cette estrade, afin que tous puissent contempler à l'aise leur heureuse physionomie.

Sur l'ordre du bailli, Jacques Colis conduisit Christine sur la plateforme qui lui était destinée. La honte d'être ainsi exposée aux yeux de la foule empourpra les joues de la jeune fille, qui n'en parut que plus fraîche et plus belle, et excita un murmure flatteur de louanges et d'approbation.

— C'est bien, continua Peterchen au comble de l'orgueil satisfait, voilà qui est d'un heureux augure et promet pour l'avenir un heureux ménage. Faites avancer le notaire, non celui qui en a rempli le rôle; mais le véritable magistrat chargé de ces honorables fonctions. Je vous recommande le silence, mes amis, car il s'agit ici d'une cérémonie vraie et sérieuse que l'on ne saurait traiter avec trop de recueillement, puisque quelques paroles prononcées à la hâte peuvent amener un repentir et des regrets pour toute la vie.

Tout se passa comme le souhaitait le bailli, décemment et régulièrement. Un vrai notaire lut à haute voix le contrat de mariage, contenant les rapports et les droits civils des parties, et auquel il ne manquait, comme on pense, que les noms véritables des parties contractantes, leur âge, leur naissance, leur parenté, toutes les indications enfin propres à constater leur identité et à assurer leurs droits de succession, fussent clairement spécifiés sous peine de nullité. Le plus grand silence régnait dans la foule qui écoutait avidement les détails du contrat; et Adélaïde, qui entendait la respiration oppressée de Sigismond, trembla que quelque incident ne vînt réveiller la violence de ses susceptibilités. Mais le notaire semblait avoir été prévenu. Les détails qui avaient trait à la naissance de Christine avaient été mêlés avec tant d'art aux détails moins épineux du contrat, que tout en conservant leur légalité sur le fond, ils échappèrent par la forme à la curiosité de la foule. A mesure que le notaire avançait dans l'accomplissement de sa tâche, la respiration de Sigismond devenait plus libre, et Adélaïde l'entendit avec joie respirer librement, lorsque l'acte fut entièrement lu, comme un homme qui vient d'échapper à un danger imminent.

— Ce contrat est parfaitement en règle; il ne lui manque que la signature des époux et de leurs parents, reprit le bailli. Que les parents et amis s'avancent de ce côté à l'effet de signer les uns après les autres!

Quelques parents et amis de Jacques Colis sortirent de la foule et vinrent se placer à ses côtés pendant qu'il apposait précipitamment son nom au bas du parchemin, comme un homme pressé d'être heureux. Une pause solennelle précéda la signature de la mariée, car la foule attendait avec impatience le moment où la famille se montrerait pour la seconder dans cet acte important de la vie. Quelques minutes s'écoulèrent, et personne ne paraissait. La respiration de Sigismond devint de nouveau haletante et pénible. Cédant à un élan généreux, il se leva.

— Pour l'amour de Dieu, pour vous, pour moi, ne vous hâtez pas! murmura-t-il à son oreille la tremblante Adélaïde, qui avait vu un éclair de fureur passer sur son front.

— Je ne puis abandonner la pauvre Christine au mépris du monde dans un pareil moment. Dussé-je en mourir de honte, je révélerai tout.

La main de mademoiselle de Willading se posa sur son bras, et il céda à cette muette supplique d'autant plus aisément que sa sœur allait être délivrée de sa pénible solitude. La foule s'ouvrit, et un couple respectable dont le costume indiquait la classe des propriétaires aisés s'avança avec quelque hésitation du côté de la mariée. Les yeux de Christine se remplirent de douces larmes bienfaisantes qui annonçaient la fin d'une terrible angoisse. Les deux parents vinrent prendre place de chaque côté de leur enfant et osèrent seulement alors lever les yeux sur cette multitude avide de contempler leurs traits.

— Vous êtes le père, et vous la mère de cette belle et rougissante jeune fille? demanda le bailli.

— Vous l'avez dit, répondit d'une voix douce Balthazar.

— Vous n'êtes pas de Vevey ni de ses environs, si j'en juge par votre accent.

— Nous sommes du grand canton, mein herr, répondit l'autre en allemand; ces districts réunis possèdent autant de dialectes différents que de divisions de territoire. Nous sommes étrangers au pays de Vaud.

— Vous n'en avez pas plus mal fait de marier votre fille à un Veveysin, et plus particulièrement encore, sous la protection de l'abbaye. Votre fille ne sera pas plus pauvre, parce qu'elle cède aux vœux de ceux qui dirigent nos cérémonies.

— Elle n'entre pas sans dot dans la maison de son époux, répliqua le père rougissant d'orgueil; car, pour ceux qui ne possèdent d'autre satisfaction dans la vie, la fortune est une double compensation.

— C'est bien! Monsieur le notaire, appelez les noms de ces braves gens à haute voix, qu'ils puissent signer ensuite.

— Nous en avons ordonné autrement, répondit vivement le notaire, qui était dans le secret de Christine et qui avait été bien rétribué pour le garder. Cela dérangerait l'ordre et les dispositions des contrats.

— Comme vous voudrez; je ne veux ni d'illégalité, ni de désordre. Mais, pour l'amour de Dieu, finissons toutes ces écritures, car les viandes seront trop cuites. Savez-vous écrire, brave homme?

— Très-peu, mein herr, mais assez pour signer un contrat.

— Passez la plume à la fiancée, monsieur le notaire, et ne tardons pas davantage à faire deux heureux.

Le bailli pencha la tête vers un des attendants et lui donna l'ordre d'aller activer les préparatifs du banquet. Christine, pâle et tremblante, prit la plume des mains du notaire, et elle se penchait pour signer, lorsqu'un cri parti de la foule vint détourner l'attention des spectateurs.

— Qui ose ainsi troubler indécemment la cérémonie? demanda sévèrement le bailli.

Pippo, qui avait été relégué avec les autres prisonniers dans un coin de la place au-dessous de l'estrade, se mit en évidence et s'offrit d'un air d'humilité à la vue de Peterchen.

— C'est moi, illustre et excellent gouverneur, répliqua l'effronté Napolitain, qui avait puisé son audace dans les libations de la journée. C'est moi, Pippo, artiste de peu de valeur, mais honnête et grand observateur des lois et de l'ordre.

— Parle hardiment. Avec de tels principes, on a le droit d'être écouté. Nous vivons à une époque d'innovations sacrilèges et d'horribles tentatives pour renverser l'autel, l'État et les droits publics. Les sentiments d'un homme bien pensant sont comme la rosée qui humecte l'herbe desséchée.

On pourrait s'imaginer par les paroles du bailli que le pays de Vaud était à la veille de quelque grande commotion politique. Il n'en était absolument rien; mais comme le gouvernement était par lui-même une usurpation fondée sur un faux principe d'exclusion, on croyait aussi nécessaire d'aujourd'hui de crier contre les atteintes portées aux droits acquis, attendu que la même ardeur à posséder, le même égoïsme à amasser et la même audace à mystifier les mécontents prévalaient dans le monde chrétien, il y a un siècle, aussi bien que de nos jours. Le rusé Pippo, reconnaissant que l'appât avait été mordu, continua:

— Quoique étranger, illustre gouverneur, j'ai admiré vos joyeuses et ravissantes cérémonies; leur renommée s'étendra au loin, et les hommes ne parleront pendant toute une année que des fêtes et des réjouissances de Vevey. Mais un grand scandale menace vos têtes vénérables, et il est en mon pouvoir de l'en détourner; ce que je

3.

veux faire, par san Gennaro. Sans doute, grand gouverneur, Votre Excellence croit que ce digne Veveysin est sur le point d'épouser une fille d'un rang convenable, dont le nom peut être répété dans le récit des cérémonies de ce jour parmi les sociétés les plus orgueilleuses de l'Europe.

— Que veut dire ceci, drôle ? Cette fille est belle et modeste, selon toutes les apparences : si tu sais quelque chose qui soit contraire, va confier ton secret à l'oreille de l'époux ou de l'un de ses amis ; mais ne viens pas ainsi troubler l'harmonie de nos fêtes par tes révélations indiscrètes. J'ai bien envie d'envoyer ce coquin, en dépit de ses protestations en faveur de l'ordre, qui ne produisent que du désordre, pour un mois ou deux, dans nos cachots de Vevey, à titre de récompense.

Pippo fut un peu déconcerté par cette perspective ; mais habitué à braver l'opinion publique, il résolut de persévérer dans son indiscrétion : ce fut le meilleur moyen qui se présenta à son esprit pour échapper au châtiment dont il était menacé.

— Mille pardons, grand bailli ! répondit-il ; un vif désir de rendre justice à Votre Honneur et à la réputation des fêtes de l'abbaye m'a seul poussé à interrompre la...

— Parle franchement, fripon, et laisse là tes circonlocutions.

— J'ai peu de chose à dire, signor, sinon que le père de cette illustre fiancée, qui est sur le point d'honorer Vevey de son mariage public, est le bourreau ordinaire de Berne, un misérable qui a failli tout récemment compromettre l'existence de plus de chrétiens que la loi n'en avait condamné, et qui est exposé à la colère du ciel au point d'attirer à votre ville le sort de l'antique Gomorrhe.

Pippo regagna sa place au milieu des prisonniers, comme un homme qui vient de décharger sa conscience d'un lourd fardeau, et fut bientôt perdu de vue. La révélation du Napolitain avait été si brusque qu'aucun des spectateurs n'avait eu le temps ni la présence d'esprit d'en arrêter les conséquences. Un murmure parcourut la foule rassemblée, comme le premier signal de la tempête ; puis le silence se rétablit. De tous ceux qui assistaient à cette scène, le bailli paraissait le moins surpris et le moins consterné ; car, à ses yeux, le dernier instrument de la loi était un objet, sinon de respect, du moins de bonne politique plutôt que de déshonneur.

— Après tout, répondit-il, comme s'il eût compté sur une révélation plus importante, quand le fait serait vrai ? Écoutez, mon ami, êtes-vous vraiment le Balthazar bien connu, l'homme auquel la famille du canton doit tant d'actes de justice ?

Balthazar voyant qu'il était trahi et qu'il n'avait rien de mieux à faire que d'avouer franchement la vérité, leva la tête, et parcourut la foule d'un regard ferme, il répondit au bailli de ce ton de voix qui lui était habituel :

— Herr bailli, je suis par héritage le dernier vengeur de la loi.

— Par mon emploi ! j'aime ce titre, il est bon ! le dernier vengeur de la loi. Si des misérables t'offensent, il faut une main qui mette fin à leurs méfaits, et pourquoi pas celui-ci plutôt qu'un autre ? Écoutez, monsieur l'officier, enfermez-moi ce fripon italien dans un bon cachot, au pain et à l'eau, pour avoir osé se jouer du public à ce point. Et cette brave dame est sans doute votre épouse, honnête Balthazar ; et cette douce jeune fille votre enfant ? Et avez-vous d'autres issus d'une si bonne race ?

— Dieu m'a béni dans mes rejetons, mein herr.

— Oui, Dieu vous a béni, je le crois ; car étant pour ma part célibataire, je comprends le malheur de ne pas avoir d'enfants. Signez le contrat, honnête Balthazar, ainsi que votre femme et votre fille, et que nous en finissions avec tous ces délais.

La famille proscrite se disposait à obéir à l'injonction du bailli, lorsque Jacques Colis se dépouilla tout à coup des emblèmes de marié, déchira le contrat et déclara publiquement qu'il changeait d'intention et qu'il refusait d'épouser la fille d'un bourreau. L'esprit public est généralement porté à approuver ce qui tend au maintien des préjugés. De bruyants applaudissements vinrent en cette circonstance approuver la détermination soudaine du fiancé, et furent accompagnées de huées et d'apostrophes dérisoires adressées à la pauvre victime de l'égoïsme et de la honte. La foule se rapprocha de l'estrade, fermant toute issue aux personnes qui y étaient rassemblées, et cherchant à voir les derniers résultats de cette pénible scène.

La détermination de Jacques Colis avait été brusque et inattendue comme la révélation qui l'avait provoquée. L'innocente Christine ressemblait à la statue de marbre d'une vestale, immobile qu'elle était, et frappée de stupeur. Son œil étonné suivait les mouvements tumultueux de la foule comme l'oiseau effrayé prêt à prendre son vol.

Mais, pendant que le calme succédait à l'agitation, la vérité se fit jour dans son esprit, et la honte et l'orgueil blessé de la femme vinrent l'accabler sous leur implacable morsure. Ses parents eux-mêmes restaient accablés sous la brusquerie du choc.

— Ceci est tout à fait inusité, observa sèchement le bailli, qui rompit le premier le silence.

— C'est une action brutale et révoltante, dit avec feu le signor Grimaldi ; et à moins que le fiancé n'ait été trompé, c'est une infamie sans exemple.

— Votre Excellence, signor, a parfaitement saisi le côté de la question, et je vais procéder sans retard à en faire l'appréciation.

Sigismond reprit sa place, et sa main quitta la poignée de son sabre, qu'il avait déjà à moitié tiré du fourreau.

— Pour l'amour de votre pauvre sœur, arrêtez ! murmura Adélaïde épouvantée. Tout peut encore s'arranger. Il est impossible qu'une jeune fille si douce, si innocente, reste longtemps ainsi sans que son honneur soit vengé.

Le jeune homme sourit d'un rire farouche et parut se calmer. Cependant Peterchen dépêchait un second messager vers les cuisines pour surveiller les apprêts des festins, il reprenait ses questions.

— J'ai longtemps été chargé par le conseil de devoirs honorables, mais jamais jusqu'à ce jour je n'ai été appelé à décider sur un malentendu de ménage avant que les parties fussent mariées. C'est une grave interruption des cérémonies de l'abbaye et une offense envers le notaire comme envers le public, il faut y regarder. Persistez-vous dans cette étrange solution donnée à votre mariage, herr fiancé ?

Jacques Colis avait un peu perdu de cette impulsion violente qui l'avait conduit à détruire un pacte qu'il avait formé volontairement, mais ce premier élan fut suivi d'une sourde résolution de persévérer dans son refus quelles qu'en dussent être les conséquences.

— Je ne veux pas épouser la fille d'un homme chassé de la société et que tout le monde fuit, répondit-il brutalement.

— Sans doute, après une bonne dot, la bonne renommée des parents est la première chose requise dans le choix d'une femme, répliqua le bailli ; mais un jeune homme de votre âge n'est pas venu ici sans avoir connu la situation des parents de celle qu'il va épouser.

— On m'avait juré que le secret serait gardé. La fille est assez bien dotée, mais la famille de Colis est estimée dans le Vaudois, et je ne voudrais pas qu'il fût dit que le sang du bourreau du canton est venu en souiller la source.

— Et cependant vous vous étiez montré disposé, tant que le fait restait inconnu ; votre objection n'est pas dans le fait lui-même, mais dans la publicité.

— Sans les langues et les parchemins nous serions tous égaux par la naissance. Demandez au noble baron de Willading, qui est assis à vos côtés, pourquoi il vaut mieux qu'un autre, il vous répondra que c'est parce qu'il descend d'une ancienne et honorable famille ; mais si on l'eût pris au berceau, caché sous un faux nom et dans l'ignorance de son origine, croyez-vous qu'on l'eût estimé pour les actes de ses ancêtres ? De même que le sire de Willading eût perdu dans ce cas l'estime du monde, de même Christine l'obtiendra. L'opinion eût été favorable au baron lorsque la vérité eût été révélée, mais elle abandonne aujourd'hui la fille de Balthazar, reconnue pour la fille d'un bourreau. Je l'aurais épousée comme elle était ; mais pardonnez-moi, monsieur le bailli, ainsi je dis que je n'en veux plus comme elle est.

Un murmure d'approbation accueillit cette apologie plausible ; car lorsque les antipathies sont vives et profondes, les hommes se contentent aisément d'une morale douteuse et d'un facile argument.

— Il y a quelque raison dans ce que dit ce jeune homme, fit observer le bailli embarrassé ; je souhaiterais qu'il fût moins habile dans la discussion, ou que ce fatal secret eût été mieux gardé. Il est clair comme le soleil luit au ciel, ami Melchior, que si tu n'avais pas été reconnu pour le fils de ton père, tu ne serais pas devenu l'héritier de son château et de ses terres.

— A Gênes nous avons l'habitude d'écouter les deux parties, objecta le signor Grimaldi, afin de nous assurer de la situation véritable d'une affaire. Si un intrus venait réclamer les titres et les honneurs du signor de Willading, vous ne lui accorderiez pas sa demande sans questionner votre ami sur la validité de ses droits.

— De mieux en mieux, c'est là ce que j'appelle de la justice, tandis que le fiancé n'a émis qu'un argument. Écoutez, Balthazar, et vous, bonne femme, et vous aussi, jolie Christine, qu'avez-vous à répondre à l'objection raisonnable de Jacques Colis ?

Balthazar, qui, par la nature de son office, était habitué depuis longtemps à affronter la haine publique, avait bientôt repris son calme extérieur, quoiqu'il ressentît au fond du cœur un juste ressentiment de l'injure faite à sa fille. Mais le coup avait fait une plaie plus vive au cœur de Marguerite, la fidèle compagne de son opprobre. Le prestige de la première jeunesse était passé ; mais elle possédait encore les charmes et la fraîcheur qui l'avaient fait jadis admirer. Lorsque les paroles qui lui annonçaient l'abandon de sa fille parvinrent à ses oreilles, son visage se couvrit d'une pâleur mortelle ; elle demeura pendant quelques minutes immobile et froide. Puis le sang remonta lentement vers les tempes, et lorsque le bailli posa sa question, son visage semblait agité de sentiments tumultueux qui avaient peine à se placer dans son cerveau.

— Tu ne peux donc pas lui répondre, Balthazar ? dit-elle impétueusement, tu es habitué sans doute au mépris de la foule, et il glisse sur toi. Tu es un homme, et tu ne sais pas nous obtenir justice !

— Herr bailli, dit le bourreau, qui perdait rarement cette douceur de langage qui le caractérisait, il y a du vrai dans ce que vient d'avancer Jacques Colis ; mais tous ceux ici présents ont pu voir que la faute n'est pas venue de vous, mais de ce misérable vagabond qui a attenté à ma vie sur le lac, et qui, non content de vouloir priver mes enfants de leur père, est venu jusqu'ici pour m'injurier plus cruellement encore. J'étais né pour l'emploi que j'exerce, herr Hofmeister, autrement je ne l'aurais jamais recherché ; mais ce que la loi ordonne, les hommes en font un droit imprescriptible. Cette enfant ne pouvait jamais être appelée à faire tomber une tête, et comme je savais le mépris qui doit accabler mes descendants, je cherchais les moyens de lui en épargner la douleur.

— Je ne sais pas si cela était bien légal ; qu'en pensez-vous, herr de Willading? Croyez-vous que qui que ce soit né à Berne, ait le droit de se soustraire à ses devoirs héréditaires : c'est une très-grave question? une innovation conduit à d'autres innovations et à la perte de nos coutumes sacrées.

— Balthazar vous a fait remarquer qu'une femme ne peut pas exercer l'emploi d'un exécuteur.

— C'est vrai, mais une femme peut donner le jour à des enfants qui plus tard y seront appelés; c'est une question subtile pour les docteurs ès lois, et qui a besoin d'être approfondie. De toutes les offenses damnables, le ciel me préserve de celles qui tendent aux innovations; s'il fallait toujours changer, à quoi servirait d'édifier? Le changement est un péché impardonnable en politique, signor Grimaldi.

— La mère semble vouloir dire quelque chose, riposta le Génois, dont l'œil vif et observateur avait épié le changement de physionomie de la famille réprouvée.

— Avez-vous autre chose à dire, bonne femme? demanda Peterchen assez disposé à écouter les parties adverses lorsqu'il ne s'agissait pas de mettre en question la suprématie du grand canton. A dire vrai, la raison de Jacques Colis me semble plausible et irréfutable.

La rougeur d'indignation disparut lentement du front de la mère, qui laissa tomber sur sa fille un tel regard d'amour et de protection, qu'elle sembla lui former une égide de tendresse maternelle.

— Que dirai-je de plus? dit-elle jetant un regard de mépris sur la foule curieuse et insensible; que voulez-vous que dise une mère pour la défense de ses enfants injuriés et méprisés? Pourquoi m'as-tu pas aussi demandé, herr Hofmeister, si j'étais de race humaine? Nous descendons Balthazar et moi d'une famille proscrite, mais comme toi, orgueilleux bailli, nous remontons à Dieu; le jugement et la puissance des hommes nous ont opprimés dans l'origine, et nous ont habitués au mépris et à l'injustice du monde.

— Ne parlez pas ainsi, bonne femme; rien n'est plus nécessaire que la sanction des lois. Vous parlez dans ce moment contre vos propres intérêts, et je vous interromps par dépit pour vous ; il serait scandaleux à moi d'entendre mal parler des lois que je représente.

— Je ne connais rien aux subtilités de tes lois, mais j'ai éprouvé leur cruauté et leurs erreurs par rapport à moi et aux miens; les astres entrent dans ce monde avec l'espérance pour compagne, mais nous n'avons même pas cet unique soutien des malheureux, nous n'avons pour perspective dans la vie que la honte et le mépris des hommes.

— Vous interprétez mal la question, ma brave dame. Ces privilèges furent accordés sans doute à votre famille en récompense de bons services, et pendant longtemps cet emploi a été réputé d'un bon rapport.

— Je ne dis pas que dans un siècle plus barbare, lorsque l'oppression dominait toute la terre et que les moins barbares valaient les plus grands criminels de nos jours, un de ceux dont nous descendons n'ait pas été assez cruel pour se charger volontairement de cet office ; mais je nie qu'aucun de ceux introduits dans ce monde par celui qui tient l'univers dans sa main aient le pouvoir de dire au fils qu'il héritera des torts de ses pères.

— Comment! comment! vous mettez en question la doctrine de l'héritage? mais bientôt vous contesterez les droits de la bourgeoisie.

— J'ignore, herr bailli, les distinctions de vos droits dans la cité, et je n'ai l'intention de rien dire ni pour ni contre; mais une vie entière d'amertume peut bien fournir matière à des réflexions et je vois une assez grande différence entre la conservation des privilèges honorables acquis et l'oppression injuste qui s'étend sur une race en punition des fautes de ses ancêtres; il n'y a guère dans tout cela de cette justice qui émane du ciel, et un jour viendra où il faudra rendre un compte terrible d'une iniquité aussi flagrante.

— L'intérêt bien naturel que vous portez à votre fille, bonne Marguerite, donne à votre langage une trop grande licence.

— La fille et la femme d'un bourreau ne sont-elles pas autant pour lui que cette belle jeune fille pour le noble seigneur qui est à ses côtés? Aimerais-je moins ma fille, parce qu'un monde cruel et injuste la méprise? N'ai-je pas éprouvé les mêmes douleurs à sa naissance, la même joie à son premier sourire, que m'a donné ce monde par celui qui tient l'univers dans sa main aient le pouvoir de dire au fils qu'il héritera des torts de ses pères. le même craintes sur son sort lorsque je consentis à confier son bonheur à un autre, que celle qui a porté dans son sein cette jeune fille plus fortunée mais non plus belle que la mienne? Dieu a-t-il créé deux natures? celle du riche est respectée, et celle du pauvre est méprisée.

— Mais, bonne Marguerite, vous nous posez la question d'une façon tout à fait inusitée; nos coutumes respectables, nos édits solennels, nos règlements de cité, et notre résolution de gouverner, ne sont-ils donc rien?

— Tout cela, je le crains, est plus fort que le droit naturel, et capable de durer longtemps encore après que la source des larmes des opprimés sera tarie, et leur fatale destinée plongée dans l'oubli.

— Votre fille est belle et modeste, dit le signor Grimaldi, elle peut encore trouver un jeune homme qui lui fasse oublier cette injure; celui qui l'a reniée n'était pas digne d'elle.

L'œil de Marguerite se tourna de nouveau sur le visage pâle et immobile de sa fille, elle la serra contre son sein, et toute sa colère parut se fondre dans le sentiment puissant de l'amour maternel.

— Ma fille est belle, herr Peter, continua-t-elle sans s'arrêter à l'interruption, mais elle est plus que belle, elle est bonne. Christine est douce et obéissante, et pour rien au monde elle n'eût brisé le cœur d'un autre, comme l'a été le sien aujourd'hui. Quoique humbles et méprisés des hommes, bailli, nous avons nos pensées, nos désirs, nos espérances, la mémoire et toutes les sensations de ceux qui sont plus heureux ; et lorsque j'ai épuisé mon cerveau à me raisonner sur la justice du sort qui a condamné tous ceux de ma race à n'avoir avec leur espèce d'autre communion que celle du sang, lorsque l'amertume m'a gonflé mon cœur au point de le briser et que je me suis vue prête à mourir en maudissant la Providence, cette douce, affectueuse enfant est venue éteindre le feu qui me consumait et resserrer par son amour et par son innocence les liens de la vie prêts à se briser. Tu es d'une race honorée, bailli, et par conséquent peu apte à comprendre nos souffrances, mais tu es homme, et tu devrais sentir combien vive est la blessure qui traverse le cœur d'un enfant pour arriver jusqu'à celui de sa mère.

— Tes paroles sont vives, bonne Marguerite, interrompit de nouveau le bailli, qui éprouvait un malaise dont il se serait volontiers passé; par le ciel, tu devrais te souvenir que je suis célibataire. Retirez-vous et laissez passer le cortège, que nous puissions rejoindre le banquet qui nous attend. Si Jacques Collis ne veut pas de votre fille, je n'ai pas le pouvoir de le contraindre; doublez la dot, bonne femme, et vous aurez un choix nombreux d'époux, en dépit de la hache et de l'épée qui figurent sur votre écusson. Que les hallebardiers fassent place pour le passage de ces bonnes gens, qui sont fonctionnaires publics, et ont le droit d'être protégés comme nous-même.

La foule obéit, s'ouvrant volontairement devant les soldats qui précédaient les conviés du cortège nuptial, et ceux-ci disparurent bientôt aux yeux des assistants.

CHAPITRE XIX.

Une partie des curieux suivit les différentes mascarades qui continuèrent leurs promenades et leurs évolutions autour des différentes places de la ville, tandis que d'autres s'empressaient autour des tables dressées pour le repas du soir. Le bailli et ses amis, les prisonniers et la famille du bourreau restèrent seuls sur la place. L'actif Peterchen avait perdu une partie de son désir de présider au banquet, dans les difficultés de la question qui s'était soulevée devant lui, et dans la certitude que rien d'important en fait de gastronomie ne serait entrepris avant son arrivée. Nous ne rendrions pas justice à son cœur, si nous omettions d'ajouter qu'il éprouvait quelque remords de conscience d'avoir soutenu les torts de la société envers la famille de Balthazar; il lui restait en outre à maintenir son caractère de magistrat intègre dans l'affaire de Maso et de ses compagnons. Néanmoins, comme la foule s'était dissipée, il descendit de l'estrade suivi de ses nobles compagnons, et vint se placer au centre de la place, dont les alentours étaient encore gardés par un cordon de soldats.

Balthazar redoutant d'affronter, en compagnie de sa femme et de sa fille, les insultes de la foule, était resté cloué devant la table du notaire, et attendait une occasion favorable pour se retirer inaperçu. Marguerite tenait toujours sa fille dans ses bras, comme pour la préserver de tout nouvel outrage; le fiancé renégat avait profité du déplacement de la foule pour disparaître sans attirer les regards, et on ne le vit plus pendant tout le temps que durèrent les fêtes de Vevey. Peterchen, dès qu'il eut mis pied à terre, fit signe aux agents d'amener les prisonniers en sa présence.

— Ta langue maudite a brisé l'un des rites les plus solennels de cet heureux jour, hardi coquin ! commença-t-il interpellant Pippo d'une voix impérieuse et sévère. Je devrais t'envoyer passer un mois à Berne parmi ceux qui balayent les rues de la cité, pour te punir de ton incontinence de paroles. Au nom de tous les saints de Rome, qui t'avaient fait ces braves gens pour que tu vinsses ainsi briser leur bonheur?

— Rien absolument, Excellence! Le seul amour de la vérité et une juste horreur de l'homme de sang ont délié ma langue.

— Je comprends que les hommes de ton espèce aient en horreur les exécuteurs de la loi, et il est plus que probable que ton antipathie s'étend jusques à moi; car je suis sur le point de prononcer un jugement contre toi et contre tes camarades, pour avoir troublé l'harmonie de la fête et pour t'être rendus coupables d'outrages envers les agents de l'autorité.

— Pouvez-vous m'accorder un moment d'entretien? murmura le seigneur génois à son oreille.

— Une heure, noble Gaetano, si vous le désirez.

Tous deux se retirèrent à l'écart et causèrent ensemble quelques minutes, pendant lesquelles le signor Grimaldi désignait du doigt tantôt Maso, tantôt le lac qui se déroulait devant eux. La physionomie sévère du bailli se détendit peu à peu et fit place à un air d'intérêt et de pardon favorable aux prisonniers. Lorsque le Génois eut fini de parler, il s'inclina devant lui en signe d'assentiment et revint pour prononcer sa sentence.

— Comme je l'ai fait observer tout à l'heure, reprit-il, il est de mon devoir de décider du sort de ces hommes. D'abord ils sont étrangers, et comme tels, non-seulement ils ont pu ignorer la sévérité de nos lois, mais ils ont droit en outre à notre hospitalité. Ils ont du reste été suffisamment punis par la privation d'assister aux cérémonies du jour ; quant au crime qu'ils ont commis contre nous dans la personne de nos agents, nous le leur pardonnons sincèrement, le pardon étant une qualité généreuse qui convient à la forme paternelle de nos règlements. Partez donc, pour l'amour de Dieu, et tâchez à l'avenir d'être moins turbulents. Signor, et vous herr baron, le banquet nous attend.

Les deux amis partirent ensemble, et le bailli fut obligé de chercher un compagnon de route. Nul ne s'offrit à ses yeux que Sigismond, qui était resté depuis qu'il était descendu de l'estrade dans une atonie complète produite par l'indécision et le désespoir, quelles que fussent d'ordinaire son énergie physique et sa promptitude à agir. Le bailli lui prit le bras et l'entraîna hors de la place, sans égard pour sa répugnance à le suivre, et sans re- marquer qu'Adélaïde restait seule en arrière avec la famille de Balthazar.

— Cette charge de bourreau, herr Sigismond, commença le bailli trop plein de son opinion personnelle et trop sensible à ses droits pour remarquer le trouble du jeune homme, cette charge n'est en définitive qu'un emploi révoltant, quoique nous autres détenteurs de l'autorité nous soyons prudemment obligés de paraître la considérer autrement devant le peuple et cela dans notre propre intérêt. Vous n'avez pas été sans observer dans votre carrière militaire que ces choses doivent être représentées sous de fausses couleurs. Que pensez-vous, capitaine Sigismond, de cet acte de Jacques Colis, approuvez-vous ou blâmez-vous sa conduite ?

— Je le déclare un mécréant vil et sans cœur !

L'énergie comprimée avec laquelle il prononça ses paroles causèrent une véritable surprise au bailli qui s'arrêta et le regarda comme pour l'interroger sur la sévérité de son jugement. Mais le jeune homme habitué à dompter à l'extérieur l'amertume de ses sentiments était redevenu calme en apparence.

— C'est sans doute l'opinion de votre âge ? reprit-il. Vous êtes à cette période de la vie où l'on évalue un joli visage plus que l'or. Mais, passé trente ans, nous mettons nos lunettes, et nous voyons rarement quelque chose d'admirable si l'intérêt n'y entre pour la plus forte part. Voyez la fille de Melchior de Willading, elle est capable de mettre toute une ville en révolution ; car elle possède esprit, biens, beauté et naissance. Quelle est votre opinion sur elle ?

— Qu'elle mérite tout le bonheur que la perfection humaine devrait pouvoir lui donner.

— Hum ! vous approchez plus près de trente ans que je ne l'eusse supposé, herr Sigismond. Mais à l'égard de ce Balthazar, n'allez pas croire que pour quelques paroles indulgentes qui me sont échappées, mon aversion pour ce misérable soit moindre que la vôtre, ou que celle de tout honnête homme. Mais il serait imprudent et peu sage de la part d'un bailli de renier en présence du public le dernier exécuteur des sentences de la loi. Il existe des sentiments qui nous sont naturels, et parmi eux nous rangerons le respect et l'estime pour tout ce qui est bien et noblement créé, et la haine et le mépris contre tous ceux qui sont abandonnés des hommes. Il y a des sentiments qui appartiennent à la nature humaine, et Dieu me préserve, moi qui ai passé l'âge des romans, d'entretenir des sentiments qui ne seraient pas rigoureusement humains.

— Ne dérivent-ils pas plutôt des abus, de nos préjugés ?

— La différence, jeune homme, est peu importante au point de vue pratique. Si un homme est condamné par l'opinion, il fera mieux de s'adresser à Dieu pour obtenir justice, que de l'attendre des hommes. C'est du moins ce que j'ai appris par expérience dans l'exercice de mes fonctions publiques.

— J'aime à croire que ce ne sont pas là les dogmes légaux de notre ancien canton.

— Ils en sont aussi loin que la distance entre Bâle et Coire. Nous n'entretenons pas de semblables doctrines. Je défie tous les États du monde de posséder de plus sages maximes que la nôtre. Ce que je vous dis, jeune homme, dans l'intimité de notre fête, est confidentiel. Ouvertement nous professons la vérité et l'égalité devant la loi, sauvegardant les franchises de la cité, et prenant la céleste justice pour guide en matière de théories. Par le ciel ! si vous voulez décider une affaire par les principes, allez devant les Conseils ou devant la magistrature du canton; et vous entendrez la sagesse et la droiture présider dans les procès, comme Salomon lui-même n'eût pas désiré mieux.

— Néanmoins, les préjugés règnent en maîtres.

— Peut-il en être autrement ? Un homme est un homme. Il penchera toujours vers la terre d'où il sort. L'arbre croît dans la direction de sa tige. Je révère la justice, herr Sigismond, comme il convient à un bailli, mais au fond j'incline vers les préjugés et la partialité. Cette jeune fille, la jolie Christine, je le confesse, a perdu à mes yeux comme aux vôtres une partie de ses charmes lorsque j'ai appris qu'elle était la fille de Balthazar. Elle est belle, pourtant, modeste et séduisante ; mais il y a quelque chose... un je ne sais quoi en elle... une teinte... une nuance qui m'a révélé son origine, dès que j'appris ce qu'était son père... N'en a-t-il pas été ainsi de vous.

— Quand son origine a été constatée, mais pas avant.

— Oh! certainement, je ne veux pas dire autre chose. L'ignorance est un masque qui cache les éléments de la science. Un Maure passera pour un chrétien s'il cache son visage, mais s'il le montre, la couleur de sa peau le trahit. N'avez-vous pas observé, par exemple, la différence qui existe, pour tout ce qui touche à la grâce féminine et à la perfection, entre la fille de Melchior de Willading et la fille de ce Balthazar ?

— Il existe cette différence, que l'une est d'une origine honorée tandis que l'autre est misérablement proscrite.

— La demoiselle de Willading est plus belle.

— La nature a été certainement plus prodigue de ses dons envers l'héritière de Willading, qui est aussi attrayante par sa grâce et sa bonté qu'heureuse par la naissance et la condition.

— Je savais bien qu'au fond vous ne pouviez différer des autres hommes par l'opinion, s'écria Peterchen triomphant, car il prit l'ardeur de son compagnon pour une approbation déguisée de sa propre opinion.

La conversation s'arrêta là ; car la conférence entre Melchior de Willading étant arrivée près de là, le bailli rejoignit ses plus importants convives, et laissa Sigismond en proie au profond découragement que les paroles de cet homme avaient introduit dans son âme, quoiqu'il méprisât la sotte loquacité de l'homme qui avait contribué à le torturer.

La séparation entre Adélaïde et son père avait été prévue dans l'instant du banquet. Elle resta donc près de Christine et de sa mère sans que son absence fût remarquée. Un domestique mâle portant la livrée de son père avait été mis à sa disposition pour la suivre et la protéger au milieu de cette foule flottante et agitée. Lorsque les curieux eurent abandonné la place, laissant presque seule la famille de Balthazar, la fille du noble baron s'approcha de la fille du proscrit.

— N'y a-t-il pas dans cette ville un toit ami sous lequel vous puissiez vous reposer de tant de fatigues morales ? demanda-t-elle d'une voix douce s'adressant à la mère de Christine. Ne feriez-vous pas bien de chercher un paisible abri pour votre malheureuse enfant ? Si quelques-uns de ma suite pouvaient vous être utiles, je vous prie de les commander aussi librement que s'ils vous appartenaient.

Marguerite n'avait encore jamais parlé à une femme d'un rang supérieur. Les ressources suffisantes de sa famille et de celle de son époux lui avaient procuré une éducation au-dessus de sa position, et lui avait gagné de fuir la société des femmes qui se seraient considérées comme ses égales, ainsi que font souvent les personnes dont les idées s'élèvent au-dessus de leur classe. Son esprit poussait jusqu'à l'exagération l'horreur de la vulgarité ou de la grossièreté des manières. Les doux accents d'Adélaïde retentirent à ses oreilles comme la voix de l'ange consolateur ; et elle contempla longtemps les traits empreints de sensibilité de la belle jeune fille, avant de lui répondre.

— Qui êtes-vous donc pour croire que la fille d'un bourreau n'ait pas mérité l'injure dont on l'accable, et lui offrir les services de vos gens, comme si le dernier valet de votre père ne dût pas refuser d'exécuter en notre faveur les ordres de son maître ?

— Je suis Adélaïde de Willading, la fille du baron de ce nom, et disposée à panser la blessure morale de votre pauvre Christine. Souffrez que mes gens cherchent les moyens de conduire votre enfant dans un lieu plus retiré.

Marguerite serra sa fille contre son cœur ; puis, passant la main sur son front comme pour rassembler ses idées :

— On m'a parlé de vous, belle dame ; on m'a dit que vous étiez bonne envers les gens outragés et compatissante au malheur, que le château de votre père était un séjour honoré et hospitalier d'où l'on ne sortait qu'à regret. Mais avez-vous bien pesé les conséquences d'un acte de libéralité envers une race proscrite de génération en génération ? Avez-vous réfléchi, ou cédez-vous seulement à un élan généreux de compassion ?

— Quelle que soit l'injustice des hommes envers vous, ne craignez rien de moi. Mon offre est sérieuse et préméditée.

Marguerite abandonna sa fille au bras de son époux ; et se rapprochant d'Adélaïde, elle lui prit la main et dit lentement :

— Ceci est intelligible ! Il y a donc encore des sentiments humains et généreux dans ce monde ! Je comprends pourquoi notre présence ne fait point horreur à cette généreuse enfant, elle est douée d'un sentiment de justice qui est plus fort que ses préjugés. Nous lui avons rendu un service, et elle n'a pas honte de ceux qui le lui ont rendu.

Le cœur d'Adélaïde battit violemment, et pendant un moment elle eut de la peine à maîtriser ses sensations ; mais la conviction que Sigismond était resté discret jusque dans les confidences les plus intimes à sa mère, l'eut bientôt remise de son trouble passager.

— Vous me rendez justice, répondit-elle, nous sommes reconnaissants ; mais, n'eussions-nous pas ces raisons de gratitude, notre raison nous commanderait encore d'être équitables envers vous. Ne consentez-vous pas à accepter les services de mes gens ?

— Cela n'est pas nécessaire, madame ; renvoyez, au contraire, ces témoins indiscrets de nos mouvements. La ville est distraite en ce moment par la célébration de ses fêtes ; et comme nous n'avons pas négligé de nous assurer une retraite contre les persécutions, nous saisirons l'occasion de nous y réfugier sans être vus. Quant à vous...

— Je désire rester auprès de cette innocente jeune fille après une si cruelle épreuve, ajouta Adélaïde avec instance.

— Que le ciel vous bénisse, douce et belle jeune fille ! et il exaucera ma prière, car peu de crimes restent impunis dans ce monde, et il y a peu de bonnes actions qui n'aient leur récompense. Renvoyez vos serviteurs, ou, si vous ne pouvez vous passer de leur secours, qu'ils se tiennent à distance pendant que vous suivrez notre trace. Que le ciel répande sur vous toutes ses bénédictions !

Marguerite conduisit sa fille du côté des rues les moins fréquentées ; Balthazar suivait en silence ainsi que le valet d'Adélaïde. Lorsqu'ils eurent pénétré dans la maison, le serviteur revint auprès de sa maîtresse pour lui en indiquer la direction. Celle-ci congédia tout le monde et pénétra dans l'humble résidence que la famille proscrite avait choisie, et où elle trouva Christine et sa mère qui l'attendaient.

La sympathie d'une jeune fille de son âge était faite pour toucher le cœur sensible de Christine. Elles pleuraient ensemble, car la faiblesse de son sexe avait prévalu dès qu'elle s'était sentie délivrée des regards importuns du monde. Marguerite assistait seule à cette réunion de deux âmes pures et virginales, si bien faites pour se comprendre ; et l'amertume de la douleur fut calmée par la compassion d'une jeune fille honorée et estimée dans le monde supérieur.

— Vous appréciez nos malheurs, dit-elle lorsque le premier élan de sensibilité se fut un peu calmé ; vous pensez donc que la fille d'un bourreau ressemble à celle des autres, et ne mérite pas d'être chassée comme les petits d'une louve ?

— Ma mère, l'héritière du baron de Willading serait-elle ici si elle n'avait pitié de notre infortune ?

— C'est vrai, elle a pitié de nous ; mais il est triste d'inspirer de la pitié. Sigismond nous avait vanté sa bonté, il ne nous a pas trompés.

Cette allusion aux confidences de son fils fit refluer le sang vers les joues d'Adélaïde, tandis que son cœur éprouvait un froid mortel. Elle eût désiré que Marguerite parlât de son fils avec moins de familiarité ou qu'elle fût moins au courant de leur liaison.

— Oh ! ma mère ! s'écria Christine d'un ton de reproche.

— Qu'importe, mon enfant ! J'ai vu aujourd'hui aux regards de feu de Sigismond que notre secret ne restera pas longtemps sans être dévoilé. Le noble enfant doit montrer plus d'énergie que ceux qui l'ont précédé ; il quittera pour toujours une contrée qui l'a maudit avant sa naissance.

— Je ne nierai pas que votre parenté avec M. Sigismond me soit connue, dit Adélaïde rassemblant son courage pour faire un aveu qui établit la confiance entre elle et la famille de Balthazar. Vous connaissez la dette de reconnaissance que nous devons à votre fils, et cela doit vous expliquer l'intérêt que je prends à vos malheurs.

L'œil scrutateur de Marguerite interrogea les traits d'Adélaïde et devint rêveur.

— Nous savons que Sigismond vous a été utile, répliqua-t-elle. Le brave garçon nous en a parlé, mais avec toute la réserve qui convient à sa modestie.

— Il a eu raison de se rendre justice, dans ses confidences de famille. Sans lui mon père n'aurait plus de fille, et sans son courage je serais moi-même orpheline. Deux fois il s'est interposé entre la mort et nous.

— Si Sigismond vous a dit son origine, il n'aura pas omis sans doute de révéler qu'il passe dans le monde pour ce qu'il n'est pas.

— Il ne m'a rien caché, je crois, de ce qu'il était convenable pour moi de connaître ; il a parlé librement et...

— Continuez !

— Et honorablement, comme il convient à un soldat.

— Il a bien fait. Mon cœur est soulagé d'une crainte, au moins. Dieu nous a réservés pour une fatale destinée, et j'aurais ressenti un profond chagrin si mon fils eût manqué de sincérité dans cette circonstance. Vous paraissez surprise !

— De tels sentiments me charment en même temps qu'ils m'étonnent ; car, loin de ressentir de la haine contre le sort cruel qui vous accable, je rencontre en vous des sentiments qui honoreraient un trône.

— Vous pensez comme tous ceux qui ont l'habitude de juger leurs semblables à travers le prisme de l'imagination et de l'opinion générale. Si vous croyez, jeune innocente, que les sentiments nobles et généreux n'appartiennent qu'aux fortunés, vous tombez dans les préjugés de votre caste. Le malheureux torturé par la faim s'abstiendra de voler le morceau de pain qui apaiserait sa souffrance, plutôt que le glouton repu ne se privera du superflu qui le tue. Ceux qui se repaissent des joies de la terre finissent toujours par croire qu'ils ont mérité les distinctions éphémères dont le hasard les a comblés. Le monde est gouverné par ceux dont l'intérêt est de pervertir la vérité à leurs yeux ; mais nous n'en dirons pas davantage, jeune dame.

— Te sens-tu mieux, ma chère Christine, et peux-tu écouter les consolations de ton amie ? demanda Adélaïde prenant la main de la jeune abandonnée et lui témoignant la tendresse d'une sœur.

La douleur qui était comprimée depuis quelque temps dans le cœur de Christine se fit jour par les larmes, et elle laissa tomber sa tête sur le sein de sa nouvelle amie. Marguerite, sentant que sa présence pourrait arrêter l'essor de cette liaison naissante que consacrait le baptême du malheur, s'empressa de quitter la chambre.

Les deux jeunes filles pleurèrent en silence, car les larmes soulageaient leurs cœurs oppressés et établissaient entre elles une confiance naïve que des mois de rapports mondains n'auraient jamais pu produire. Adélaïde possédait trop de sentiment pour avoir recours aux banales consolations.

— Tu partiras demain matin avec nous pour l'Italie, dit-elle ; mon père quitte Blonay au lever du soleil en compagnie du signor Grimaldi, tu nous accompagneras.

— Où tu voudras, peu m'importe, pourvu que ce soit avec toi, et que je puisse ensevelir ma honte.

Le sang colora les joues d'Adélaïde, dont la fierté sembla se réveiller, et elle répondit :

— Le mot honte ne s'applique qu'à tout ce qui est bas, dégradé et lâche, dit-elle avec une vertueuse indignation, mais non à toi, mon amie.

— Ne le condamnez pas, murmura Christine en couvrant sa figure avec ses mains. Il est plus à plaindre qu'à blâmer, il n'a pu supporter le blâme de notre humiliation.

— J'avais espéré que ce refus n'aurait produit d'autre douleur que la mortification inséparable de la faiblesse de notre sexe.

— Tu ne sais pas combien une distinction est chère à ceux qui n'excitent d'ordinaire que le mépris. Combien alors on chérit la pensée d'être aimé ! Tu as toujours été honorée, toi ! courtisée, heureuse ! tu ne peux donc comprendre comme l'on se rattache à la première lueur d'espérance.

— Ne parle pas ainsi, je t'en prie, répondit vivement Adélaïde, nous sommes rarement ce que nous paraissons être.

— Je te suivrai en Italie, reprit Christine, dont un rayon d'espérance éclaira la physionomie ; et quand tout sera fini ici-bas, nous monterons ensemble vers un monde meilleur.

Adélaïde pressa la jeune fille sur son cœur, et toutes deux confondirent ensemble de douces larmes à travers lesquelles elles entrevoyaient un horizon plus pur.

## CHAPITRE XX.

Le jour qui suivit la fête des vignerons de l'abbaye se leva pur et sans nuages sur le Léman. Déjà le plus grand nombre des spectateurs de la veille avait quitté la ville avant l'aube pour recommencer les travaux journaliers. Les étrangers encombraient les barques à mesure que le soleil dorait le sommet des montagnes. Tout était en mouvement autour du château de Blonay, de chambre en chambre, des cours aux terrasses. La Suisse était alors fermée à toutes les communications des contrées voisines, les routes et les auberges que l'on rencontre aujourd'hui à chaque pas étaient alors tout à fait inconnues. Les chevaux ne s'aventuraient que rarement dans le passage des Alpes, et le voyageur avait plutôt recours au pied sûr du mulet. Quelques routes sillonnaient les plaines onduleuses du pays ; mais une fois dans les montagnes, à l'exception de grossiers chariots pour les sentiers les moins raboteux, on n'avait recours qu'au sabot de la mule.

La longue suite de voyageurs qui sortait des grilles de Blonay au moment où le brouillard commençait à s'élever des prairies d'alluvion du Rhône, était montée sur des chevaux et des mulets. Un courrier conduisant une mule de rechange était parti la veille pour frayer le chemin, et de jeunes et vigilants montagnards l'avaient suivi, porteurs des bagages. Au moment où la cavalcade passa sous la grande porte, le cor donna le signal des adieux, et elle se dirigea vers le Léman par un sentier sinueux qui traversait les prairies alpestres, des bouquets, des rochers et des hameaux jusqu'au bord du lac. Roger de Blonay et ses deux principaux convives marchaient en tête, le premier assis sur un cheval de guerre qu'il avait jadis monté comme soldat, et les deux autres sur des animaux familiarisés avec les voyages des montagnes. Adélaïde et Christine venaient ensuite, montées sur la même mule et causant paisiblement des incidents de leur rencontre. Quelques domestiques suivaient ; puis arrivaient Sigismond, l'ami du signor Grimaldi et un membre de la famille de Blonay qui devait escorter le baron et sa suite jusqu'au village de Villeneuve. La marche était fermée par les muletiers, les serviteurs et ceux qui conduisaient les mulets chargés des bagages indispensables des voyageurs. Ceux qui avaient l'intention de traverser les Alpes portaient au pommeau de leur selle les armes à feu de l'époque, chacun ayant en outre à sa ceinture une rapière ou un couteau de chasse disposés de manière à prouver que l'usage pouvait d'un instant à l'autre en devenir nécessaire.

L'air pur du matin et la beauté du paysage qui se déroulait à leurs yeux disposait les voyageurs à la gaieté et aux plaisirs du voyage. Adélaïde attirait l'attention de sa compagne vers les scènes propres à la distraire de sa douleur, que venait d'accroître sa séparation d'avec sa mère, qu'elle quittait pour la première fois tout à fait, car auparavant elle l'avait toujours vue fréquemment, quoique habitant sous un toit étranger.

— Cette tour vers laquelle nous nous dirigeons est Chatelard, dit la fille du baron, château presque aussi ancien que celui que nous venons de quitter, quoiqu'il n'ait pas toujours été habité par la même famille, comme celui de Blonay, dont les propriétaires résident sur le même rocher depuis mille ans, et sont renommés pour leur fidélité et leur courage.

— Si quelque chose dans la vie peut compenser les mauvais jours, répondit Christine avec l'accent du regret, ce doit être de descendre de parents qui ont toujours été honorés par les heureux de la terre. La vertu, la bonté, les hauts faits donnent à peine le respect que l'on ressent pour le sire de Blonay, dont la famille est établie, comme vous l'avez dit, depuis mille ans sur ce rocher.

— Ceux que le monde honore ne sont pas toujours si heureux qu'on le pense. Le respect auquel ou nous façonne devient nécessaire par l'habitude, sans être alors une source de plaisir, et la crainte de le perdre cause plus de soucis que la possession.

Marguerite, la femme de Balthazar.

— Tu admettras bien que le mépris et la honte sont une malédiction avec laquelle rien ne peut nous réconcilier.

— Parlons d'autres choses, ma chère amie. Nous ne reverrons de longtemps peut-être cet admirable tableau de rochers, de lacs, de montagnes verdoyantes et de glaciers scintillants ; ne troublons pas le bonheur que cette vue nous fait éprouver pour déplorer des malheurs incurables.

Les deux jeunes amies continuèrent leur route en silence, descendant à la suite des autres voyageurs le sentier qui aboutit à la route frayée sur les bords du lac que nous avons déjà décrits. Les voyageurs, après avoir gravi les hauteurs de Montreux, étaient redescendus par une allée de noyers jusqu'à la grille de Chillon, et contournant les bords du lac ils atteignirent Villeneuve, où ils mirent pied à terre pour le déjeuner. Roger de Blonay à sa suite, après avoir échangé des souhaits sincères, prirent congé du baron et de sa famille, et reprirent le chemin de la Tour-du-Peil.

Le soleil pénétrait à peine dans les profondeurs des rochers, quand la cavalcade qui faisait route pour le Saint-Bernard se mit en selle de nouveau. La route, laissant de côté le lac, traversait hardiment les profondes alluvions amassées depuis des siècles par les dépôts du Rhône et complétées par les convulsions intérieures. Nos voyageurs parcoururent pendant plusieurs heures des plaines riches et fertiles qu'on eût prises plutôt pour celles de la Lombardie que pour un paysage suisse, quoique la vue fût bornée de chaque côté par des rochers empilés les uns sur les autres comme les débris de la lutte des Titans.

Ils atteignirent vers midi le pont célèbre de Saint-Maurice jeté sur le Rhône mugissant. On entrait alors dans le Valais, et la scène commençait à prendre cet aspect de grandeur et de confusion, de richesse

de végétation et de stérilité qui le caractérise. Adélaïde frissonna involontairement lorsque la lourde porte de Saint-Maurice roula sur ses gonds et ouvrit à sa vue ce spectacle de grandeur et de désolation. A mesure qu'elle s'avançait sur la route côtoyant les bords du Rhône, elle et ses compagnons rencontrèrent tantôt d'élégants chalets qui charmaient leurs yeux, tantôt d'affreux précipices sans fond qui les faisaient reculer de terreur. Les rochers étaient arides et nus. Dans un endroit, un de ces réservoirs d'eau qui s'amassent sur le faîte des glaciers filtrant entre les parois du rocher, surgissait tout à coup comme une énorme gerbe balayant sur son passage tout vestige de végétation. On ne saurait se faire une idée de ce bizarre assemblage de nudité sauvage et de riante fertilité. Des nappes de verdure favorisées par la formation géologique du terrain, apparaissent çà et là comme des oasis au centre d'une stérilité qui pourrait défier la science et le travail des hommes pendant tout un siècle. Au milieu de cet agreste paysage, un crétin accroupi, être moitié homme, moitié animal, aux facultés obtuses, aux appétits dégradés, complétait la désolation de la nature. Cette ceinture de végétation avortée encadrait tout ce que l'imagination la plus poétique pouvait imaginer de plus ravissant. Des fontaines d'eau limpides filtraient de roche en roche en reflétant les chauds rayons du soleil. Des nappes se multipliaient vertes et émaillées de plantes et de fleurs médicinales, les montagnes étaient couvertes d'abondants pâturages, et des visages heureux et riants descendaient sur les sentiers étroits, ou surveillaient les nombreux troupeaux de chèvres.

Quoique la distance fût courte entre Montreux et Martigny, les voyageurs n'atteignirent ce village qu'à la nuit tombante, où tout avait été préparé pour le repas du soir, et où l'on devait trouver dans une nuit de repos de nouvelles forces pour les fatigues du lendemain.

Martigny est situé à l'endroit où la grande vallée du Rhône cessant de s'allonger du nord au sud, s'étend de l'est à l'ouest. C'est le point d'où divergent les trois sentiers des montagnes célèbres conduisant aux Alpes supérieures, ce sont les deux routes du grand et du petit Saint-Bernard aboutissant à l'Italie, et celle du col de Balme, qui traverse un pic de rochers de la Savoie dans la direction de la célèbre vallée de Chamouni. Le baron de Willading et son ami, se rendant dans le Piémont, devaient suivre la première de ces routes. Le passage du grand Saint-Bernard, réputé depuis si longtemps pour son couvent hospitalier, l'habitation la plus élevée en Europe, et renommé de nos jours pour le passage d'une armée victorieuse, n'est qu'une des passes secondaires des Alpes par rapport à la magnificence du tableau. L'ascension si peu secondée par l'art est longue et comparativement peu dangereuse, n'ayant pas de pentes rapides comme celles du Gemmi, du Grimsel et de diverses autres passages de l'Italie sur la Suisse, à l'exception toutefois du col de la montagne où il faut gravir le rocher perpendiculairement par des marches grossières et larges comme on en rencontre assez ordinairement dans les Appennins. La fatigue de ce passage est donc plutôt occasionnée par sa longueur et la nécessité d'une marche rapide que par les difficultés de l'ascension. Les voyageurs aisés s'aventurent rarement à une époque aussi avancée de l'année que celle où la petite troupe atteignit le hameau de Martigny sans se faire accompagner par un ou plusieurs guides expérimentés : ces hommes sont aptes à rendre des services de différentes natures ; ils connaissent surtout à certains signes dans le ciel la température de l'atmosphère et la direction des vents. Le baron de Willading fit demander un nommé Pierre Dumont, qui jouissait dans le pays d'une haute réputation de fidélité et qui connaissait les difficultés des ascensions et les descentes au milieu des précipices de cette partie des Alpes, plus que tous les autres guides de la contrée. Aujourd'hui que des centaines de curieux se rendent en pèlerinage au couvent, le premier paysan doué d'un peu d'intelligence et de vigueur peut servir de guide, et la petite commune du bas Valais puise dans ces excursions une source de revenus tellement productive, qu'elle a dû être réglementée par des ordonnances justes et nécessaires. Mais à l'époque où se passait notre histoire, ce Pierre était le seul individu qui jouissait d'une réputation méritée parmi les étrangers de distinction qui n'osaient se confier qu'à lui. Il ne tarda pas à paraître dans la salle publique de l'auberge. C'était un beau et vigoureux vieillard de soixante ans environ, hâlé par l'air et possédant toute l'apparence d'une santé florissante, à l'exception d'une imperceptible difficulté dans la respiration.

— Tu te nommes Pierre Dumont, dit le baron admirant la physionomie franche et ouverte et la forte membrure du Valaisien. Plus d'un voyageur a parlé de toi dans ses récits.

Le montagnard se redressa avec orgueil et s'efforça de reconnaître ce compliment avec sa politesse un peu rude.

— Ils m'ont fait beaucoup d'honneur, monsieur, répondit-il ; j'ai eu la chance de traverser le col avec bon nombre de braves gentilshommes et de belles dames, et même en deux circonstances, avec des princes. Les révérends moines me connaissent bien, et ceux qui frappent à la porte du couvent n'en sont pas plus mal accueillis pour être présentés par moi. Je serai heureux de servir de guide à une société aussi agréable pour passer de notre froide vallée dans les régions plus chaudes de l'Italie, car, s'il faut dire la vérité, la nature nous a placés du mauvais côté sous le rapport du bien-être, quoique nous ayons d'autres avantages sur ceux qui habitent Turin et Milan.

— Quelle peut être la supériorité d'un Valaisien sur le Lombard ou le Piémontais? demanda vivement le signor Grimaldi curieux de connaître la réponse; un voyageur ne doit négliger aucun moyen de s'instruire, et ceci me paraît une chose nouvelle à apprendre.

— La liberté, signor; nous sommes nos propres maîtres et nous l'avons été depuis le jour où nos pères ont saccagé les châteaux des barons et contraint leurs tyrans à devenir leurs égaux. Je pense à cela chaque fois qu'après avoir parcouru les plaines brûlantes de l'Italie, je rentre dans mon chalet, fier et heureux de me trouver libre.

— Voilà un véritable Suisse, quoique ce ne soit qu'un simple allié des cantons, s'écria gaiement Melchior de Willading. Tel est l'esprit, mon cher Gaetano, qui soutient nos montagnards et les rend plus heureux au milieu de leurs glaces et de leurs rochers, que tes Génois sur leur baie chaude et vivifiante.

Les deux jeunes filles pleurèrent en silence.

— Le mot liberté est plus souvent prononcé que compris, ami Melchior; un pays que Dieu a marqué au doigt de sa colère comme celui-ci, a besoin de se consoler avec le fantôme qui semble avoir tant de charme pour l'honnête Pierre Dumont. Mais, signor guide, des voyageurs ont-ils récemment tenté le passage, et que penses-tu de notre intention d'en faire nous même l'essai? Dans cette Italie dont tu sembles faire si bon marché, on raconte souvent de sombres récits des accidents qui surviennent dans tes sentiers agrestes.

— Pardonnez-moi, signor, si la franchise d'un montagnard m'a emporté trop loin. De ce que je préfère notre Valais, il ne s'ensuit pas que je méprise Piémont. Quant aux voyageurs, il n'y a pas eu de notables qui aient récemment gravi le col; mais bon nombre de vagabonds et d'aventuriers se sont montrés dans nos parages. Les saveurs de la cuisine du couvent vont séduire l'odorat de ces coquins jusque dans la vallée, qui est pourtant à une distance de douze lieues du faîte où il est situé.

Le signor Grimaldi attendit qu'Adélaïde et Christine se fussent retirées pour la nuit, avant de renouveler ses questions, puis il reprit:

— Tu ne nous as rien dit du temps?

— Nous sommes dans l'un des mois les plus incertains et les plus traîtres de la saison, messieurs. L'hiver commence à s'annoncer dans les régions supérieures des Alpes, et à une époque de l'année où les gelées voltigent comme des oiseaux incertains de l'endroit où ils veulent percher, il est difficile de savoir si l'on aura ou non besoin de se couvrir d'un manteau.

— Par san Francisco! crois-tu donc que je veuille discuter avec toi de l'épaisseur d'un vêtement? Je veux savoir si nous avons à redouter les avalanches, les chutes de rochers, les ouragans ou les tempêtes.

Pierre sourit et secoua la tête, se bornant à répondre d'une manière vague, comme il convenait à sa profession.

— Telles sont, signor, les opinions d'Italie sur nos montagnes,

elles émanent de l'imagination. Notre passe n'est pas aussi souvent troublée par les avalanches que d'autres parties des montagnes, même à la fonte des neiges. Si vous aviez regardé du lac ces aiguilles rocheuses, vous auriez vu qu'à l'exception des vieux glaciers, elles sont encore brunes et décharnées. Il faut d'abord que la neige tombe du ciel avant qu'elle se transforme en avalanches, et nous ne sommes pas encore dans le fort de l'hiver.

— Tes calculs sont faits avec précision, répliqua le Génois satisfait d'entendre le guide parler du temps avec tant de confiance. Mais que veux-tu dire des voyageurs qui nous ont précédés, sont-ce des brigands?

— Souvent des vagabonds infestent les sentiers, mais en général il y a trop peu pour eux à gagner pour risquer leur vie. On ne voit pas tous les jours de riches voyageurs dans nos montagnes, et ils sont alors en trop grand nombre pour avoir rien à redouter.

L'Italien, soupçonneux par expérience, jeta à la dérobée un coup d'œil scrutateur sur le guide. Mais la figure franche de Pierre écartait toute espèce de soupçon.

— Que peuvent vouloir des mendiants dans les montagnes?

— Je ne sais, répliqua le guide d'un air pensif. Des hommes de mauvaise mine ont ce matin gravi le sentier, tels qu'un Napolitain, nommé Pippo, qui n'est rien moins qu'un saint, un certain pèlerin qui sera plus près du ciel au couvent que lorsqu'il quittera la terre, et deux ou trois de la même espèce, que saint Pierre me pardonne si je ne leur rends pas justice! Un autre s'est, dit-on, mis précipitamment en route pour se soustraire aux quolibets des plaisants de Vevey, à l'occasion de quelque sottise faite pendant les fêtes de l'abbaye, un certain Jacques Colis.

Le nom fut répété avec étonnement par les deux amis.

— Lui-même, messieurs. Il paraîtrait que le sieur Colis pouvait prendre femme au milieu des réjouissances publiques mais que, sa naissance venant à être dévoilée, il apprit qu'elle n'était autre que la fille du bourreau de Berne.

Les voyageurs sortirent de Blonay au moment où le brouillard s'élevait des prairies du Rhône.

Un silence général trahit l'embarras de la plupart des auditeurs.

— Cette histoire a donc déjà pénétré dans ce coin du monde? dit Sigismond d'une voix si profonde et si rude que le guide parut étonné, tandis que les deux vieillards regardaient d'un autre côté.

— La rumeur publique a le pas plus rapide qu'une mule, mon jeune officier, reprit le guide. Cette histoire aura traversé la montagne avant ceux qui en sont l'objet. C'est pourtant le premier miracle de cette nature qui soit parvenu à nos oreilles; mais il n'y a pas à en douter; leur histoire lamentable marche plus vite que celui qui la répand; et s'il y a quelque mensonge mêlé avec la vérité, le vent ne court pas plus vite. L'honnête Jacques Colis a cru devancer le bruit de son aventure, mais je gagerais ma vie que, malgré la précipitation qu'il met à fuir les huées de ses impitoyables détracteurs, il la trouvera revue, augmentée et parfaitement accréditée à Turin lorsqu'il y pénétrera.

— Il n'y en a pas d'autres? interrompit le signor Grimaldi, qui crut nécessaire de s'interposer pour calmer l'agitation de Sigismond.

— Pardonnez-moi, signor. Il y en a un autre, et que j'aime moins encore que tous. Un de vos compatriotes, qui s'appelle avec une rare impudence il Maladetto.

— Maso?

— Lui-même.

— L'honnête, le courageux Maso et son noble chien?

— Signor, vous parlez si bien de cet homme sous un rapport, que je m'étonne que vous le connaissiez si peu sous d'autres. Maso sur les chemins n'a pas son égal pour le courage et l'activité, et son chien se rapproche des animaux du couvent pour sa sagacité. Mais quand vous parlez de l'honnêteté du maître, vous vantez ce que d'ordinaire on apprécie peu en lui. Dans ce parallèle, l'animal est le meilleur des deux.

— Ceci pourrait bien être vrai, reprit le signor tournant son regard inquiet vers ses compagnons. L'homme est un étrange composé de bien et de mal. Ses actes, lorsqu'ils sont abandonnés aux impulsions naturelles, diffèrent tant de ce qu'ils deviennent par le calcul, qu'il est difficile de répondre du véritable caractère de Maso. Nous l'avons éprouvé comme ami sincère et dévoué, se pourrait-il qu'il devînt un ennemi dangereux? Ses qualités sont sérieuses; car il nous a rendu un grand service, et il ne voudrait point par une mauvaise action détruire le sentiment de reconnaissance que le souvenir en a laissé dans nos âmes.

Melchior de Willading appuya chaleureusement l'opinion de son ami, et le guide, s'apercevant que sa présence n'était plus nécessaire, se retira.

Peu après les voyageurs étaient tous livrés au repos.

## CHAPITRE XXI.

Dès l'aube du matin, le cornet de Pierre Dumont résonnait sous les fenêtres de l'auberge de Martigny, et donnait le signal du départ. Bientôt les domestiques à demi endormis sellèrent les mules, chargèrent les bagages sur leur dos, et la petite caravane se mit en route pour le couvent du Saint-Bernard. Quittant la vallée du Rhône, ils s'enfoncèrent entre ces piles de montagnes brumeuses qui forment le dernier plan du tableau pris du château de Blonay et du lac Léman. Ils traversèrent une gorge, et, suivant les détours d'un torrent, ils arrivèrent bientôt dans une campagne de maigres pâturages dont les habitants gagnaient pauvrement leur vie du produit de la laiterie.

Quelques lieues au-dessus de Martigny les sentiers se divisaient, l'un inclinant à gauche dans la direction de la vallée supérieure, devenue célèbre par la formation d'un petit lac au milieu des glaces; brisant sa croûte de glace, il pénètre à travers le rocher et descend en une nappe d'eau pour se jeter dans le Rhône à quelques lieues de distance, en balayant sur son passage tous les vestiges de végétation qui obstruent sa course. On distingue à côté le pic du Vélan, géant solitaire et mystérieux, que l'œil aime à suivre dans l'espace azuré de la voûte céleste.

Nous avons déjà dit que l'ascension du grand Saint-Bernard, à l'exception de quelques fragments de rochers et de quelques précipices, n'est dangereuse qu'au dernier rempart qui reste à gravir pour y arriver. Le sentier passe pendant des lieues au milieu de vallées presque unies, ou dont la pente ascendante est moins sensible à l'œil; le sol est maigre et difficile à cultiver; différent des autres parties des Alpes, où règne une végétation luxuriante; mais si ce passage ne possède pas la variété, l'aspect sauvage et la sublimité du Splugen, du Saint-Gothard, du Gemmis ou du Simplon, il n'en offre pas moins une magnifique ascension, et le voyageur éprouve à mesure qu'il en gravit la pente une élévation de l'esprit qui lui fait oublier un moment la vanité des choses de ce monde.

Depuis le départ de l'auberge jusqu'à la première halte, Melchior de Willading et le signor Grimaldi marchèrent de compagnie, s'entretenant de souvenirs confidentiels que la présence de Roger de Blonay et la familiarité importune du bailli avaient arrêté plus tôt sur leur essor. Ils devisèrent ensemble de la situation, des espérances, de l'avenir d'Adélaïde, et raisonnèrent comme deux nobles de l'époque qui conservent tous les préjugés de leur caste.

— J'ai éprouvé un sentiment de regret, je l'avoue, dit le Génois poursuivant le sujet de leur conversation, la première fois que j'ai vu ta fille, si belle, si aimable. Dieu m'a largement favorisé des dons qui rendent heureux la plupart des hommes; mais mon mariage a été maudit dès son origine et dans ses fruits. Ton enfant est docile et aimante, tout ce qu'un père peut désirer; et cependant voici une liaison capable de troubler, de détruire peut-être tes plus chères espérances en son bonheur. Ce n'est pas un attachement éphémère que quelques menaces et un changement de lieu peuvent détruire, car il est trop fortement basé sur l'estime. Par San Francesco, je pense quelquefois que tu ferais bien de donner ton consentement à ce mariage.

— Si le hasard nous fait rencontrer Jacques Colis le renégat à Turin, il ne nous donnera pas ce conseil, répondit sèchement le vieux baron.

— Nous avons en effet une terrible barrière à nos désirs. Si ce garçon était autre que le fils d'un bourreau, tu n'aurais eu aucune raison de le refuser, fût-il issu d'un des serviteurs de ta maison.

— Mieux eût valu qu'il fût de notre rang. Je raisonne peu sur les dogmes de telle ou telle politique; mais dans cette occasion je pense en père qui ne possède qu'un unique enfant. Je voudrais ce qui est juste aux yeux de tout le genre humain, et je ne serais pas envieux de faire l'expérience d'innovations sur ma propre fille. Que ceux qui professent la philosophie et les droits naturels nous donnent d'abord l'exemple.

— Tu as touché le véritable point qui fait échouer tant de sages théories dans ce monde, honnête Melchior. Si nous avions les bras des autres pour travailler, les intérêts des autres pour faire des sacrifices, leurs ressources pour payer, il n'y aurait pas de limites à notre industrie, à notre désintéressement, à notre libéralité... et pourtant ce serait bien malheureux qu'une si douce jeune fille et qu'un si noble garçon ne fussent pas enchaînés.

— Ce serait une lourde chaîne pour une fille de la maison de Willading, reprit le père avec force. J'ai étudié cette question dans tous les sens, Gaetano, et quoique je ne voulusse pas repousser brusquement un homme à qui je dois la vie, à Turin nous nous séparerons de lui pour toujours.

— Je ne saurais t'approuver ni te blâmer, mon pauvre Melchior! Ce fut une triste scène que ce refus d'épouser la fille de Balthazar en présence de tant de milliers d'individus.

— Ce fut un avertissement salutaire du gouffre vers lequel nous conduisait un sentiment inconsidéré de tendresse.

— Tu as peut-être raison! Mais ces montagnes sont immenses, et de l'autre côté c'est l'Italie. Ne pourrait-on pas faire oublier à ce garçon son origine suisse, le naturaliser Génois, et surmonter quelques-unes des difficultés qui subsistent aujourd'hui?

— L'héritière de ma maison est-elle donc une gitana pour oublier ainsi son pays et sa naissance.

— Je suis un enfant, sinon de fait, du moins en résultat, et avec la volonté les moyens ne manqueront pas. Nous en reparlerons sous le ciel plus chaud d'Italie, où les cœurs sont plus susceptibles de s'attendrir.

— Les cœurs jeunes et amoureux, peut-être, bon Gaetano, mais ceux des vieillards sont plus aptes à s'endurcir. Je vois dans cette circonstance je n'envisage que le bonheur d'Adélaïde, sans aucune restriction pour moi; mais l'honneur d'un baron d'ancienne date s'accommode mal de l'idée de devenir l'aïeul d'enfants qui deviendraient une race de parents intelligents.

— Tant que tu parleras avec sagesse du respect que l'on doit à l'opinion des hommes et du danger de détruire le bonheur de ta fille, je serai de ton avis. Mais je crois possible d'arranger l'affaire de telle sorte que le monde s'imaginera que tout est dans les règles et par conséquent convenable.

La tête du baron s'inclina pensive sur sa poitrine, et il chemina quelque temps dans cette attitude, réfléchissant sur le parti qu'il lui convenait de prendre, et luttant contre les sentiments opposés que lui suggérait son esprit droit mais sous l'empire des préjugés. Son ami, comprenant la cause de son silence, se tut, et chevaucha tranquillement à ses côtés.

Habituées à contempler le spectacle des montagnes, c'était néanmoins la première fois qu'Adélaïde et sa compagne en gravissaient les rampes inaccessibles. Le sentier du Saint-Bernard avait donc pour elles le charme de la nouveauté, et leur esprit jeune et ardent fut bientôt détourné des méditations sur leur situation critique, par les œuvres sublimes de la nature. L'esprit cultivé d'Adélaïde, plus prompt à saisir les beautés d'un ordre supérieur, trouvait plaisir à les indiquer à l'imagination plus simple de Christine, qui recevait ces premières leçons du grand livre du Créateur avec une docilité et une attention intelligentes. Elle se montrait pleine de reconnaissance, capable de récompenser les efforts de son institutrice. Sigismond lui-même, habitué qu'il était au spectacle des montagnes, y découvrait de nouveaux charmes dans la peinture vive et animée qui lui en était faite. A mesure qu'ils s'élevaient, l'air s'épurait et se dégageait de l'humidité oppressive des couches inférieures. Le flanc de la montagne baignait dans des flots de lumière; les rayons dorés du soleil illuminaient des flaques onduleuses de verdure et de plantes sauvages, tandis que les ombres se développant à mesure qu'elles s'écartaient du foyer lumineux, formaient des teintes brunes et graduées.

Telle étaient les beautés sur lesquelles Adélaïde aimait à arrêter ses regards. C'est ainsi que les visions physiques, de même que les idées morales, se dépouillent des impuretés du monde et atteignent à cette perception lucide qui lève un coin du voile des mystères de la création; type poétique des jouissances pures et éthérées du ciel.

La cavalcade s'arrêta quelques heures, comme il est d'usage, au petit hameau élevé de Liddes. Actuellement, l'air n'est pas extraordinaire qu'un voyageur qui peut se procurer un traîneau fasse l'ascension de la montagne, et retourne le même jour à Martigny. La descente depuis le village en question est même promptement effectuée; mais à l'époque de notre histoire un exploit de ce genre, si jamais il avait été accompli, était extrêmement rare. La fatigue qu'éprouvèrent nos voyageurs d'être restés si longtemps en selle, les contraignit de s'arrêter plus longtemps que d'habitude ; tout ce qu'ils pouvaient espérer était donc d'atteindre le couvent avant que les derniers rayons du soleil eussent cessé d'éclairer le pic étincelant du Vélan.

Une nouvelle cause de retard provint de l'absence de Christine et de Sigismond, qui s'étaient éloignés, et qui ne rejoignirent la société que longtemps après que l'impatience du guide eut plusieurs fois éclaté en plaintes contre l'inopportunité d'un tel délai. Adélaïde remarqua que son amie avait beaucoup pleuré, mais trop discrète pour la presser de s'expliquer sur le sujet de leurs confidences, elle s'empressa de hâter le départ des domestiques et des bagages.

Pierre marmotta un *Ave* avant de se remettre en route, puis d'un coup de fouet il éloigna la foule de crétins rassemblés autour de l'auberge et partit. Ses compagnons de route étaient dans une disposition d'esprit différente. Le voyageur qui atteint l'auberge avec l'estomac creux et l'humeur querelleuse, en sort assez ordinairement content et de joyeuse humeur. Il faut qu'il soit d'une nature bien rude ou que la chère ait été maigre pour qu'il n'en subisse pas l'influence. Les deux nobles vieillards avaient fait trêve aux pénibles réflexions du matin, au point d'être devenus plaisants et facétieux, et les jeunes filles cédant à l'entraînement général, ne purent s'empêcher, malgré la douleur qui opprimait leur cœur, de sourire à quelques-unes de leurs saillies. En somme, l'hôtesse, satisfaite d'une large rémunération était prête à affirmer en s'inclinant jusqu'à terre pour remercier ses pratiques, qu'une société plus gaie et plus heureuse n'avait pas encore passé le seuil de sa maison.

— Nous nous vengerons ce soir de la sure piquette de cette auberge sur la cave des bons Augustins, n'est-il pas vrai, mon brave Pierre? dit le signor Grimaldi prenant son aplomb sur la selle de sa monture dès qu'ils eurent quitté le sol pierreux, les sinuosités, les toits avancés et les immondices du village, pour s'engager de nouveau dans les détours plus agréables du sentier. Votre ami l'économe est averti de notre visite, et comme nous avons déjà fait connaissance avec lui, nous comptons sur sa bonne réception pour nous indemniser du repas plus que frugal que nous venons de prendre.

— Le père Xavier est un moine d'un excellent caractère et très-hospitalier, signor, et tous les muletiers, guides ou pèlerins qui traversent le col prient le ciel de lui conserver longtemps la possession des clefs du couvent. Je voudrais que nous fussions déjà à la dernière montée.

— Prévoyez-vous quelque obstacle, mon ami? demanda l'Italien se penchant sur sa selle pour sonder le regard que le guide jetait autour de l'horizon.

— Obstacle n'est pas un mot aisément admis par un montagnard, signor, et moins que tout autre par moi. Néanmoins, nous approchons de la mauvaise saison et les montagnes sont hautes et froides, surtout pour les tendres fleurs que nous suivent ; dans le cas où une trombe de neige surviendrait. Je n'ai pas voulu dire autre chose.

Pierre s'arrêta. Il se trouvait alors sur une petite élévation du sentier, d'où en se retournant, il dominait l'échappée de montagnes qui ouvre sur la vallée du Rhône. Son examen fut long et intelligent, et lorsqu'il eut fini, il reprit sa marche, l'esprit préoccupé et plutôt disposé à agir immédiatement qu'à compter sur l'avenir. À part les quelques mots qui lui étaient échappés, ce mouvement naturel n'avait éveillé d'attention que de la part du signor Grimaldi, qui n'y eût pas attaché d'importance si le guide eût procédé de son pas ordinaire.

Selon l'usage dans les Alpes, le conducteur des voyageurs allait à pied, dirigeant la marche des voyageurs comme il le jugeait opportun. Jusque-là Pierre avait conservé une allure paisible, qui permettait à la cavalcade d'observer les accidents du terrain qu'ils parcouraient ; mais peu à peu il accéléra son pas au point de contraindre parfois les mules à prendre le trot pour conserver leur distance. On attribua ce mouvement accéléré à la formation du terrain ou à la nécessité de réparer le temps perdu à l'auberge. Le soleil s'inclinait déjà vers des limites étroites, à travers lesquels ils pouvaient encore l'apercevoir à l'occident, et la température annonçait un changement prochain dans l'atmosphère.

— Ce sentier est très-ancien, reprit le signor Grimaldi cherchant à changer le cours de ses pensées, et très-révéré, car on peut l'appeler ainsi à la louange des dignes moines qui ont atténué les dangers, et pour rendre hommage à son antiquité. L'histoire en fait souvent mention dans le passage de différentes armées. Sous l'empereur Auguste, c'était la route habituelle des légions romaines dans leurs fréquentes excursions en Suisse et dans les Gaules ; les hordes de Cécina traversèrent ces gorges pour fondre sur l'armée d'Othon, et les Lombards l'ont suivi cinq cents ans plus tard. Des bandes armées l'ont parcouru aux époques des guerres de Charles de Bourgogne et des conquêtes de Charlemagne. Je me rappelle même une histoire où il est dit qu'une horde de corsaires venant de la Méditerranée est venue s'emparer du pont de Saint-Maurice en vue de pillage. Donc nous ne sommes pas les premiers, et suivant toute probabilité d'autres s'aventureront après nous dans ces régions élevées de l'air, avec des intentions bonnes ou mauvaises.

— Signor, interrompit respectueusement Pierre, si Votre Excellence voulait hâter le pas ; cela me paraît essentiel.

— Tu redoutes donc quelque danger, ou sommes-nous seulement en retard? parle, je n'aime pas l'ambiguité.

— Pas précisément, mais le soleil touche au rocher comme vous voyez, et nous approchons d'un chemin où le faux pas d'une mule dans l'obscurité pourrait nous coûter cher. Nous devons donc profiter du peu de jour qui nous reste.

Le Génois ne répondit pas, mais il pressa les flancs de sa mule pour se conformer au désir de Pierre. Les autres avancent au trot de leurs mules, qui avaient peine à égaler les longues enjambées de Pierre, dont l'âge ne semblait pas avoir ralenti la vigueur. Tant que le soleil était resté sur l'horizon, la chaleur avait été vive d'abord, puis douce et fortifiante ; mais, dès que ses rayons bienfaisants eurent été interceptés par la brune aiguille du rocher, succéda un froid glacial qui fit sentir combien la lumière est nécessaire au bien-être de ceux qui habitent les régions élevées. Les femmes s'enveloppèrent dans leurs manteaux, et bientôt même les hommes furent contraints d'avoir recours au même préservatif contre les effets de la brise du soir. Le changement de la température se faisait aussi remarquer dans l'aspect des objets qui s'offraient à leur vue. Le village de Saint-Pierre, composé de quelques chalets aux toits de briques, et un petit hameau au pont d'Hudri qu'ils laissèrent derrière eux, furent les derniers vestiges des habitations humaines qui séparent l'espace de l'aire des oiseaux de proie, ou de l'antre des animaux sauvages. La végétation, devenue de plus en plus rare, arrivait à peu à un degré de complète stérilité. Les mélèzes et les cèdres diminuaient en nombre et en élévation jusqu'à ce qu'enfin les uns et les autres se réduisirent à quelques touffes sèches et maigres qui s'échappaient honteuses des crevasses des rochers. Les riches pâturages que l'on admire au pied des montagnes s'étaient transformés, lorsqu'ils atteignirent la crête montagneuse qui entoure la base du pic du Velan et que l'on nomme la plaine de Prou, en rares tapis offrant une nourriture insuffisante aux troupeaux aventureux de chèvres sauvages et affamées. Ce bassin est un espace enclos et restreint par des rochers nus et décharnés. Le sentier passait au milieu, longeant un plan incliné et disparaissant au milieu d'une gorge étroite qui étreignait le pic principal. Pierre désigna du doigt ce passage comme le plus dangereux de ce côté du col, où à l'époque de la fonte des neiges, les avalanches se détachent et vont rouler au fond des précipices. Le danger n'était pas à redouter dans ce moment ; car, à l'exception du mont Velan, tous les rochers étaient bruns et stériles.

Le crépuscule descendait rapidement, assombrissant la teinte des rochers, veinés parfois de couches ferrugineuses, et ensevelissant les profondeurs du bassin dans un voile de brume. Au-dessus de leurs têtes, la lumière du jour se reflétait encore sur la crête neigeuse du pic du Velan et sur quelques pointes granitiques qui s'élançaient vers la voûte azurée, majestueux silence de la nature au repos qui pénètre l'âme du voyageur d'un saint recueillement. Le glacier de Valsany s'inclinait sur la vallée, clair et brillant à son sommet, sombre et impur à sa base, que souillaient les débris des fragments de roches tombés ou suspendus dans l'espace.

Tout vestige d'habitation disparaissait alors jusqu'à l'arrivée au couvent. Depuis, la spéculation a fait établir justement en cet endroit une petite auberge, dont les hôtes glanent les faibles rétributions des retardataires qui vont chercher l'hospitalité du couvent. Malgré le calme apparent des courants électriques, la température de l'air devenait plus glaciale que ne le comportait l'heure et les premiers symptômes de la nuit, et de temps en temps un bruit sourd comme celui que produit le vent retenu par quelque obstacle parvenait à leurs oreilles. Une ou deux fois de sombres nuages traversèrent l'ouverture que couronnait le ciel, semblant comme des vautours aux larges envergures, traversant l'espace ou s'apprêtant à fondre sur leur proie.

## CHAPITRE XXII.

Vers le milieu environ de cette plaine aride, Pierre Dumont s'arrêta, et faisant signe à la cavalcade de continuer son ascension, il la laissa passer devant lui, cinglant de son fouet les mules retardataires et précipitant leur course au un air indifférent pour ne pas éveiller les soupçons des femmes, qui continuaient à deviser paisiblement de leurs projets d'avenir. Le signor Grimaldi, dont l'inquiétude était sur le qui-vive, comprit seul la signification du mouvement du guide. Lorsque tous furent passés, il se retourna sur sa selle et jeta derrière lui un coup d'œil perçant. Pierre, une main étendue, et l'autre en forme de visière au-dessus de son chapeau, étudiait le ciel. Une parcelle brillante tomba sur sa main déployée, et il se dirigea aussitôt vers la tête de la caravane : en passant près de l'Italien, néanmoins, il rencontra son regard inquisiteur, et l'invitant au silence par un geste muet et significatif, il lui montra une goutte de neige que la chaleur de sa main n'avait pas encore fondue ; en ce moment le cri d'un des muletiers attirait justement l'attention générale d'un autre côté ; il désignait du doigt un petit groupe qui, comme eux, paraissait suivre la direction du col ; il était composé de deux individus sans guide. L'un d'eux seulement montait sur une mule : leur marche était rapide, et il y avait à peine une minute qu'ils avaient été aperçus qu'ils disparurent derrière une anfractuosité, qui terminait la vallée du côté du couvent, l'endroit précisément indiqué comme le plus dangereux dans la saison de la fonte des neiges.

— Connais-tu la qualité et le but de ces voyageurs? demanda le baron de Willading à Pierre.

Ce dernier réfléchit, il était évident qu'il ne s'attendait pas à rencontrer des étrangers dans cet endroit.

— Nous ne connaissons guère ceux qui descendent du couvent, mais je m'étonne qu'on en quitte l'abri à une heure aussi avancée; et avant d'avoir vu de mes yeux ces deux voyageurs, j'aurais juré que personne autre que nous ne longeait ce côté de la montagne.

— Ce sont des villageois de Saint-Pierre, portant des provisions, dit l'un des muletiers; nul voyageur pour l'Italie n'a passé Liddes depuis la bande de Pippo, qui doit être actuellement sous le toit de l'hospice. N'avez-vous pas remarqué un chien avec eux? C'était sans doute un des mâtins du couvent.

— C'est justement l'apparence du chien qui m'a frappé, répliqua le baron, il ressemblait à notre vieil ami Neptune, et j'ai cru reconnaître dans l'homme qui le suivait de près le courageux Maso.

— Qui est parti sans récompense pour un si grand service, répondit le Génois d'un air pensif. Le refus extraordinaire de cet homme d'accepter notre argent est tout aussi merveilleux que sa conduite inexplicable. J'eusse préféré qu'il se montrât moins obstiné ou moins orgueilleux, car cette obligation pèse comme un poids sur ma conscience.

— Tu te méprends sur son compte. Je me suis servi secrètement de l'entremise de notre jeune ami Sigismond pour renouveler des offres; mais ton compatriote a paru traiter légèrement l'action qui lui donne droit à notre reconnaissance, et il n'a voulu écouter aucune offre d'or ou de protection.

— Dites à ceux qui vous envoient, ajouta Sigismond, qu'ils adressent leurs actions de grâce à la Vierge, à tous les saints du paradis, ou aux frères Luther, selon leur croyance, mais qu'ils feront mieux d'oublier qu'il existe dans le monde un être nommé Maso. Sa connaissance ne leur apportera ni honneur ni considération; dites cela particulièrement au signor Grimaldi, lorsque vous serez en route pour l'Italie et que nous nous serons dit adieu pour toujours; voilà ce qu'il m'a dit dans l'entretien que j'ai eu avec lui après sa sortie de prison.

— La réponse est remarquable pour un homme de sa condition, et surtout l'exception qui s'adresse à moi; j'ai souvent observé son regard fixé sur moi pendant notre traversée sur le lac, et jusqu'à cette heure il m'a été impossible de découvrir l'intention.

— Le signor est-il de Gênes, demanda le guide, ou serait-il seulement en rapport avec les autorités de cette ville?

— J'appartiens à la ville et à la République, et je possède une certaine influence sur ses autorités, répondit l'Italien, dont un léger sourire releva la lèvre.

— Il serait inutile, je crois, de chercher pourquoi Maso regardait Son Excellence, répondit Pierre en riant, car de tous ceux qui vivent en Italie, il n'y en a pas qui trouvent une meilleure occasion de faire connaissance avec ses autorités; mais notre marche se ralentit, faites avancer les mules, Etienne, presto, presto!

Les muletiers répondirent à cet appel par un de ces cris prolongés qui ressemblaient aux sifflements du serpent venimeux que rend la contrée, et dont l'effet est prompt et sûr aux oreilles éprouvées des mulets. Au bout de quelques minutes la petite troupe avait franchi le rocher, et quittant la vallée étroite, qu'ils avaient mis une demi-heure à traverser, ils abordaient, par une gorge étroite, une scène de désolation qui semblait réunir sur un point du globe un échantillon de tous les matériaux employés à sa formation.

Pierre Dumont montra un endroit du sommet actuellement visible de la montagne, où l'écartement des pics environnants laissait apercevoir la voûte du ciel : c'était le col par lequel on atteignait enfin le sommet des Alpes.

La lumière paisible qui éclairait encore cette partie du ciel formait un contraste sublime avec les ténèbres qui s'étendaient à la base, et tous saluèrent la fin d'une journée de fatigue comme le passager s'incline à l'entrée du port. Le jour disparaissait rapidement des ruines et des précipices qu'ils traversaient. Il y avait encore plus d'une lieue de longue et pénible ascension à surmonter. Çà et là on découvrait quelques nappes de neige de l'hiver précédent protégées par les ombres de rochers suspendus, et qui avaient résisté aux rayons du soleil, signe évident qu'ils atteignaient une hauteur où les hommes avaient renoncé à établir leurs habitations; c'était le séjour des neiges éternelles, que les révérends moines de Saint-Augustin osaient seuls affronter.

L'ardeur des mules, loin de se ralentir, avait redoublé sous la rigidité de l'air et sous le fouet de leur conducteur. Pierre Dumont ne quittait pas des yeux la voûte céleste, dont il étudiait avec inquiétude les variations, et ne se retournait que pour donner une nouvelle impulsion à la rapidité de la course. Mais les espaces bêtes commençaient à donner des signes de lassitude, surtout lorsqu'elles pénétrèrent dans le sentier étroit, inégal et rugueux, où leurs pieds posaient avec moins de sécurité, et que rendaient plus dangereux encore les sombres nuages qui passaient au-dessus de leurs têtes. Bientôt les flocons de neige tombèrent plus épais; ce changement était si inattendu que les voyageurs arrêtèrent leurs mules, et se mirent à en admirer les effets avec plus d'étonnement que de crainte. Un cri d'alarme de Pierre les rappela bientôt à la réalité, il était monté sur une élévation à cinquante pas environ en avant, entièrement couvert de neige, et gesticulait violemment, pour faire signe aux voyageurs d'avancer.

— Par la bienheureuse Marie, faites avancer les mules, s'écria-t-il, doublez leur course, si vous tenez à la vie; ce n'est pas le moment de contempler les montagnes, quelle que soit la beauté du coup d'œil. Hâtez-vous pour l'amour de Dieu!

— Ta trahis une inquiétude inutile et même indiscrète, pour un homme qui a besoin de sang-froid, ami Pierre, observa le signor Grimaldi dès que les mules se furent rapprochées du guide et parlant un peu avec l'ironie du soldat dont les nerfs se sont trempés dans l'habitude du danger. Nous autres Italiens, quoique moins habitués que vous aux gelées des montagnes, nous ne sommes pas aussi troublé que toi, guide expérimenté du Saint-Bernard.

— Adressez-moi des reproches si vous voulez, signor, dit Pierre sans ralentir sa course, mais pressez le pas, jusqu'à ce que vous connaissiez mieux la contrée que vous traversez. Il ne s'agit pas ici d'un manteau plus ou moins doublé autour du corps, mais d'une question de vie ou de mort. Vous êtes dans la région des orages, signor Génois, où les vents se déchaînent parfois, comme si des démons infernaux les agitaient pour éteindre leur feu, dans une région où les membres les plus robustes, le cœur le plus ferme, sont réduits à avouer leur faiblesse.

Le vieillard par respect pour l'Italien avait découvert sa tête blanchie par l'âge, comme s'il dédaignait de protéger un front qui avait tant de fois affronté les tempêtes de la montagne.

— Couvre-toi, mon bon Pierre, insista le Génois d'un air repentant, j'ai montré là l'intempérance de parole d'un enfant. Tu es en effet le meilleur juge des circonstances dans lesquelles nous sommes placés, et tu as seul le droit de diriger notre marche.

Pierre accepta l'apologie et continua son ascension avec la même rapidité.

Dix minutes se succédèrent dans le silence, pendant lesquelles la neige descendait plus dense et plus fine tandis que de sourds roulements indiquaient que les vents allaient souffler avec furie. Au point d'élévation où se trouvaient alors les voyageurs, les phénomènes les plus simples deviennent les arbitres de la destinée. La perte du calorique qui refroidit le corps humain, à six ou sept mille pieds au-dessus de la mer, et dans une latitude de quarante-six degrés au-dessous de zéro, devient seule la source de graves accidents. Quelques heures de nuit suffisent souvent à produire une forte gelée au milieu même de l'été.

Au milieu du danger les hommes parlent peu. Les esprits timides se replient sur eux-mêmes, laissant fléchir leurs facultés sous des pensées de frayeur qui aggravent les causes du danger et qui diminuent la force de s'en préserver. Les esprits courageux, au contraire, concentrent leurs facultés sur les moyens les plus sûrs de préservation. Ces effets se produisaient à divers degrés sur la troupe qui suivait Pierre.

Les hommes sans exception étaient graves, et s'appliquaient à faire avancer les montures. Adélaïde était pâle, mais calme comme il convenait à son caractère déterminé; Christine tremblait, mais son courage était soutenu par la présence de Sigismond et sa confiance en lui. Dans ce court espace de temps, la scène avait complètement changé, les flocons glacés ne pouvaient adhérer encore aux parois perpendiculaires des montagnes, mais les cavernes, les précipices et les vallées étaient devenus blanc comme le pic du Velan. Sigismond se tenait entre sa sœur et Adélaïde, veillant à ce que les mules ne perdissent pas la trace du sentier; car la neige commençait à effacer le chemin tortueux, et la lumière du jour disparaissait tout à fait. Le ruisseau qui filtrait son cours à travers les glaciers et qui traçait la route, leur servait encore à se maintenir dans la bonne voie; mais ce guide allait les abandonner, car à mesure qu'ils approchaient de la crête de la montagne, le courant se séparait en différentes petites pluies qui surgissaient de points différents.

Le vent ne s'était pas encore fait sentir, et Pierre reprenant courage donnait l'espoir à la cavalcade d'atteindre le couvent sans danger, lorsque tout à coup, comme pour mettre sa confiance en défaut, les flocons de neige commencèrent à tourbillonner dans l'air, et un violent coup de vent traversant le ravin, enleva les manteaux et les capuchons dont s'étaient enveloppés les voyageurs. Malgré son expérience et son courage, Pierre ne put retenir une exclamation de désespoir, et il s'arrêta tout à coup, comme un homme incapable de cacher plus longtemps le danger, qu'il avait gardé jusqu'au dernier moment au fond de son cœur. Sigismond, comme la plupart des hommes, avait mis pied à terre quelques instants auparavant, pour ranimer par la marche leurs membres engourdis; il n'eut pas plutôt entendu le cri du guide, qu'il était à côté de lui.

— A quelle distance sommes-nous encore du couvent? demanda-t-il vivement.

— Nous avons encore à gravir plus d'une lieue de ce sentier pierreux et à pic, monsieur le capitaine! répliqua Pierre d'un ton désolé qui signifiait plus encore que ses paroles.

— Ce n'est pas le moment de rester dans l'indécision; souviens-toi que tu es non-seulement la providence des muletiers et de leurs bêtes de somme, mais que tu as aussi sous ta protection des êtres faibles de corps et peu habitués au danger. Combien y a-t-il d'ici au dernier hameau que nous avons passé?

— Le double de distance à parcourir que pour gagner le couvent. Sigismond se retournant fit un geste aux deux vieillards pour les inviter à donner leur avis.

— Nous ferions mieux peut-être de retourner sur nos pas; qu'en penses-tu, Melchior? car je crois avec M. Sigismond qu'il n'y a pas un instant à perdre.

— Pardonnez-moi, signor, interrompit le guide, mais je n'entreprendrais pas ce moment de traverser la plaine du Velan pour tous les trésors d'Einsiedeln et de Loretto; les vents vont se déchaîner avec fureur dans ce bassin qui sera bientôt en ébullition comme une énorme cuve, tandis qu'ici nous aurons de temps en temps l'abri des rochers. La plus légère déviation à terrain ouvert peut nous égarer d'une lieue et plus, et il nous faudra une heure pour regagner le sentier. En outre les animaux montent plus vite qu'ils ne descendent et avec plus de sécurité lorsqu'il fait nuit; et puis au village il n'y a pas un abri convenable pour cette noble société, tandis que les bons moines possèdent tout ce qu'un roi peut désirer.

— Pour échapper à ces rochers sauvages, il n'est pas nécessaire de se montrer difficile sur la réception qui peut nous être faite, honnête Pierre; peux-tu répondre de notre arrivée au couvent dans un temps raisonnable et sans accident?

— Signor, nous sommes dans les mains de Dieu; les pieux Augustins, je n'en doute pas, sont en prières pour tous ceux qui errent en ce moment sur la montagne, mais il n'y a pas une minute à perdre. Je vous demande seulement de ne pas nous séparer les uns des autres, et que chacun développe tout ce qu'il a de force et de courage; nous ne sommes pas loin de la maison de refuge, et si ce coup de vent prenait les proportions d'une tempête, nous pourrions nous y abriter pendant quelques heures.

La certitude qu'il y avait à peu de distance un endroit où l'on pouvait s'abriter produisit un effet favorable sur les voyageurs, qui se remirent en route.

Mais le peu de temps employé à cette courte conférence avait suffi pour aggraver considérablement la situation des choses. Le vent, qui n'avait pas de direction déterminée, rencontrant les pics décharnés et les ravins des Alpes, revenait sur la troupe en épais tourbillon, tantôt facilitant leur ascension en soufflant en arrière, tantôt leur chassant au visage d'innombrables atomes de neige fine et pénétrante, et rendant tout progrès impossible. La température baissait toujours, et les plus vigoureux commençaient à ressentir aux extrémités un engourdissement assez sérieux pour exciter leurs craintes. Toutes les ressources furent mises à contribution pour protéger les femmes. Adélaïde, qui seule avait conservé assez d'empire pour se rendre compte de ses sensations, ne pouvait se dissimuler cette affreuse vérité que la chaleur vitale l'abandonnait rapidement. Elle appela auprès d'elle Sigismond, dans un moment où l'ouragan semblait acquérir une nouvelle force, et le pria d'examiner sa sœur et ses femmes, qui depuis quelques instants ne donnaient plus signe de vie. Le jeune soldat ouvrit précipitamment les manteaux et les châles dans lesquels Christine était enveloppée, et la tête de la jeune fille retomba inanimée sur son épaule, comme l'enfant qui cherche le sommeil dans les bras de celui qui l'aime.

— Christine! ma sœur, ma pauvre sœur, murmura Sigismond à voix basse; pour l'amour de notre excellente et affectionnée mère, éveille-toi.

— Christine! chère Christine! s'écria Adélaïde s'élançant à bas de sa mule et pressant sa jeune amie dans ses bras, Dieu me préserve de l'éternel regret d'avoir causé ta mort en t'entraînant avec moi au milieu de cette désolation. Christine, par pitié, par amour pour moi, parle, réponds-moi.

— Veillez aux femmes! s'écria Pierre, qui reconnut que l'on était sur le point de traverser une de ces catastrophes terribles dans les montagnes; surveillez-les toutes, car le sommeil c'est la mort.

Les muletiers s'approchèrent aussitôt des deux femmes d'Adélaïde et déclarèrent qu'elles couraient les plus graves dangers, l'une d'elles ayant perdu tout sentiment. Au moyen du flacon que Pierre portait suspendu à sa ceinture et des efforts réunis des muletiers, on parvint à les rappeler à la vie; mais avec la triste conviction qu'une demi-heure de plus de ce froid rigoureux compléterait l'œuvre fatale si rapidement commencée. Pour ajouter à l'horreur de cette conviction, tous les autres, sans en excepter les muletiers, éprouvaient déjà des symptômes de ce fatal engourdissement précurseur de la mort.

Ils mirent pied à terre. Toutes les femmes furent placées entre deux conducteurs qui soutenaient leurs pas chancelants; les mules étaient conduites à la suite par l'un des muletiers. Dans cet ordre de choses la marche était lente, mais le mouvement suffit à rétablir le mouvement du sang, et l'espérance revint avec la vie.

Pierre, qui occupait toujours son poste en avant, avec la témérité d'un montagnard et la fidélité d'un Suisse, les encourageait de nouveau de la voix et leur donnait l'espoir d'atteindre prochainement la maison de refuge.

Au moment où la réunion des efforts semblait plus nécessaire pour le soutien mutuel de chaque individu, le muletier chargé de la conduite des animaux déserta son poste, et, préférant courir la chance de

regagner le village, il s'enfuit dans cette direction. Cet homme, étranger au pays et inconnu de Pierre, avait été accepté par hasard sans que le brave et fidèle guide eût eu le temps de mettre son dévouement à l'épreuve. Les mules ne se sentant pas dirigées s'arrêtèrent, puis se retournèrent pour éviter l'air vif de la montée et s'écartèrent bientôt du sentier qu'il était si nécessaire de suivre rigoureusement. Dès que Pierre fut informé de cette circonstance, il donna les ordres les plus précis de rassembler sans délai les déserteurs à tout prix. Ce devoir pénible dans la circonstance fut pénible à exécuter. Tous les hommes se mirent à leur poursuite, car ces animaux emportaient avec eux les bagages. Au bout de dix minutes environ on parvint à les rattraper toutes et à les attacher à la queue les unes des autres pour continuer l'ascension; mais lorsqu'on voulut reprendre le sentier, il devint impossible de retrouver la trace: on n'apercevait plus que de lourds fragments de rochers entrecoupés de montagnes de neige, qui pouvaient aussi bien cacher un précipice que la route étroite qui conduisait au convent. Après quelques minutes précieuses inutilement dépensées, tous se réunirent d'un commun accord autour du guide pour prendre conseil; la vérité ne pouvait plus longtemps se dissimuler, les voyageurs étaient perdus.

## CHAPITRE XXIII.

L'espérance est le dernier sentiment qui abandonne le cœur de l'homme. Son organisme comprend toutes les gradations du courage, depuis l'énergie calme qui donne la réflexion renforcée par la puissance physique, jusqu'à la précipitation aventureuse d'un esprit irréfléchi; depuis la résolution qui devient plus imposante en proportion du danger, jusqu'aux élans craintifs et mal dirigés du désespoir. Mais la plume ne saurait trouver d'expressions pour peindre le froid glacial qui s'empare du cœur lorsqu'une cause accidentelle vient nous enlever tout à coup les ressources morales et physiques sur lesquelles nous avons l'habitude de compter. Le marin, sans son compas et sa boussole, perd son audace et son sang-froid; le soldat prendra la fuite s'il est privé de ses armes; et le chasseur qui a manqué son coup en attaquant la bête fauve des forêts devient, de hardi et violent agresseur qu'il était, un fugitif peureux et tremblant.

Pierre Dumont comprenait mieux que ses compagnons toute l'horreur de leur situation présente parce qu'il possédait une plus grande expérience des caprices de la température dans ces régions élevées. Il voyait encore assez pour tracer sa route au milieu des fragments de rochers et de pierres; mais il comprenait aussi qu'il y avait plus de danger à marcher en avant qu'à rester en place; car un seul chemin conduisait à la maison de refuge, et tous les autres pouvaient en éloigner les voyageurs et leur ôter cette seule chance de salut. D'un autre côté, quelques minutes du froid intense et du vent auxquels ils étaient exposés pouvaient tarir la source de la vie.

— N'as-tu rien autre chose à nous conseiller? demanda Melchior de Willading enveloppant sa fille dans les plis de son manteau et cherchant à lui communiquer le peu de chaleur que l'âge et le froid avaient conservé en lui. Ne saurais-tu imaginer un moyen de nous tirer de ce terrible pas?

— Si les bons moines ont été diligents, répliqua Pierre avec hésitation; mais je crains que les chiens n'aient pas encore été assez exercés cette saison.

— Sommes-nous donc arrivés à cet état désespéré que nos existences reposent sur la sagacité incertaine de ces animaux?

— Je bénirais la Vierge et son saint fils qu'il en fût ainsi, mein herr; mais je crains que cet ouragan ait été trop brusque et trop inattendu pour nous laisser cette seule et dernière espérance.

Melchior sanglota en pressant sur son cœur le corps presque inanimé de sa fille tandis que Sigismond couvrait de son corps celui de sa sœur évanouie, comme le cygne abrite ses petits sous ses ailes.

— Le retard c'est la mort, reprit le signor Grimaldi; j'ai entendu dire aux muletiers qui avaient été contraints de tuer leurs mules, qu'on pouvait trouver abri et le retour de la chaleur en pénétrant dans leurs entrailles fumantes.

— C'est une horrible alternative, interrompit Sigismond; nul retour en arrière est-il donc impossible? En descendant toujours ne pourrions-nous pas atteindre encore à temps le dernier village?

— Cette tentative nous perdrait, répondit Pierre; je ne connais qu'une seule ressource: restez groupés les uns contre les autres et répondez à mes cris. Je vais essayer de retrouver le sentier.

Cette proposition fût favorablement accueillie, car l'espoir et le courage marchaient réunis; et le guide s'apprêtait à se séparer du groupe, lorsqu'il sentit son bras rudement pressé par Sigismond.

— Je vais t'accompagner, dit le soldat avec fermeté.

— Vous me rendez pas justice, jeune homme! répondit Pierre d'un ton de sévère reproche. Si j'eusse été assez vil pour trahir mes devoirs, depuis longtemps ces membres robustes m'eussent transporté au bas de la montagne; mais si un guide des Alpes est susceptible de mourir de froid comme tout autre homme, son dernier souffle sera au service de ceux qu'il a entrepris de sauver.

— Mille pardons, brave vieillard, néanmoins je t'accompagnerai;

ur.e recherche à deux aura plus de chance de succès que si tu restes seul.

Le guide qui aimait la franchise du jeune homme autant qu'il s'était montré offensé de ses soupçons, lui tendit la main et oublia bientôt la méfiance dont il avait été l'objet. Ensuite ils s'éloignèrent tous deux pour accomplir leurs pénibles recherches.

La neige avait acquis plusieurs pouces d'épaisseur, et, comme la route n'était en somme qu'un étroit sentier à peine visible au jour au milieu des ravins, l'entreprise eût été, sans espoir si Pierre n'eût espéré découvrir quelques traces des pas des mules qui, pendant le jour, montent et descendent sur les flancs de la montagne. A chaque minute le guide correspondait par ses cris avec les muletiers qui lui répondaient, car, tant qu'ils restaient à portée de la voix, il y avait peu de danger qu'ils fussent entièrement séparés. Mais au milieu du sifflement du vent, et du roulement des rochers, il n'était pas sûr de s'aventurer trop loin. Ils gravirent diverses petites élévations de terrain et découvrirent une légère rigole qui serpentait sous la neige, mais nul vestige du sentier. Le cœur de Pierre se glaçait d'effroi à mesure que la chaleur vitale l'abandonnait, et le courageux vieillard accablé sous la grave responsabilité qui pesait sur lui, céda au paroxysme d'un violent désespoir, et, se tordant les mains, il appela Dieu à son secours et pleura.

Cette terrible révélation de l'extrémité où ils étaient réduits impressionna Sigismond jusqu'à la folie du désespoir. Sa puissante organisation physique le soutenait encore, et, dans un accès de frénésie, il s'élança à travers le tourbillon de neige et de grêle, et disparut aux yeux de son compagnon comme s'il eût voulu s'abandonner aux mains de la Providence. Cet incident rappela les esprits du guide. Sa voix s'efforçait de dominer la tempête pour crier au jeune homme de revenir ; mais il ne reçut pas de réponse et revint en hâte auprès de la petite troupe qui se joignit à lui pour remplir l'air du nom de Sigismond. Le cris se succédèrent les uns après les autres et les seules rafales du vent y répondirent.

— Le noble garçon sera perdu sans ressource, s'écria avec désespoir le signor Grimaldi, qui s'était pris sincèrement d'affection et d'intérêt pour les qualités solides du jeune militaire. Il périra d'une mort violente sans la consolation de rester jusqu'au dernier moment au milieu de ses compagnons de souffrance.

Un cri de Sigismond domina tout à coup la rafale, et vint frapper leurs oreilles.

— Maître de la terre sois béni de ta miséricorde, s'écria Melchior de Willading. Il a trouvé le sentier !

— Et honneur à la bienheureuse Marie ! murmura l'Italien.

Au même instant, un chien parut au détour du sentier, et vint sauter et japper joyeusement autour des voyageurs transis. Les exclamations de joie duraient encore que Sigismond, suivi d'un autre individu, rejoignit la société.

— Honneur et remercîments aux bons Augustins ! s'écria le guide ravi ; voici le troisième service de ce genre dont je suis leur débiteur.

— Je voudrais que tu eusses dit vrai, honnête Pierre, répondit l'étranger, mais Mars et Neptune sont de pauvres remplaçants, dans une tempête comme celle-ci, des serviteurs et des animaux du Saint-Bernard. Je ne suis qu'un touriste et perdu comme vous, ma présence ne peut donc servir qu'à ajouter un compagnon de plus aux dangers que vous courez. Les saints m'amènent une seconde fois dans votre compagnie dans un moment où la mort et la vie se disputent votre âme.

Maso termina sa remarque lorsque arrivé près du groupe qu'il eut reconnu les personnes qui le composaient.

— Si c'est pour nous être d'un aussi grand secours que dans la première occasion, répondit le Génois, notre rencontre sera heureuse pour nous comme pour toi-même ; trouve-nous un heureux expédient, et je te donne en partage la moitié des biens que je tiens de la Providence.

Il Maladetto écoutait rarement la voix du signor Grimaldi sans qu'une puissante émotion ne se trahît aussitôt en lui, et le noble Génois ne pouvait l'attribuer qu'à la connaissance qu'il devait avoir de son rang et de sa position de fortune. Dans ce moment solennel, cette émotion inqualifiable était évidente ; et le noble croyant y découvrait un symptôme favorable, renouvela ses offres de fortune dans l'espoir de stimuler les facultés intelligentes de son esprit par l'appât d'une forte récompense.

— S'il était ici question de diriger une barque, de carguer une voile ou de saisir le gouvernail de n'importe quel navire dans une rafale, un grain ou une tempête, ou pendant le calme à travers des brisants, mon savoir et mon expérience pourraient être de quelque utilité ; mais, à part la différence de nature et de force, ce lis penché qui est exposé à mourir de froid au milieu de la tourmente, n'est pas plus dépourvu de ressources que je ne le suis moi-même. Je n'ai pas plus d'imagination que vous, signor, et quoique plus habitué aux montagnes, je m'abandonne comme vous aux soins de la Providence pour échapper à la mort, et si elle veut qu'il soit ainsi, ma tombe s'ouvrira ici au milieu des neiges au lieu du varech des bords de la mer, comme j'espérais y terminer mes jours.

— Mais le chien, ton admirable chien !

— Ah, Excellence, Neptune n'est ici qu'un animal inutile. Dieu l'a

revêtu d'un manteau plus épais et plus chaud que ceux que nous portons, mais cet avantage deviendra bientôt le supplice de la pauvre bête. Ses longs poils se couvriront de givre, et à mesure que la neige s'épaissira, ses mouvements seront paralysés. Le poil des chiens du Saint-Bernard est plus ras ; ils ont des pattes plus développées, un odorat plus subtil, et de plus ils connaissent tous les détours du sentier.

Un cri perçant de Sigismond vint interrompre Maso. Le jeune soldat voyant que la rencontre accidentelle du marin n'était pas susceptible de produire un changement favorable à leur position périlleuse, s'était remis en route suivi du guide et de la neige mouvante pour continuer ses recherches. Le cri se répéta du guide au muletier et du muletier aux voyageurs, puis tous trois parurent à travers le rideau de neige, et suivis d'un énorme mâtin des montagnes. Neptune, qui était resté accroupi, jappa joyeusement, et parut prendre courage, s'élançant au-devant de son vieil antagoniste Uberto.

Le chien du Saint-Bernard était seul, mais son air, son mouvement, dénotaient qu'il avait la conscience de sa noble tâche.

Il courait de l'un à l'autre, donnant tous les signes de joie et de reconnaissance. Il avait fort heureusement un bon interprète dans Pierre Dumont, qui connaissait les habitudes et les intentions de l'animal. Reconnaissant qu'il n'y avait pas un moment à perdre pour sauver les êtres les plus faibles de la troupe, il pressa le départ, afin de profiter de cette heureuse rencontre ; les femmes étaient soutenues sous le bras comme auparavant, les mules attachées à la suite les unes des autres, et Pierre se plaçant en tête, appela gaiement le chien, et l'encouragea à montrer le chemin.

— Est-il bien prudent de se confier au seul instinct de cet animal ? demanda le signor Grimaldi lorsqu'il vit ces préparatifs au moment où, l'intensité du froid et l'obscurité redoublant, la vie de tous reposait sur le plus léger incident.

— Ne craignez pas de vous confier au vieil Uberto, signor, répondit Pierre, ces animaux sont dressés par les moines du couvent à connaître et à suivre les sentiers, même lorsqu'ils sont enfouis à plusieurs pieds sous la neige. Ils sont doués d'un grand courage, d'une forte membrure, et d'un poil ras, le tout dans le but qu'ils accomplissent si noblement. Leurs allures me sont familières, car nous autres guides nous apprenons d'ordinaire à connaître les sentiers et les précipices du Saint-Bernard en nous mettant d'abord au service des économes du couvent, et j'ai passé plus d'un jour à gravir ou à descendre ces rochers pour dresser un couple de ces animaux. Le père et la mère d'Uberto furent mes compagnons favoris, et leur fils ne voudrait pas trahir un vieil ami de la famille.

Les voyageurs suivirent aveuglément et avec confiance leur nouveau conducteur. Uberto semblait accomplir son devoir avec la modestie et la fermeté qui convenaient à son âge, et si nécessaires dans les circonstances où les voyageurs étaient placés. Au lieu de s'élancer en avant, et de disparaître comme l'eût fait sans doute un plus jeune animal, la noble et intelligente bête maintenait une allure proportionnée à la marche lente de ceux qui soutenaient le pas chancelant des femmes, se retournant parfois pour s'assurer que personne ne restait en arrière.

Les chiens du Saint-Bernard sont, ou peut-être conviendrait-il de dire ont été, car on affirme que l'ancienne race est perdue, choisis pour leur taille, leurs membres et leur peau lisse ; leur éducation consistait à les rendre familiers et attachés aux hommes, en leur enseignant à connaître à suivre dans toutes les occasions les sentiers tracés. Ceux qui étaient appelés à un plus haut exercice de leur intelligence apprenaient à découvrir la position des malheureux qu'englontissaient les avalanches, et à aider à déterrer leur corps. Uberto possédait une réputation universelle comme l'animal le plus sagace et le plus fidèle à remplir ses devoirs presque humains. Pierre suivait sans pas en toute confiance ; quand le chien tournait à un angle droit de la route qu'il avait suivie, le guide l'imitait, et écartant la neige avec son bâton, il montrait à ceux qui le suivaient que le sentier était retrouvé.

Cette nouvelle résonna aux oreilles des muletiers comme le réveil de la mort, quoiqu'il y eût encore une heure de marche pénible à effectuer avant d'atteindre l'hospice. Le sang déjà glacé dans les veines des deux jeunes filles se ranima un peu au cri de joie poussé par leur protecteur, et tous reprirent courage et accélérèrent leur marche. Sigismond avait son bras passé autour de la taille de sa sœur, il la portait plutôt qu'il ne la conduisait ; car le jeune soldat connaissait assez le chemin de la montagne pour comprendre qu'il restait encore une terrible distance à parcourir pour atteindre le col, et que les forces de Christine étaient incapables de la soutenir jusque-là.

Parfois Pierre appelait les chiens ; Neptune ne quittait plus les côtés d'Uberto, afin de prévenir toute séparation : car il fallait l'attention la plus soutenue pour rester dans le sentier que l'obscurité réduisait dans d'étroites limites.

Chaque fois que le nom du dernier était prononcé, l'animal s'arrêtait, agitait sa queue, ou donnait quelque autre signe de reconnaissance comme pour rassurer ceux qui le suivaient sur son intelligence et sa fidélité.

Après l'une de ces courtes haltes, le vieil Uberto et son compagnon refusèrent tout à coup d'avancer ; le guide et toute sa troupe se réunirent autour d'eux, mais ni les cris ni les encouragements des muletiers ne purent les engager à continuer leur route.

— Serions-nous encore une fois perdus? demanda le baron de Willading pressant Adélaïde plus vivement sur son cœur. Dieu nous a-t-il, donc abandonnés? Ma fille, mon enfant bien-aimée !

Le touchant appel fut suivi d'un hurlement d'Uberto, qui s'élança hors du sentier et disparut. Neptune le suivit en aboyant avec force; Pierre, Sigismond et Maso s'élancèrent à leur poursuite.

— Neptune n'a pas l'habitude de japper après la neige, la grêle ou le vent, ou nous sommes près d'une autre bande de voyageurs, car il y en a une sur la montagne.

— Dieu nous en préserve! Êtes-vous sûr de cela? demanda le signor Grimaldi, qui remarqua que l'autre s'était subitement interrompu.

— Il y en avait du moins, répliqua le marin d'un air délibéré et mesurant chacune de ses paroles. Ah! voici les chiens, Pierre, et le capitaine, qui reviennent nous donner des nouvelles bonnes ou mauvaises.

En effet le guide et ses compagnons reparurent, et informèrent les voyageurs que la maison de refuge était tout près, et que la seule obscurité de la nuit empêchait de la voir.

— Ce fut une bienheureuse pensée et qui vint de saint Augustin lui-même de faire élever cet abri! s'écria Pierre, qui ne crut plus nécessaire de cacher l'étendue du danger qu'ils avaient couru; je ne répondrais pas pour ma part d'atteindre l'hospice par un temps comme celui-ci. Vous appartenez sans doute, signor, à la mère Église, puisque vous êtes Italien.

— Je suis l'un de ses indignes serviteurs, répliqua le Génois.

— Cette faveur inattendue nous est venue des prières de saint Augustin, et d'un vœu que j'ai fait d'envoyer une belle offrande à Notre-Dame d'Einsiedeln, car c'est la première fois qu'un chien du Saint-Bernard conduit les voyageurs à la maison de refuge; leur tâche habituelle se bornait à leur montrer le chemin de l'hospice.

Le signor Grimaldi était trop occupé de transporter Adélaïde sous un abri quelconque pour perdre ce bon temps à discuter ce point d'orthodoxie. Il se borna à suivre le pieux et confiant guide en silence, et d'aussi près que le lui permettait l'obscurité. Ils descendirent une pente courte et rapide, puis gravirent une semblable élévation, et ils arrivèrent à l'abri si longtemps désiré.

Nous ne nous arrêterons pas à décrire les diverses sensations qui agitèrent le cœur des voyageurs lorsqu'ils pénétrèrent dans cet endroit de sécurité comparatif; tous se joignirent en actions de grâce, adressées au dispensateur du bien et du mal pour son intervention inattendue.

— Entrez, dit le guide, une demi-heure de plus eût abaissé l'orgueil du plus vigoureux d'entre nous, entrez et remerciez Dieu.

Comme il est d'usage pour les constructions de cette région élevée, le bâtiment était en pierres jusqu'au toit, ressemblant par la forme à l'une de ces caves voûtées qui servent dans le pays à conserver les fruits et les légumes. Néanmoins, la raréfaction de l'air le préservait de toute humidité. Il n'était composé que d'une simple pièce, enclose entre les quatre murs et du toit, que recouvrait une épaisse couche de neige; mais il offrait un abri suffisant pour une troupe deux fois plus nombreuse que celle qui venait d'y pénétrer.

La transition subite du froid rigoureux et des vents glacials de la montagne à l'intérieur de ce bâtiment, suffit à produire une sensation générale de douce chaleur. Par les soins de Pierre et sous sa direction, on frictionna les membres engourdis des jeunes filles; et bientôt Adélaïde et Christine reposèrent l'une à côté de l'autre, chaudement enveloppées et dormant d'un sommeil calme et paisible. Les mules furent introduites dans le refuge, et la présence de tant de corps vivants dans un espace si restreint produisit une température suffisamment douce pour rétablir la circulation du sang; et après un léger repas tous s'arrangèrent le plus commodément possible pour la nuit, et furent bientôt plongés dans un sommeil réparateur.

## CHAPITRE XXIV.

Il n'y a pas de plus doux sommeil que celui de la fatigue. Dans le cours de sa vie postérieure, lorsqu'elle habita un palais, couchant sur l'éder et enveloppée de riches étoffes, Adélaïde répéta souvent qu'elle n'avait jamais si bien reposé que dans le refuge du Saint-Bernard. Elle dormit sans rêver de précipices ou d'avalanches, comme plus tard ses nuits furent souvent troublées, et elle ouvrit les yeux la première, comme l'enfant qui sourit en sortant du sommeil de l'innocence. Ses mouvements réveillèrent Christine. Écartant les vêtements et les manteaux qui les recouvraient, elles complèrent avec étonnement la scène de confusion que présentait l'intérieur de leur abri. Les autres voyageurs dormaient encore, elles se levèrent sans bruit; et passant en silence sur les dormeurs et sur les mules étendues devant l'entrée, elles quittèrent la hutte.

Au dehors tout représentait l'hiver, mais l'hiver des Alpes, avec sa sublimité imposante. Le jour éclairait les pics élevés au-dessus de leurs têtes, tandis que les ombres de la nuit s'étendaient encore sur les vallées. Les ravins et les grottes recouverts de neige faisaient contraste avec les côtes rugueuses et nues des roches ferrugineuses.

Le petit môle sur lequel on avait élevé le refuge avait été mis à découvert par le vent qui emportait dans sa course au fond des précipices les atomes de neige. À cette hauteur l'air du matin est vif, même dans la saison d'été; tout en aspirant avec délice l'élément pur et élastique, les tremblantes jeunes filles s'enveloppaient dans les plis de leurs mantes. La tourmente avait disparu; l'azur limpide du ciel contrastait avec le voile qui couvrait encore la nature, et semblait rapprocher ces deux apparitions terrestres du séjour des anges. Elles s'agenouillèrent ensemble au pied d'un rocher, et adressèrent au Créateur une prière pure et sincère comme leur âme.

Ce pieux devoir accompli, elles se sentirent plus légères et regardèrent autour d'elles avec plus de confiance. Un autre bâtiment, semblable pour la forme et pour les matériaux dont il était construit à celui dans lequel elles avaient passé la nuit, et qui s'élevait sur le même monticule du rocher, fut le premier objet qui attira leurs regards. Elles s'en approchèrent sans bruit, timides comme les gazelles qui sortent du fourré, et à travers la seule ouverture qui ressemblait plutôt à une fenêtre qu'à une porte elles aperçurent quatre formes humaines adossées aux parois intérieures de la muraille, et qui paraissaient plongées dans un profond sommeil, que les mouvements des jeunes filles ne purent interrompre.

— Nous n'étions pas seuls sur la montagne exposés aux dangers de cette terrible nuit, dit tout bas Adélaïde entraînant sa tremblante compagne. Tu le vois, d'autres voyageurs ont trouvé un abri à côté du nôtre.

Christine se serra involontairement contre son amie moins timide, et toutes deux regagnèrent leur premier refuge pour échapper à la crudité un peu trop pénétrante de l'air. Elles rencontrèrent à la porte Pierre, leur guide vigilant, que la première lueur du jour avait éveillé.

— Nous ne sommes pas seuls ici, dit Adélaïde montrant le second toit à Pierre; il y a des voyageurs endormis dans ce bâtiment-là.

— Leur sommeil durera longtemps, madame, répondit le guide secouant la tête avec tristesse, deux d'entre eux y dorment depuis deux ans, et le troisième repose à la place où vous l'avez vu depuis la chute de la dernière avalanche, vers la fin d'avril.

Adélaïde tressaillit et regarda sa compagne d'un air significatif, demandant à son guide s'il était vrai que ce fussent des cadavres de voyageurs qui avaient péri dans les montagnes.

— Sans aucun doute, madame, répondit Pierre; notre hutte est pour les vivants, et celle-ci pour les morts; c'est ainsi que l'une marche à côté de l'autre sur ces rochers sauvages. J'ai vu le voyageur se réveiller dans l'une de ces grottes pour se rendormir dans l'autre quelques heures plus tard d'un sommeil éternel. L'un des trois qui sont ici était guide comme moi, il a été englouti sous la neige à l'endroit où le sentier se sépare de la plaine de l'Élan; l'autre est un pèlerin qui a péri par la nuit la plus belle et la plus claire qui ait jamais éclairé le Saint-Bernard, et simplement parce qu'il avait bu un coup de trop pour égayer sa route. Le troisième est un pauvre vigneron qui, parti du Piémont pour chercher du travail dans nos vignes, a eu l'imprudence de vouloir se reposer ici d'une longue route fatigante, où il s'est laissé surprendre par la mort. J'ai trouvé son cadavre sur le rocher où, le lendemain du jour où nous avions été ensemble au val d'Aoste, et je l'ai placé là de mes propres mains.

— Un chrétien n'a donc pas d'autre sépulture dans cette contrée inhospitalière?

— Que voulez-vous, madame! c'est la fin qui attend le pauvre et l'inconnu. Ceux qui ont des amis sont cherchés par eux et enterrés convenablement; mais ceux qui meurent sans laisser de traces de leur origine finissent comme vous voyez. La pelle est inutile au milieu de ces rochers, et puis il vaut mieux que les corps restent à la surface; ils ont plus de chances d'être reconnus. On descend les révérends pères et les gens de distinction dans la terre des vallées; mais les pauvres inconnus trouvent ici après leur mort un abri qu'ils auraient peut-être été heureux de trouver lorsqu'ils étaient vivants. Les trois chrétiens que vous avez vus là ont foulé la terre d'un pas léger et rapide, comme le dernier de nous.

— Mais ils sont quatre !

Pierre parut surpris : il réfléchit quelques instants, puis continua.

— Alors c'est qu'un de plus a péri. Le temps viendra aussi où mon propre sang se glacera dans mes veines; c'est un moment qu'un guide ne doit jamais perdre de vue, car il y est exposé à toute heure et dans toute saison.

Adélaïde ne poussa pas plus loin ses questions, elle se rappelait avoir entendu dire que l'air pur et raréfié de la montagne préservait les corps de la putréfaction et ôtait à la mort cet aspect repoussant qui inspire le dégoût et l'horreur.

Cependant les autres voyageurs étaient réveillés et se réunissaient à l'entrée de la hutte. On sella les mules; les bagages furent de nouveau assujettis sur leurs dos, et Pierre allait donner le signal du départ lorsque Uberto et Neptune furent aperçus descendant le sentier de l'hospice et santant gaiement l'un à côté de l'autre. Leur présence attira l'attention de Pierre et des muletiers, qui prédirent la descente prochaine d'un des serviteurs du couvent. En effet, on aperçut aussitôt au sommet de la montagne la figure vénérable du père Xavier suivi de plusieurs autres moines.

A leur arrivée, tout fut expliqué brièvement et naturellement. Après avoir conduit les voyageurs vers le lieu de refuge, et passé une partie de la nuit dans leur compagnie, Uberto, dès le point du jour, était retourné au couvent, toujours accompagné du fidèle Neptune. Ses signes intelligents informèrent les moines de la présence de voyageurs dans la montagne. Le brave supérieur savait que la société du baron de Willading devait prochainement traverser le col; et il avait pressé son retour au couvent, afin de les bien recevoir. Prévoyant qu'ils avaient sans doute été surpris la veille par la tourmente, il descendait en toute hâte pour leur porter secours. Le flacon vide qu'Uberto portait au cou et qu'il avait emporté plein ne laissait plus de doute qu'il n'eût rencontré des voyageurs quels qu'ils fussent, et la maison de refuge était le premier endroit où il devenait probable qu'on les retrouverait.

Pierre Dumont était un vieillard d'environ soixante ans encore vigoureux.

Le digne supérieur donna ces explications les yeux pleins de larmes, s'interrompant parfois pour adresser au ciel des actions de grâce. Il allait des uns aux autres, sans excepter les muletiers, examinant leurs mains, leurs pieds, leurs oreilles surtout, pour s'assurer qu'aucun d'eux n'avait à se plaindre des effets de la gelée, et il ne fut tranquille que lorsqu'il eut acquis la conviction que l'accident de la nuit ne laisserait après lui aucune conséquence fâcheuse.

— Nous ne sommes que trop habitués, dit-il, à des accidents de cette nature; mais Dieu soit loué! je vous retrouve tous en bon état. Un déjeuner chaud vous attend dans la cuisine du couvent, et dès que nous aurons accompli nos pieux devoirs nous gravirons le rocher pour aller nous y asseoir. Ce bâtiment est le dernier séjour de ceux qui ont péri dans la montagne, et nul de notre ordre ne s'y arrête sans murmurer une prière pour le repos de leur âme. A genoux donc avec moi, vous qui avez tant de motifs de reconnaissance envers Dieu, et prions ensemble.

Le père Xavier s'agenouilla sur le sol rocheux, et tous les catholiques de la caravane prièrent avec lui. Lorsqu'il se releva, son visage resplendissait comme les premiers rayons du soleil qui se levait en ce moment au sommet des Alpes. Le baron de Willading, sa fille et leurs serviteurs s'étaient inclinés seulement pendant la prière.

— Tu es une hérétique, ma fille, dit affectueusement le moine à Adélaïde; mais nous ne t'abandonnerons pas pour cela.

Adélaïde reçut cette accusation comme un reproche amical, et en signe de paix elle lui offrit sa main pour l'aider à se mettre en selle.

— Voyez donc les chiens, dit le signor Grimaldi au supérieur en lui montrant ces deux animaux assis gravement devant la maison des morts et les yeux fixés sur l'ouverture; vos chiens semblent destinés à servir les hommes dans toutes les conditions de la vie, vivants ou morts.

— Leur attitude paisible semble en effet justifier votre assertion. As-tu déjà vu Uberto ainsi? demanda le révérend père à l'un des familiers du couvent.

— On m'a dit qu'un nouveau cadavre avait été placé dans le lieu de repos, depuis mon dernier voyage dans la montagne, observa Pierre pendant qu'il assujettissait les courroies de la selle d'Adélaïde, les chiens sentent la mort; c'est à cette circonstance que nous devons d'avoir été conduits par eux à la maison de refuge.

Ceci fut dit avec l'indifférence que produit l'habitude de voir exposer des cadavres au grand jour; mais il n'en fallut pas davantage pour attirer l'attention des serviteurs du couvent.

— Tu es descendu le dernier, dit l'un d'eux, et personne autre n'est monté depuis en ce moment sûreté sous notre toit, et se reposent des fatigues de la tempête.

— Comment peux-tu plaisanter ainsi, Henry, lorsqu'il y a un nouveau cadavre dans la hutte? Cette dame les a comptés, il y en a quatre, et je n'en ai montré que trois au noble Piémontais que j'ai conduit d'Aoste le jour que tu veux dire.

— Il faut nous en assurer, dit le supérieur s'éloignant d'Adélaïde au moment où il allait l'installer sur sa mule.

Les hommes pénétrèrent dans le lugubre cellier, et en ressortirent bientôt portant un cadavre qu'ils placèrent au grand air contre le mur extérieur du bâtiment; le visage était couvert d'un manteau comme pour le préserver du froid.

— Il aura péri la nuit dernière en prenant la hutte des morts pour celle des vivants, s'écria le supérieur; que la bienheureuse Marie et son fils intercèdent en faveur de son âme!

— Le malheureux est-il réellement mort? demanda le signor Grimaldi plus soucieux des intérêts matériels. L'engourdissement du froid dure quelquefois longtemps avant que la mort ne lui succède.

Le supérieur fit signe à ses serviteurs d'écarter le manteau pour s'assurer du fait: et ils découvrirent un visage dont les traits livides et immobiles attestaient la complète disparition de la vie. Il ne paraissait pas avoir été saisi par le froid, et être tombé dans le sommeil éternel par une insensibilité graduée et lente; l'expression contractée de sa physionomie trahissait une lutte violente et l'angoisse d'une agonie brusque et inattendue. Un cri de Christine suspendit l'examen des voyageurs et attira leur attention de son côté. Elle s'était jetée au cou d'Adélaïde et la serrait dans une étreinte convulsive.

— Christine, ma sœur, pour l'amour de notre mère, éveille-toi.

— C'est lui! c'est lui! murmurait-elle presque folle de frayeur. Mon Dieu, c'est bien lui!

— De qui veux-tu parler, ma chère Christine? demanda Adélaïde stupéfaite et redoutant que la raison n'eût abandonné sa jeune amie. C'est un voyageur comme nous, mais qui a péri malheureusement dans cette tempête dont la Providence nous a si miraculeusement préservés. Pourquoi trembler ainsi? ne devons-nous pas tous retomber en poussière?

— Sitôt! sitôt! et si subitement! Ah! c'est lui!

Alarmée de ce violent paroxysme de douleur, Adélaïde ne pouvait se rendre compte du motif qui l'avait provoqué, lorsqu'elle s'aperçut que la voix de son amie faiblissait et qu'elle se relâchait peu à peu de son étreinte. Elle se retourna pour la considérer, elle était évanouie ! Sigismond accourut, et, la prenant dans ses bras, il la transporta au pied d'un rocher pour la rappeler à la vie. Lorsqu'il eut réussi au moyen des cordiaux des bons moines, il revint triste et pensif rejoindre le groupe rassemblé à l'entrée du charnier.

— Les sens de notre pauvre Christine ont été trop cruellement surexcités, je le crains, dit Adélaïde ; l'avez-vous jamais vue ainsi ?

— Il n'y avait pas d'ange plus paisible et plus heureux que ma pauvre sœur avant cette première scène de douleur. Mais vous paraissez ignorer la triste vérité ?

Adélaïde le regarda avec étonnement.

— Le mort est celui qui a dû décider du sort de ma sœur, et les blessures dont son corps est couvert donnent lieu de croire qu'il a été assassiné.

— Aassassiné ! répéta à voix basse Adélaïde.

— Il ne peut y avoir aucun doute sur cette horrible vérité. Votre père et nos amis sont occupés en ce moment à recueillir tous les indices qui peuvent mettre sur la trace des auteurs de ce forfait.

— Sigismond !

— Que me voulez-vous, Adélaïde ?

— Vous avez eu de la haine contre ce malheureux ?

— Je ne le nie pas ; un frère en aurait eu comme moi s'il se fût agi de sa sœur.

— Mais maintenant... maintenant que Dieu l'a si brusquement rappelé !

— Du fond de mon âme, je lui pardonne. Peut-être, si nous nous étions rencontrés en Italie, où il se dirigeait comme nous... mais c'est folie !

— C'est pire que de la folie, Sigismond !

— Je lui pardonne de tout mon cœur. Je ne l'ai jamais estimé digne de celle dont il gagna l'affection par les premiers témoignages d'intérêt qu'il lui montra, mais je ne lui aurais pas souhaité une fin si cruelle. Que Dieu lui pardonne comme je lui pardonne !

Adélaïde reçut avec satisfaction cette protestation chrétienne et le serrement de main qui l'accompagna ; puis ils se séparèrent, lui pour rejoindre ceux qui étaient encore groupés autour du corps, elle pour retourner auprès de Christine, dont la situation délicate réclamait ses soins. Sigismond fut arrêté par le signor Grimaldi, qui l'engagea à accompagner les jeunes filles au couvent, promettant que le reste des voyageurs les rejoindrait dès qu'ils auraient accompli leurs pénibles devoirs. Heureux de trouver une occasion d'échapper à cette pénible enquête, Sigismond acquiesça et ordonna les préparatifs du départ.

Christine fut installée de nouveau et sans résistance sur la mule, mais sa pâleur et son regard fixe attestaient la violence du choc qu'elle venait d'éprouver. L'ascension se fit en silence et fut triste comme si l'on eût accompagné le corps inanimé du fiancé. Une heure plus tard, ils atteignaient le lieu de repos si longtemps désiré.

Une scène différente avait lieu sur le môle où s'élevait, comme nous l'avons déjà dit, le séjour des vivants et le tombeau des morts. Comme il n'existait pas d'habitation humaine à plusieurs lieues à la ronde du couvent du mont Saint-Bernard, et que les sentiers étaient souvent fréquentés dans la saison d'été, les moines exerçaient une sorte de juridiction civile dans le cas où une prompte décision judiciaire était requise ; ou bien encore pour l'accomplissement des premières formalités qui précèdent l'action plus régulière des autorités compétentes. Or, on n'eut pas plutôt reconnu qu'il y avait lieu de soupçonner un crime que le brave supérieur prit les mesures nécessaires pour rendre publiques les premières investigations.

On constata d'abord l'identité du cadavre avec la personne de Jacques Colis, riche propriétaire du pays de Vaud. Ce témoignage fut corroboré

non-seulement par les déclarations unanimes des voyageurs, mais encore par l'un des muletiers auquel il avait ordonné de lui faire tenir une mule toute prête à Aoste. On se rappelle, en outre, que Pierre l'avait vu à Martigny au moment où il s'apprêtait à franchir le passage de la montagne. Il ne restait d'autres traces de sa mule que quelques empreintes qu'on pouvait aussi bien attribuer aux montures des autres voyageurs qu'à la sienne en particulier. Le genre de mort auquel le malheureux avait succombé n'admettait pas le moindre doute. Le corps portait les traces de plusieurs blessures, et un couteau, du genre de ceux que portent avec eux les voyageurs de basse condition, était resté enfoncé dans le dos de manière à ne point laisser supposer un instant une idée de suicide. Les vêtements en désordre, déchirés et souillés, attestaient une lutte désespérée, mais rien ne semblait avoir été volé. On trouva dans ses poches quelques pièces d'or en nombre suffisant pour écarter toute idée de vol.

— Ceci est étrange, observa le supérieur à ce point de l'enquête ; la cause qui pousse tant de créatures à la damnation de leur âme n'est pour rien dans cet assassinat qui ressemble plutôt à un acte de vengeance qu'à un excès de cupidité. Cherchons s'il y a d'autres preuves dans cette horrible tragédie.

Mais leurs recherches demeurèrent sans résultat. Et en effet il eût été difficile de suivre les traces d'une armée au milieu de ces fragments, sur des rochers ferrugineux. Il n'y avait d'autres taches de sang qu'à l'endroit même où le corps avait été trouvé. L'intérieur du charnier n'offrait pas davantage d'évidence de la scène sanglante dont ses murs avaient été le théâtre. Les ossements des squelettes qui y reposaient depuis longtemps gisaient épars et brisés ; mais, comme il arrivait souvent aux curieux de s'arrêter là et de prendre pour les examiner ces débris de la race humaine, cette circonstance ne pouvait conduire à aucun indice révélateur.

L'intérieur du bâtiment était sombre et obscur, comme il convenait à sa destination. Pendant que l'enquête se poursuivait activement, le moine et les deux gentilshommes, qui prenaient un vif intérêt à ces investigations, étaient groupés tous trois à l'ouverture de la hutte. L'un des cadavres était disposé de telle sorte que ses restes momifiés recevaient la lumière directe des pâles rayons du matin qui pénétraient dans l'antre de la mort à travers l'ouverture. Il était adossé, comme ceux qui tenaient encore ensemble, contre la paroi artificielle du mur. La lumière semblait en ce moment détendre les os maxillaires de la tête en un hideux sourire qui fit reculer le baron et son ami.

— C'est le squelette du pauvre vigneron, dit le moine, auquel ce spectacle était plus familier, celui qui s'est endormi sur le rocher pour ne plus se réveiller. Bien des prières ont été dites pour le repos de son âme, mais l'enveloppe charnelle n'a jamais été réclamée. Mais que veut dire ceci ? Tu as tout récemment parcouru ce sentier, Pierre, combien y avait-il de cadavres à ta dernière visite ?

— Trois, révérend économe, mais, les dames en ayant désigné quatre, je n'ai trouvé de plus que celui du pauvre Jacques Colis.

— Approche ici et dis-nous s'il ne te semble pas de voir deux dans ce coin là-bas, là où le cadavre de ton camarade a été placé par respect pour son état. En tout cas il a été changé de position.

Pierre, ôtant son bonnet par respect pour les personnes qui étaient devant lui, avança la tête dans l'obscurité ; puis se retirant précipitamment :

— Mon père, dit-il, il y en a un nouveau bien certainement, quoique je ne l'aie pas remarqué lorsque nous sommes entrés pour la première fois.

— Il aura péri la nuit dernière en prenant la hutte des morts pour celle des vivants, s'écria le supérieur.

— En ce cas le crime serait plus grave encore que nous ne l'eussions supposé ; il faut éclaircir ce fait !

Les serviteurs du couvent et Pierre, qui était bien connu d'eux, pénétrèrent de nouveau dans le charnier, tandis que ceux du dehors attendaient avec impatience le résultat de leurs recherches. Un cri parti de l'intérieur vint les préparer à quelque nouveau sujet d'étonnement et d'horreur ; et Pierre et ses compagnons reparurent presque aussitôt traînant au grand jour un être vivant dans lequel les deux gentilshommes reconnurent aussitôt les traits doux et calmes mais le regard inquiet et soupçonneux de Balthazar.

Aux premiers mouvements de surprise succédèrent de graves soupçons. Le baron, les deux Génois et le moine avaient tous été témoins de la scène arrivée sur la grande place de Vevey. La personne du bourreau leur était donc devenue familière par cet événement et par leur traversée sur le lac ; sa présence dans un pareil lieu et après la découverte du cadavre de Jacques Colis semblait indiquer que sur-lui devait se concentrer toute l'enquête relative au meurtre.

Nous ne nous arrêterons pas à raconter les détails de l'interrogatoire. Lorsqu'il fut terminé les deux nobles reprirent leurs montures, le père Xavier se mit à la tête de la cavalcade, qui se dirigea vers le sommet du passage, conduisant Balthazar prisonnier. On laissa le corps de Jacques Colis à son dernier lieu de repos où tant d'enveloppes charnelles comme la sienne s'étaient mêlées aux premiers éléments de leur origine, pour y attendre que ceux qui s'étaient intéressés à lui pendant sa vie vinssent réclamer ses restes après sa mort.

L'ascension du lieu de refuge au couvent est la plus difficile et du passage par sa pente perpendiculaire. Bientôt on aperçut le toit du couvent, suspendu au-dessus de la marge nord de la gorge et semblable à toutes ces masses ferrugineuses qui l'entourent et qui donnent à toute cette région un aspect sauvage et fantastique. La dernière rampe, taillée à pic, formait une sorte d'échelle que les mules gravissaient péniblement en en soufflant de tous leurs poumons. Cette dernière passe franchie, la petite troupe se trouva enfin sur la partie la plus élevée du plateau. Une minute suffit pour les amener de là à la porte du couvent.

## CHAPITRE XXV.

L'arrivée de Sigismond et des jeunes filles avait précédé d'une heure celle des autres voyageurs. Ils furent accueillis avec toute l'hospitalité qui faisait la renommée du célèbre couvent et que n'ont pu lasser les visiteurs importuns et grossiers ; les bons moines se trouvaient heureux cette fois de rompre la monotonie de leur solitude par des relations momentanées avec des convives d'une classe supérieure. Le bon supérieur avait tout ordonné à l'avance pour que rien ne manquât à leur réception, car sur la crête du Saint-Bernard le prestige du rang et de la considération dont jouissent au milieu du monde les privilégiés se fait sentir encore dans l'accueil que l'on y reçoit. Quoiqu'une bienveillance toute chrétienne s'étendît aux plus infimes serviteurs, la riche héritière de Willading, mon généralement connu et honoré entre les Alpes et le Jura, fut reçue avec l'empressement et la déférence qui trahissent la pensée secrète en dépit des formes conventionnelles.

Toutes ces distinctions furent perdues pour Sigismond, dont l'esprit était trop préoccupé des événements de la matinée. Confiant donc Adélaïde et sa sœur aux soins de leurs femmes, il sortit aussitôt pour guetter l'arrivée des autres voyageurs.

Comme nous l'avons déjà dit, l'origine du vénérable couvent du Saint-Bernard remonte à l'époque la plus reculée du christianisme. Élevé sur le bord du précipice dont la rampe forme la dernière élévation du col, sa construction est haute, resserrée, et ses matériaux ont été arrachés aux flancs ferrugineux des rochers. La façade se développe parallèlement à la gorge au-dessus de laquelle il s'élève, tandis que la partie postérieure domine le Valais. Devant sa principale entrée, le rocher s'élève en une sorte de bloc irrégulier que traverse la route qui conduit en Italie. Une fois qu'on a atteint cette partie de la route, le sentier commence à descendre de l'autre côté, et à cette époque les particules d'un banc de neige amoncelées devant la porte du couvent, et qui avaient résisté aux rayons du soleil, se fondaient en diverses rigoles qui serpentaient les unes dans la vallée du Rhône, les autres vers le Piémont, se grossissant dans leur course d'autres petits ruisseaux, devenant des torrents, des rivières, des fleuves, traversant par des détours sinueux et innombrables les plaines de France et d'Italie pour se confondre de nouveau dans le bassin gigantesque de la Méditerranée. En partant du couvent, le sentier descend entre la base du rocher à droite et un petit lac limpide à gauche qui occupe presque entièrement la vallée à laquelle aboutit la gorge encaissée. Il disparaît ensuite entre les crevasses du roc à l'autre extrémité du col, point où le superflu de ses eaux glisse rapidement en un petit ruisseau le long des flancs brûlés des Alpes. C'est sur le bord opposé de ce lac, à une longue portée de fusil du couvent, que l'on rencontre la frontière d'Italie, près des ruines d'un temple que les Romains avaient élevé à Jupiter dans ses attributs de régulateur des tempêtes.

Tel était le tableau qui s'offrit à la vue de Sigismond lorsqu'il quitta le couvent pour tuer le temps jusqu'à l'arrivée de l'autre partie de la caravane. La matinée était moins avancée que ne l'auraient fait supposer les rayons ardents du soleil, qui dardaient depuis une heure sur le toit de l'hospice. Sigismond avait appris d'un de ses serviteurs qu'une bande d'individus comme on en rencontre par centaines dans la belle saison avait passé la nuit dans les dortoirs et déjeunait actuellement dans le réfectoire des paysans, et il voulait se soustraire aux questions que la curiosité ne manquerait pas de lui faire adresser lorsqu'on apprendrait l'aventure de la montagne. Un des frères caressait quatre ou cinq énormes mâtins qui sautaient et jappaient devant le couvent tandis que le vieil Uberto se promenait au milieu d'eux avec l'allure grave qui convenait à son âge et à son expérience. Dès qu'il aperçut son hôte, le frère quitta les chiens, et soulevant son capuchon il lui donna le salut du matin, auquel celui-ci répondit cordialement ; et, charmé de rencontrer une occasion telle qu'il l'eût désirée, il entama la conversation pendant qu'ils se promenaient tous deux sur le bord du lac touchant au sentier qui traverse le col.

— Vous paraissez jeune dans votre ordre charitable, mon frère ? dit le soldat après quelques échanges de politesses ; cet hiver sera sans doute l'un des premiers que vous aurez passés à votre poste d'humanité ?

— Ce sera le huitième hiver de mon noviciat. On nous habitue de bonne heure à ce genre de vie que nous menons, et souvent nulle pratique au monde ne peut faire supporter aux poumons de quelques-uns de nous les effets de cet air raréfié et du froid rigoureux. Nous descendons parfois à Martigny pour respirer un air plus approprié à la constitution de l'homme. Vous avez essuyé un violent ouragan la nuit dernière.

— Si violent que nous devons remercier Dieu d'y avoir échappé et de pouvoir aujourd'hui jouir de votre bienveillante hospitalité. Y avait-il d'autres voyageurs que nous dans la montagne ou vous en est-il venu d'Italie ?

— Nul n'est venu d'Aoste, et nous ne possédons que ceux qui sont installés en ce moment au réfectoire public. La saison des voyageurs est passée, et nous ne voyons plus ici que ceux que des affaires urgentes poussent à courir les hasards d'une température inconstante. L'été nous héberge nous jusqu'à mille convives.

— Ceux que vous accueillez ainsi, mon frère, doivent être reconnaissants, car la nature ici ne semble pas vous favoriser de ses dons.

Tous deux se mirent à contempler les vastes amas de roches nues et décharnées, et ils sourirent lorsque leurs yeux vinrent à se rencontrer.

— La nature ne donne ici absolument rien, répondit le moine ; le combustible même, dont nous avons tant besoin, nous arrive de très-loin, transporté à dos de mulet. Heureusement que nous possédons encore quelques-uns de nos anciens et riches privilèges, et...

Le moine nous parut hésiter.

— Vous alliez dire, mon frère, que ceux qui ont les moyens de témoigner leur reconnaissance n'oublient pas toujours les besoins de ceux qui exercent la même hospitalité sans posséder les mêmes ressources ?

L'Augustin s'inclina en signe d'assentiment, et désignant du doigt la frontière d'Italie et les ruines de l'ancien temple, dont ils s'étaient rapprochés, il attira l'attention de son compagnon sur un animal qui paraissait et disparaissait dans les anfractuosités du sentier.

— Serait-ce un chamois ? s'écria Sigismond, dont l'instinct de chasseur précipitait l'ardeur ; ah ! si j'avais mes armes !...

— C'est un chien, quoiqu'il n'appartienne pas à la race de nos montagnards. Les mâtins de l'hospice auront manqué aux devoirs de l'hospitalité, et la pauvre bête est sans doute réduite à attendre son maître dans cet endroit écarté ; et le voici qui sort de l'hospice avec ses camarades, c'est sans doute ce qui a fait sortir le chien de sa cachette.

Sigismond aperçut effectivement trois individus qui quittaient le couvent et qui prenaient le chemin de l'Italie. Un soudain et douloureux soupçon traversa son esprit. Le chien n'était autre que Neptune, qui descendait avec l'allure et la physionomie de son maître.

— Vous savez, mon frère, dit-il d'un air embarrassé, car il lui répugnait d'accuser Maso d'un crime, quoiqu'il eût compati au sort malheureux de Jacques Colis ; vous savez qu'un meurtre a été commis dans la montagne ?

Le moine indiqua par un signe de tête qu'il en était instruit. Sigismond lui raconta brièvement les circonstances qui lui étaient connues, sa première rencontre sur le lac avec l'Italien et les incidents qui en avaient été la suite.

— Tout le monde entre ici et en sort sans qu'on lui fasse aucune question, reprit le moine lorsque celui-ci eut terminé. Notre couvent a été fondé pour exercer la charité, et nous prions pour le pécheur sans nous enquérir de l'énormité du crime. Cependant nous possédons l'autorité, et c'est un de nos devoirs les plus sérieux de surveiller les sentiers, afin que notre but puisse être rempli sans obstacle. Je vous laisse donc libre d'agir comme vous le jugerez convenable ou prudent dans une affaire aussi délicate.

Sigismond ne répondit pas; mais comme les voyageurs se rapprochaient, sa résolution fut bientôt prise. L'obligation qu'il devait à Maso précipita sa décision, jaloux qu'il était d'écarter tout sentiment personnel dans l'accomplissement d'un devoir où il s'agissait du reste de l'avenir de toute sa famille. Se plaçant au milieu du sentier, ainsi que le moine, qui vint se placer à côté de lui, il attendit résolument l'arrivée des trois individus. Lorsqu'il put distinguer leurs traits, il reconnut que les compagnons d'il Maladetto n'étaient autres que Pippo et Conrad. Leurs diverses rencontres l'avaient suffisamment identifié avec le caractère de ces deux personnages, et il commença à croire que la tâche qu'il avait entreprise était plus grave qu'il ne l'avait pensé tout d'abord. S'ils étaient disposés à faire résistance, il restait seul contre eux trois.

— Buon giorno, signor capitano, s'écria Maso soulevant son bonnet dès qu'il fut assez près de ceux qui défendaient le sentier; nous nous rencontrons souvent, il paraît, et par tous les temps, le jour, la nuit, sur terre et sur mer, dans la vallée comme sur la montagne, à la ville ou sur ce rocher stérile, suivant les décrets de la Providence. De même que les chances diverses éprouvent le caractère des hommes, peut-être arriverons-nous à nous connaître avec le temps!

— C'est bien raisonné, Maso, quoique pourtant il soit plus facile de te rencontrer que de te comprendre.

— Je suis amphibie, signor; comme Neptune, je suis tantôt sur terre, tantôt sur mer. Comme disent les savants, je ne suis pas encore classé. Voilà une belle journée pour nous récompenser d'une mauvaise nuit passée, et la descente nous paraîtra plus agréable que l'ascension. Je donnerai l'ordre à l'honnête Giacomo d'Aoste de préparer le souper, de bassiner les lits pour la noble société que nous précédons. Vous atteindrez son auberge au moment où vos jeunes et belles dames penseront au sommeil.

— Maso, je te croyais avec nous lorsque nous avons quitté ce matin le Refuge?

— Par san Thomaso! signor, j'avais aussi la même opinion que vous à ce sujet.

— Il semblerait que tu as été sur pied de bonne heure pour nous devancer à ce point.

— Dame! voyez-vous, brave signor Sigismondo, car vous êtes brave, je le sais, et dans l'eau le meilleur et le plus déterminé nageur après Neptune; je suis voyageur, et le temps est précieux pour moi comme une partie de ma fortune. Nous autres loups de mer, nous sommes tantôt riches, tantôt pauvres, comme il plaît au vent de souffler, et depuis quelque temps je n'ai fait que lutter contre des vents contraires ou des vagues agitées. Une heure bien employée dans la matinée donne souvent à un homme de mon espèce un meilleur repas et un lit plus doux pour le soir. Je vous ai laissés dans le Refuge tous profondément endormis, y compris les mules (Maso se mit à rire de sa plaisanterie), et j'atteignis le couvent comme le premier rayon du soleil pointait sur ce pic blanc que vous voyez là-haut.

— Puisque tu nous as quittés sitôt, tu n'as pas appris sans doute que le corps d'un homme assassiné a été trouvé dans la hutte des morts, bâtiment tout près de celui où nous avons dormi, et que c'est le cadavre d'un homme que nous connaissons?

Sigismond s'exprimait avec fermeté pour arriver peu à peu à l'exécution de son projet, et pour faire comprendre à l'autre qu'il parlait sérieusement. Maso tressaillit. Il fit un mouvement en avant si peu équivoque, comme un homme qui prend ses mesures pour se frayer un passage, que le jeune soldat leva le bras pour le repousser; mais toute violence devint inutile, car le marin s'arrêta aussitôt et parut plus disposé à écouter.

— Là où il y a eu crime, Maso, il y a eu aussi un meurtrier.

— L'évêque de Sion n'eût pas mieux démontré la vérité à un pécheur que vous ne le faites en ce moment, signor Sigismondo! Votre manière d'aborder la question me conduit à vous demander ce que je puis avoir à faire dans tout ceci.

— Il y a eu un meurtrier, Maso, et l'on est à sa recherche. Le mort a été trouvé près du lieu où tu as passé la nuit. Je ne te cacherai pas les fâcheux soupçons qu'une coïncidence fatale...

— *Diamine!* où avez-vous vous-même passé la nuit, brave capitano, si je puis être assez hardi pour questionner mon supérieur? Où le noble baron de Willading s'est-il reposé, et sa fille, et son ami, plus noble et plus illustre que lui, et Pierre le guide... et.... et encore les mules nos amies?

Maso rit de nouveau en répétant cette grossière plaisanterie, qui déplut à Sigismond et qui lui parut forcée.

— Cette raison peut te suffire, malheureux, mais elle n'en convaincra pas d'autres. Tu étais seul, tandis que nous voyagions ensemble; si l'on en juge par ton extérieur, tu n'es guère favorisé de la fortune, nous sommes plus heureux que toi. Tu as eu hâte de partir avant le jour, et tu sembles vouloir te sauver en ce moment lorsque la découverte du crime est due à nos investigations. Il faut que tu retournes au couvent jusqu'à ce que cette grave enquête soit terminée.

Il Maladetto parut troublé. Deux ou trois fois son œil erra de la forme athlétique du jeune homme aux détours du sentier. Sigismond, sans perdre de vue ses mouvements ni ceux de ses compagnons de route, conservait son attitude calme et ferme. D'une résolution prompte, habitué aux exercices violents et confiant dans sa force physique, il n'était pas homme à se laisser intimider. A la vérité, les compagnons de Maso se conduisaient de manière à n'exciter aucune nouvelle appréhension sur leur compte, car, dès qu'ils entendirent parler de meurtre, ils s'éloignèrent un peu de lui comme saisis d'horreur pour l'homme soupçonné d'un semblable crime. Ils se concertaient à voix basse, et profitant de leur position derrière l'Italien, ils insinuèrent par signes à Sigismond qu'ils étaient prêts à lui prêter assistance. Cette promesse de renfort, quoiqu'elle lui vînt de gens assez mal famés, le satisfit néanmoins, car il établissait assez de différence entre le crime audacieux et la simple friponnerie pour pouvoir compter sur leur secours en cette occasion.

— Tu retourneras au couvent, Maso, continua le jeune soldat, qui était bien aise au fond d'éviter un conflit avec un homme auquel il devait, lui et ceux qu'il aimait, un si grand service, mais résolu néanmoins d'accomplir son devoir coûte que coûte; le pèlerin et son compagnon viendront aussi avec nous, afin que lorsque nous redescendrons les uns et les autres ce soit avec une conscience libre de tout soupçon.

— Signor Sigismond, la proposition est convenable et se présente sous une apparence de raison, j'en conviens, mais malheureusement elle ne s'accorde pas avec mes intérêts. Je suis engagé dans une mission délicate, et j'ai déjà perdu trop de temps pour pouvoir en être prodigue de nouveau sans raison plausible. Je plains beaucoup le pauvre Jacques Colis.

— Ah! tu connais donc le nom de la victime! ta langue vient de te trahir, Maso!

Il Maladetto se troubla de nouveau, ses traits le trahirent, car il fronça son front comme un homme qui vient de porter une grave atteinte à ses propres intérêts. Sa complexion olivâtre devint plus terne, et il sembla à son interrogateur que son œil fuyait la fixité de son regard. Mais l'émotion fut rapide, un frisson l'agita passagèrement, comme pour chasser un sentiment de faiblesse, puis il reprit son attitude calme et composée.

— Tu ne réponds pas à ma question?

— Signor, vous avez ma réponse, mes affaires m'appellent et ma visite au couvent du Saint-Bernard est déjà faite. Ma destination est le val d'Aoste, et je serais heureux de porter vos ordres au digne Giacomo. Je n'ai qu'un pas à faire pour me trouver dans les Etats de la maison de Savoie, et avec ou sans votre permission, galant capitaine, je prendrai congé de vous.

Maso, dès qu'il eut achevé, s'inclina un peu comme pour passer à côté de Sigismond, mais au même moment Pippo et Conrad se jetèrent sur lui et saisissant chacun un de ses bras, ils les clouèrent à ses côtés. Le visage de l'Italien devint livide, et il sourit de pitié et de haine. Rassemblant toutes ses forces dans un violent effort, il se débattit avec l'énergie et le courage d'un héros, en criant:

— Neptune, à moi, Neptune!

La lutte fut courte, mais décisive. Lorsqu'elle fut terminée, Pippo était étendu sanglant entre les rochers, la tête brisée, et le pèlerin à moitié étranglé sous la rude étreinte de l'animal. Maso se redressait, pâle, les sourcils contractés, comme un homme qui vient de déployer tout ce que la nature lui a donné d'énergie physique et morale pour affronter un danger.

— Suis-je donc une brute, pour être ainsi souillé par l'écume de la terre? s'écria-t-il. Si vous m'en voulez personnellement, signor Sigismond, levez votre bras, mais ne frappez pas avec ceux de ces reptiles, vous trouverez en moi votre égal en force et en courage.

— Cette attaque sur ta personne, Maso, n'a pas été commise par mes ordres, répliqua celui-ci en rougissant. Je me crois assez fort pour t'arrêter sans aucun secours; et dans tous les cas, voici venir d'autres assistants auxquels tu ne croiras pas devoir résister.

Dès le commencement de la lutte, le moine s'était empressé de monter sur un fragment de rocher d'où, au moyen d'un signal particulier, il avait attiré tous les chiens du couvent. Ces puissants animaux descendaient en masse compacte, sachant par leur instinct qu'il s'agissait d'une lutte à soutenir. Neptune lâcha aussitôt le pèlerin et se mit sur la défensive, trop fidèle pour abandonner son maître dans le péril, mais comprenant l'inégalité de la lutte. Fort heureusement, l'amitié du vieil Uberto protégea le noble animal contre toute agression. Lorsque les jeunes chiens virent les dispositions amicales de leur chef, ils s'abstinrent de toute attaque offensive, attendant du moins qu'un second signal la leur commandât. Cependant Maso avait eu le temps de se reconnaître et de prendre une décision moins influencée par la surprise et les sensations du premier moment.

— Signor, reprit-il, puisque tel est votre bon plaisir, je retournerai chez les Augustins. Mais je demande comme de toute justice, que si je dois être chassé par des chiens comme une bête fauve, tous ceux qui se trouvent dans la même position que moi soient assujettis aux mêmes règlements. Ce pèlerin et le Napolitain ont gravi hier la montagne en même temps que moi; je demande donc qu'ils soient arrêtés jusqu'à ce qu'ils aient aussi rendu compte de l'emploi de leur temps. Ce ne sera pas la première fois que nous habiterons ensemble la même prison.

Conrad se signa pour preuve de sa soumission, et ni lui ni Pippo n'élevèrent d'objection contre cette demande. Tous deux s'empressèrent au contraire d'en reconnaître la justesse.

— Nous sommes de pauvres voyageurs sur la tête desquels bien des accidents sont déjà tombés, et nous avons bien aussi d'atteindre le but de notre voyage, dit le pèlerin; mais que justice soit faite, et nous nous soumettrons sans murmurer. Je suis chargé des péchés de bien d'autres sans compter les miens, et saint Pierre peut seul dire combien ils sont lourds à porter. Ce saint homme ne refusera pas de faire dire des messes à leur intention dans la chapelle de son couvent, et dans ce cas je me livre entre vos mains comme un enfant sans défense.

Le brave Augustin protesta de ses bonnes dispositions pour prier en faveur des pénitents, sous la seule réserve qu'ils fussent chrétiens. La paix fut conclue au moyen de ce compromis, et ils reprirent ensemble le chemin du couvent. En y arrivant, Maso et les deux individus trouvés en sa compagnie furent placés en sûreté dans l'une des chambres de l'édifice, jusqu'à ce que le retour du supérieur leur permît de prouver leur innocence.

Sigismond satisfait de la résolution qu'il avait prise dans cette affaire se promenait dans la chapelle, où, à cette heure matinale, quelques-uns des frères disaient des messes pour le repos des âmes décédées. Il y était encore lorsqu'il reçut un petit billet du signor Grimaldi, qui lui apprenait l'arrestation de son père et les graves soupçons qui planaient sur sa tête. On comprend le choc que cette nouvelle inattendue produisit sur son esprit. Il éprouva un moment d'angoisse imperceptible, et reconnut l'urgence de prévenir sa sœur avant qu'elle reçût le coup par une voie étrangère, car les personnes restées en arrière pour l'enquête allaient bientôt reparaître.

Il chercha d'abord à obtenir une entrevue avec Adélaïde.

Mademoiselle de Willading fut frappée de la pâleur et de l'air agité du jeune soldat.

— Tu t'es laissé affecter par ce coup inattendu, mon cher Sigismond, dit-elle affectueusement en lui offrant sa main, car elle ne jugea pas nécessaire dans un semblable moment d'affecter de la froideur; ta sœur est tranquille actuellement, sinon heureuse.

— Elle ne sait pas le pire, elle n'a pas encore appris toute l'affreuse vérité, Adélaïde! On a trouvé un homme caché au milieu des squelettes du charnier, et on l'amène ici sous l'inculpation du meurtre du pauvre Jacques Colis.

— Un autre! dit Adélaïde pâlissant de terreur, sommes-nous donc entourés d'assassins?

— Non! cela ne peut être! Je connais trop bien la douceur de caractère de mon père; sa tendresse habituelle pour tous ceux qui l'entouraient, son horreur à la vue du sang, même dans l'accomplissement de son horrible tâche.

— Comment, Sigismond, ton père?

Le jeune homme soupira, il cacha sa tête dans ses mains et tomba sur un banc. L'affreuse vérité avec toutes ses conséquences commença à apparaître aux yeux d'Adélaïde. Elle s'assit aussi, accablée par tant d'infortune. La Providence semblait appesantir sa colère sur tous les membres de cette famille pour combler la mesure de leur infamie. Son cœur, loin de changer, semblait au contraire puiser dans cet incident une nouvelle résolution au secret dessein qu'elle y nourrissait depuis le commencement du voyage, et jamais elle ne fut plus décidée à sacrifier des espérances de grandeur pour vouer sa vie entière à le consoler des torts de la société à son égard.

Bientôt Sigismond retrouva assez de présence d'esprit pour entrer dans les détails des événements tels que la note de l'Italien les lui avait reproduits. Ils se concertèrent ensuite sur ce qu'il convenait d'apprendre ou de taire à Christine.

— Dites-lui toute la vérité, ajouta Sigismond, on ne pourrait la lui cacher longtemps, et il vaut mieux qu'elle l'apprenne en une seule fois; mais dites-lui aussi que je n'ai pas douté un seul instant de l'innocence de notre père. Dieu, par l'un de ces desseins cachés qui dépassent l'intelligence humaine, en a fait un bourreau, mais il n'a pas étendu la malédiction sur son caractère. Crois-moi, chère Adélaïde, il n'existe pas au monde une nature plus douce, plus aimante que celle du pauvre Balthazar. J'ai entendu raconter à ma mère les nuits d'angoisses qui ont précédé les jours où il était appelé à accomplir les horribles devoirs de sa charge, et souvent la pauvre femme nous a déclaré qu'elle avait souhaité notre mort à tous, pourvu que nous quittassions innocents ce monde d'iniquités, et que notre père échappât au renouvellement de ses tortures morales.

— Il est bien fâcheux qu'il se soit trouvé là dans un moment si inopportun. Quel peut être le motif qui a conduit ton père dans ce lieu et à une heure inexplicable?

— Christine te dira qu'elle s'attendait à le rencontrer au couvent. Nous sommes une race de proscrits, mademoiselle de Willading, mais nous sommes humains.

— Cher Sigismond!

— Pardonnez-moi l'amertume de mes paroles; mais il y a des moments où mes souffrances morales me poussent à considérer l'espèce humaine comme notre plus grand ennemi. Christine est fille unique; et, bonne, aimée comme vous l'êtes, vous n'êtes pas plus chère au baron de Willading qu'elle ne l'est à nous tous. Son père et sa mère l'ont abandonnée à votre généreuse bienveillance, car ils pensent que c'est

pour son bien, mais cette séparation a été déchirante pour leurs cœurs sensibles. Vous ne l'avez pas su, mais Christine a donné à sa mère le dernier baiser d'adieu au village de Liddes sur la montagne, et il a été convenu entre eux que son père la suivrait jusqu'au passage du col et qu'il lui donnerait sa bénédiction au val d'Aoste. Vous, mademoiselle, vous pouvez jouir avec orgueil des témoignages d'affection de ceux qui vous entourent; tandis que les êtres sur lesquels planent le mépris et la honte sont contraints de dissimuler jusqu'à leurs démonstrations de tendresse. L'amour de Balthazar passerait pour une dérision aux yeux du vulgaire. C'est ainsi qu'est malheureusement placé l'homme dans ses habitudes et dans ses principes lorsque l'injustice usurpe la place du droit.

Adélaïde, reconnaissant que le moment n'était pas propice pour chercher des paroles de consolation, s'abstint de répondre. Elle se réjouit néanmoins de voir la présence du bourreau si bien interprétée; mais elle ne put cependant se défendre de penser que la faiblesse inhérente à la nature humaine, qui transforme soudainement nos meilleurs sentiments en mauvaises passions, eût cette brusque séparation forcée de sa fille n'eussent poussé Balthazar dans sa rencontre fortuite avec l'homme qui avait causé tous ses maux et ne l'eussent fait se livrer à quelque violente impulsion de haine et de vengeance. Elle reconnut que Sigismond lui-même, en dépit de sa grande confiance dans les principes de son père, conservait un léger soupçon sur la probabilité d'un semblable événement, et que tout en protestant de sa confiance dans l'innocence de l'accusé, il n'en redoutait pas moins les fatales conséquences. L'entrevue terminée, ils se séparèrent, chacun d'eux s'efforçant de trouver quelques raisons plausibles pour expliquer tout ce qui venait de se passer.

Peu de temps après, le groupe qui était resté au lieu de refuge apparut sur le plateau du rocher et communiqua aux parties intéressées les explications ressortant de leurs dernières investigations. Les chefs de la confrérie et les deux nobles tinrent conseil sur la marche la plus expéditive qu'il convenait de prendre, chacun donnant l'avis que sa prudence et son expérience lui suggéraient.

Le résultat en fut connu quelques heures plus tard. On proclama dans tout le couvent qu'une grave et légale enquête allait avoir lieu dans toutes les formes judiciaires et dans le plus bref délai possible.

Le col du Saint-Bernard, comme il a déjà été dit, fait partie du territoire de Berne; mais à l'époque de notre histoire il était enclavé dans les États alliés du Valais. Le crime ressortissait donc à la juridiction de ce canton; mais comme le Valais faisait en toutes circonstances cause commune avec la Suisse, il existait entre les deux cantons un accord cordial: au point que, si une grave accusation s'élevait contre un citoyen de l'un ou de l'autre, on observait une grande déférence pour les droits et les franchises du pays de l'accusé. En conséquence, des messagers furent dépêchés à Vevey pour y informer les autorités: qu'une instruction commençait contre un officier du Grand-Canton (car tel était le titre de Balthazar), dans laquelle il s'agissait du meurtre d'un citoyen de Vaud. La même information fut adressée à Sion, les deux endroits étant à égale distance du couvent, avec injonction aux autorités de se hâter, afin de former immédiatement le conseil juridique.

Melchior de Willading, dans une lettre à son ami le bailli, en lui donnant une connaissance sommaire des faits qui réclamaient sa présence, insistait sur la nécessité de ne pas prolonger le séjour d'Adélaïde sur la montagne, et sur l'importance de la présence d'un haut dignitaire. Le supérieur du couvent adressa lui-même des invitations semblables aux chefs de sa propre république. La justice à cette époque reculée n'était pas administrée avec autant de franchise et de publicité qu'aujourd'hui. Ses actions étaient enveloppées d'épaisses ténèbres. La déesse aveugle était plus renommée pour les décrets qu'elle rendait que pour les principes sur lesquels elle les avait fondés.

Ces brèves explications données, nous remettrons au chapitre suivant le récit des événements qui se déroulèrent trois jours plus tard.

## CHAPITRE XXVI.

Il existe un autre lieu de repos pour les morts sur le grand Saint-Bernard; ce petit cimetière est adossé au couvent. A la fin de la période mentionnée dans le précédent chapitre, et presque à la tombée de la nuit, Sigismond se promenait au milieu des rochers sur lesquels s'élève cette petite chapelle; il était plongé dans les réflexions que réveillaient en lui sa vie passée et les événements plus récents dont il avait été le témoin.

La neige qui était tombée pendant le dernier ouragan avait totalement disparu, et n'était visible que sur les aiguilles les plus élevées des pics alpestres. Le crépuscule couvrait déjà les vallées inférieures, tandis que la région supérieure resplendissait encore des derniers rayons du soleil couchant. L'air était vif, car dans cette saison et à cette heure du soir, quel que soit l'état de l'atmosphère, le froid devient intense dans la gorge du Saint-Bernard. Mais le vent, quoique vigoureux, était balsamique et doux, ayant traversé les plaines brûlantes de la Lombardie, et s'étant imprégné des molécules humides de l'Adriatique et de la Méditerranée. Il arrivait parfumé aux organes olfactifs du jeune homme, qui l'aspirait à pleine poitrine et l'accueillait comme un parfum d'espérance et de bonheur. La plus grande partie de son existence s'était écoulée dans cette chaude contrée, et il puisait dans l'air qu'elle lui envoyait l'oubli des mauvaises heures et le souvenir des plaisirs et des illusions de la jeunesse. Mais lorsque, se retournant vers le nord, son regard tombait sur les piliers brumeux qui caractérisaient sa terre natale, il n'embrassait que des roches brisées et déchirées par les tempêtes; des pics de glaces, de tristes vallées profondes comme des ravins, des gouffres et des précipices sans fond, des grottes sombres comme les autres des génies du mal, et alors il lui semblait voir retracer sur tous ces fragments du chaos les orages et le néant de sa vie; et l'avenir lui apparaissait obscur et sombre, comme la froide pierre du tombeau qui ne recouvre que des ossements humains.

Tout était silencieux à l'intérieur comme au dehors du couvent, la montagne avait cet aspect imposant d'une profonde solitude au milieu de la plus sauvage magnificence de la nature. Peu de voyageurs avaient paru depuis l'ouragan, et heureusement pour ceux qui dans les circonstances particulières où ils se trouvaient placés, désiraient l'isolement, ces rares passagers s'étaient aussitôt dispersés dans les diverses directions où les appelaient leurs affaires. Il ne restait donc sur le col que les parties intéressées dans l'instruction judiciaire qui devait avoir lieu. Un officier de justice de Sion, portant le costume du Valais, apparut un moment à une fenêtre, comme pour attester que les autorités régulières du pays étaient informées du meurtre; mais il disparut aussitôt, et le jeune homme se trouva de nouveau promeneur solitaire du passage. Les chiens avaient été enfermés dans le chenil, et les révérends moines étaient réunis dans la chapelle pour le service des vêpres.

Sigismond leva la tête dans la direction de l'appartement occupé par Adélaïde et sa sœur, mais comme le moment solennel approchait ou s'allaient dérouler tant d'événements auxquels se rattachaient leur propre sort, les deux jeunes filles semblaient avoir interrompu toute relation mondaine pour se recueillir, et empêcher qu'aucune distraction extérieure ne vint interrompre et troubler leurs invocations au régulateur des destinées terrestres. Jusqu'à ce moment une douce parole, un tendre regard de l'une ou de l'autre de ces deux jeunes filles qu'il aimait ardemment, avaient réchauffé son courage; mais alors il lui semblait qu'elles aussi l'avaient abandonné à sa triste solitude. Repoussant aussitôt cette pensée faible et indigne de lui, il reprit sa marche, et s'avança lentement dans la direction et vers l'entrée de la chapelle des morts. Différent du bâtiment de même nature situé à mi-chemin du sentier, celui-ci était divisé en deux compartiments, l'un extérieur et l'autre intérieur, quoique tous deux fussent ouverts au grand air. Le premier contenait des monceaux d'ossements sans ordre, blanchis par les orages qui s'engouffraient dans les fenêtres sans vitraux. L'autre était consacré à recevoir ceux qui conservaient au moins en apparence quelques formes humaines. Dans le premier se heurtaient en confusion les débris des vieillards et des adolescents, de l'un et de l'autre sexe; là l'orgueil et l'humilité, le vice et la vertu disparaissaient en d'informes fragments. Les murs du second étaient horriblement tapissés d'une vingtaine d'effigies noircies et desséchées de la race humaine, montrant à quel degré repoussant l'enveloppe charnelle peut descendre, lorsqu'elle est privée de ce noble principe vital qui l'élève jusqu'à la Divinité. Sur une table, au milieu d'un groupe de squelettes noirs et grimaçants, était étendu le corps de Jacques Colis, que l'on avait retiré de la hutte, pour apporter un témoignage muet dans l'instruction qui allait avoir lieu. Le corps se trouvait accidentellement placé de telle sorte que le visage était éclairé par un pâle rayon de l'astre sur son déclin. Sigismond contempla longtemps ses traits livides, que contractait encore l'agonie d'une mort violente; tout ressentiment des injures de sa sœur fit place à la pitié que lui inspira la fin subite et malheureuse de cet homme, qu'avait emporté pendant sa vie l'intérêt égoïste des biens matériels de ce monde. Il fut pris de nouveau de la poignante appréhension que son père, cédant à un mouvement irréfléchi de colère, surexcité par les torts accumulés qui pesaient sur lui et les siens, n'eût en réalité cherché sa vengeance dans le crime; cette pensée le fit défaillir, et pour y échapper il sortit et reprit sa promenade du côté du sentier. Des voix humaines parvinrent aussitôt à ses oreilles, et le rappelèrent au souvenir de sa véritable situation.

Un convoi de mules gravissait la dernière pente du sentier à l'endroit où il ressemble par sa position perpendiculaire à une haute échelle. On y voyait encore assez pour distinguer l'ensemble des voyageurs. Sigismond reconnut aisément le bailli de Vevey et sa suite, dont on n'attendait plus que la présence pour commencer l'interrogatoire.

— Belle soirée et heureuse rencontre, herr Sigismond! s'écria Peterchen dès que la mule harassée qui pliait sous son lourd fardeau l'eut amené à portée de la voix. Je ne pensais guère vous revoir sitôt, et je m'attendais encore à voir ce saint couvent; car, comme voyageur, vous auriez pu retourner sur vos pas, mais il aurait fallu un miracle. — Ici le bailli, qui en sa qualité de protestant voulait faire une allusion aux disciples de Rome, cligna malicieusement de l'œil.

— Il aurait fallu un miracle de quelque saint dont les os se sont desséchés depuis des milliers d'années, pour faire descendre le monastère sur les bords du Léman. J'en ai bien vu déjà qui ont quitté Vaud pour traverser les Alpes, et qui sont redescendus forcément pour passer l'hiver à Vevey; mais je n'ai pas encore vu les pierres amoncelées les unes sur les autres quitter leur place sans le secours de l'homme. On dit que les pierres ont particulièrement le cœur dur, mais que néanmoins vos saints ont le pouvoir de les faire remuer.

Peterchen rit de sa grossière plaisanterie, car les hommes puissants ont assez l'habitude de paraître satisfaits de leur propre intelligence, et il se retourna vers sa suite, comme pour lui faire comprendre l'attaque qu'il dirigeait contre les papistes jusque sur leur propre territoire. Lorsqu'il eut atteint la plate-forme du col, il arrêta sa mule, et soufflant comme un bœuf pour reprendre la respiration, il continua:

— Voilà une mauvaise affaire, herr Sigismond, un bien fâcheux événement qui me fait sortir de ma maison par une saison rigoureuse, et qui a arrêté le herr von Willading dans son voyage à travers les montagnes, et cela au moment où il ne fait pas bon de s'arrêter au milieu des Alpes. Comment la belle Adélaïde supporte-t-elle l'air vif du col?

— Dieu merci, herr bailli, la santé du corps n'a jamais été en meilleur état chez cette excellente personne.

— Dieu soit loué en effet! C'est une tendre fleur, et que les froids glacials du Saint-Bernard pourraient enlever subitement. Et le noble Génois, qui voyage avec tant de simplicité comme pour abuser les vains et les orgueilleux, j'espère qu'il a retrouvé le soleil au milieu de nos rochers.

— Il est Italien avant tout et doit nous juger ainsi que notre climat, selon ses habitudes, quoique à vrai dire sa santé paraisse toujours bonne.

— Allons, voilà qui me console un peu! Si la vérité était connue, herr Sigismond! reprit Peterchen se penchant sur sa mule autant que pouvait le lui permettre la rotondité de son ventre; puis se rejetant subitement en arrière, il dit d'un air réservé: Mais c'est un secret d'État, et un enfant légitime de l'État doit savoir le garder. J'aime et j'estime mon ami Melchior de Willading, mais je n'aurais pas visité cette passe si ce n'eût été pour rendre honneur à notre hôte le Génois. Je ne voudrais pas que ce noble étranger quittât nos montagnes avec une impression défavorable de notre hospitalité. L'honorable châtelain de Sion est-il arrivé?

— Il est ici depuis le point du jour, mein herr, et actuellement en conférence avec ceux que vous avez nommés sur le sujet de votre réunion.

— C'est un honnête magistrat, et comme vous, maître Sigismond, de pure origine allemande. Son voyage a-t-il été heureux?

— Je ne l'ai pas entendu se plaindre d'aucun accident.

— C'est bien! Quand un magistrat voyage pour rendre la justice, il a droit à un temps favorable. Tous sont donc en bonne santé. Le noble Génois, l'honorable Melchior et le digne châtelain. Et Jacques Colis?

— Vous connaissez son malheureux sort, herr bailli, répliqua sèchement Sigismond un peu vexé du sang-froid et du flegme du bailli dans une question qui le touchait de si près.

— Si je ne le connaissais pas, herr Steinbach, croyez-vous donc que je saisis ici en ce moment au lieu de me préparer à entrer dans un lit chaud et doux dans ma maison de la grande place de Vevey? Pauvre Jacques Colis! Il a joué un vilain tour aux cérémonies de l'abbaye en refusant de s'unir à la fille du bourreau, et je ne sais pas s'il méritait une aussi pénible fin.

— Dieu nous garde de croire que son manque de foi eût mérité un châtiment aussi cruel.

— Vous pensez comme doit le faire un jeune homme sensible, je dirai même un bon chrétien, herr Sigismond, et j'approuve vos paroles. Refuser d'épouser une femme et être assassiné sont deux choses différentes qu'il ne faudrait pas confondre. Savez-vous si ces Augustins possèdent du kirsch-wasser parmi leurs provisions? C'est un rude travail que de grimper à leur refuge, et une longue marche réclame des rafraîchissements! Enfin s'ils n'en ont, nous nous contenterons des liqueurs qu'ils possèdent. Herr Sigismond, accordez-moi la faveur de votre bras.

Le bailli, dont les membres étaient engourdis, mit pied à terre, et prenant le bras du jeune soldat, il se dirigea lentement vers les bâtiments.

— C'est un crime de conserver de la rancune contre les vivants, mais c'en est un bien plus grand contre les morts. Je vous ferai donc remarquer que j'ai tout à fait oublié la conduite récente du décédé à l'occasion de nos jeux publics, comme il convient à l'impartialité et à la droiture d'un juge. Pauvre Jacques Colis! Ah! la mort est une terrible chose en tout temps, mais mourir d'une manière aussi soudaine, en poste pour ainsi dire, sur un sentier où nous avons tant de peine à mettre un pied devant l'autre, c'est affreux! Voici la neuvième visite que je fais aux Augustins, et je ne leur adresserai pas de compliments sur leurs routes. Le révérend supérieur est-il de retour à son poste?

— Il y est, et il s'est beaucoup occupé des préliminaires de l'instruction.

— L'activité est une de ses grandes vertus, et l'une des plus néces-

4*

saires à celui qui mène la vie d'un montagnard. Vous dites donc que le noble Génois, mon vieil ami Melchior, sa jeune fille Adélaïde et l'équitable châtelain sont sains et saufs et bien reposés ?

— Ils ont lieu, herr bailli, de remercier Dieu que le dernier ouragan et que les orages de leurs cœurs ne les aient pas affectés davantage.

— Or, je voudrais bien que ces Augustins conservassent dans leur cellier de bon kirsch-wasser.

Peterchen entra enfin dans le couvent, où l'on n'attendait que lui pour procéder à l'instruction. Les mules furent mises à couvert, les guides accueillis dans la cuisine des révérends frères, et les autorités se rassemblèrent dans la grande salle.

Nous avons dit que la confrérie de Saint-Bernard était d'origine très-ancienne ; elle fut fondée dans l'année 962 par Bernard Menthon, Augustin canonisé d'Aoste en Piémont, dans le double but de secourir les corps et de sauver les âmes. L'idée d'établir une communauté religieuse au milieu de rocher sauvages, au point le plus élevé où le pas de l'homme eût jamais marqué son empreinte, était digne de la philanthropie bienveillante et de l'abnégation chrétienne. L'expérience semble avoir justifié au delà de toute espérance le noble but de son institution ; des siècles ont passé, la civilisation a subi une variété infinie de changements ; des empires ont été créés et renversés, des trônes se sont écroulés, et la moitié du monde a brisé la chaîne du barbarisme, tandis que ce pieux édifice est resté simple et respectable dans son utilité, tel qu'il fut élevé, le refuge du voyageur et l'abri du pauvre.

Les bâtiments sont vastes : mais comme il a fallu transporter tous les matériaux à dos de mulet sur l'emplacement qu'ils occupent, la base de leur construction consiste principalement dans la pierre ferrugineuse taillée dans le roc ; ils se composaient à l'intérieur, comme ils le sont encore aujourd'hui, de longs corridors donnant issue aux cellules des moines, au réfectoire approprié aux différentes classes de voyageurs, d'appartements de différentes grandeurs, et meublés plus ou moins magnifiquement, selon le rang ou le nombre des convives. Complété par une chapelle gothique d'une grandeur convenable, sans être luxueuse, le couvent contient le confortable et l'hospitalité frugale qui conviennent aux besoins et aux habitudes de la vie mondaine. A part cette libéralité à l'usage des voyageurs, les règles de l'ordre, la nourriture et les habitudes sont monastiques et sévères, conformes en cela à la simplicité sauvage de tout ce qui frappe la vue dans cette région d'hiver et de stérilité.

Nous ne nous arrêterons pas à énumérer tous les échanges de politesse et les protestations cérémonieuses de bon vouloir et de respect qui accompagnèrent la rencontre du bailli de Vevey et du prieur de Saint-Bernard. Peterchen était connu des moines, et quoique protestant et assez libre dans ses plaisanteries contre Rome, il n'en était pas moins généralement connu. Dans toutes les quêtes ou collectes du couvent, il s'était montré libéral et disposé en faveur de l'humanité, même lorsqu'elle servait la cause du pape. L'économe était toujours bien reçu, non-seulement au bailliage, mais dans le château du bailli, et malgré leurs nombreuses escarmouches théologiques, ils se rencontraient et se séparaient toujours en paix. Ce sentiment d'aménité et de bienveillance s'étendait à tous les frères de la communauté ; car il y avait du reste, vu l'expansion naturelle au bailli, un intérêt mutuel à maintenir entre eux la bonne harmonie. A l'époque que nous décrivons, les vastes possessions dont les moines de Saint-Bernard avaient été primitivement dotés étaient déjà considérablement réduites en différentes contrées par des séquestres, particulièrement en Savoie, et ils étaient réduits alors comme aujourd'hui, pour subvenir aux besoins constants des voyageurs, à avoir recours à la libéralité des âmes charitables, et celle de Peterchen n'était pas trop chèrement achetée par quelques plaisanteries qu'il ne poussait jamais jusqu'à la dispute, attendu que dans bien des occasions il avait besoin de lui ou pour ses amis de faire de nombreuses visites au couvent.

— Encore une fois soyez le bienvenu, herr bailli, dit le prieur, et, prenant la main de Peterchen pour le conduire à son oratoire particulier, vous êtes toujours un convive bien reçu sur la montagne, car nous sommes au moins sûrs de posséder un ami.

— Et un hérétique ! ajouta Peterchen riant de toutes ses forces, quoique ce fût au moins la dixième fois qu'il répétait cette plaisanterie ; nous nous sommes souvent rencontrés, herr prieur, et nous nous rencontrerons une dernière fois, je l'espère, lorsque toutes nos pérégrinations à la recherche des bénéfices mondains auront pris fin, et là, où les gens honnêtes se rencontreront tous, malgré le pape, Luther, les livres, les sermons, les avés ou les diables. Cette pensée me réjouit le cœur chaque fois que je vous offre ma main et que je presse la vôtre de bon cœur ; car je n'aimerais pas à croire, père Michel, que, quand nous nous mettrons en route pour le long et dernier voyage, nous dussions prendre alors chacun une route différente. Vous pourrez vous arrêter un peu, si vous le jugez convenable, dans votre purgatoire, séjour de votre invention, et qui doit par conséquent vous aller ; mais j'espère continuer ma route jusqu'à ce que je sois bien installé dans le ciel, pauvre et misérable pécheur que je suis.

Peterchen parleait avec cette confiance de l'homme habitué à exprimer ses sentiments devant des inférieurs qui n'osaient pas ou ne jugeaient pas prudent de contester ses oracles. Il termina sa période par un long éclat de rire qui retentit jusqu'à la voûte de l'oratoire.

Le père Michel prit tout en bonne part et répondit, comme il en avait l'habitude, avec douceur et indulgence, car c'était un prêtre d'un profond savoir, d'un caractère réfléchi et d'une rare tolérance. La communauté qu'il présidait conservait avec le monde des relations que rendait indispensables le but de son institution, et il n'eût peut-être pas accueilli avec tant de bienveillance l'un de ces êtres bruyants contents d'eux-mêmes et impérieux dont Peterchen était un des membres les plus accomplis, n'eût été sa première visite au couvent. Mais le prieur savait définir l'espèce et l'échantillon individuel qu'il avait devant les yeux, et il se montrait donc bien disposé à supporter la gaieté bruyante de son compagnon. Débarrassé de ses vêtements superflus, l'esprit dégagé de ses lazzis d'introduction, et après avoir salué tous les frères les uns après les autres y compris trois ou quatre novices qu'il avait connus au château, Peterchen déclara qu'il était prêt à accomplir le devoir de sa restauration intérieure. Ce devoir indispensable avait été prévu, et le prieur le conduisit à un réfectoire particulier où, d'après sa réputation de gros mangeur, il trouva un souper substantiel préparé à son intention.

— Vous ne trouverez pas ici une aussi bonne chère que dans votre bonne ville de Vevey, qui égale la plupart de celles d'Italie pour l'abondance de ses fruits et de ses vivres, mais vous boirez au moins des vins de votre cru, dit le supérieur comme ils longeaient le corridor, et une bonne compagnie vous y attend pour partager votre repas et en charmer les loisirs.

— Auriez-vous par hasard dans votre couvent un flacon de kirsch-wasser, père Michel ?

— Non-seulement cela, mais nous possédons le baron de Willading et un noble Génois qu'il accompagne ; ils n'attendent que vous pour se mettre à table.

— Un noble Génois !

— Du moins un gentilhomme italien, on a dit, je crois, qu'il était de Gênes.

Peterchen s'arrêta, mit un doigt sur son nez et prit un air mystérieux, mais il s'abstint de parler, car il s'aperçut à la contenance simple et ouverte du moine qu'il n'avait aucun soupçon de ce qu'il voulait dire.

— Je gagerais ma charge de bailli contre la vôtre, digne religieux, qu'il est ce qu'il paraît être, c'est-à-dire un véritable Génois.

— Vous ne risquez pas grand'chose, car c'est ainsi qu'il s'est annoncé lui-même. Et puis nous ne questionnons personne, et il y soit ce qu'il voudra, il est le bienvenu de rester ou de partir en paix.

— Ah ! ceci est assez bien pour un Augustin au sommet des Alpes. A-t-il des serviteurs ?

— Un ami et un valet ; néanmoins le premier a quitté le couvent pour se rendre en Italie. Aussitôt que le noble Génois a manifesté son intention de rester ici jusqu'à ce que l'instruction fût terminée, ils ont dit quelque chose d'affaires importantes qui exigeaient qu'on fût informé là-bas des motifs de son retard.

Peterchen regarda de nouveau fixement le prieur et parut sourire de pitié.

— Écoutez, mon prieur, je vous aime bien, j'aime votre couvent et Melchior de Willading et sa fille, mais sans ce Génois je me serais épargné le voyage. Assez de questions comme cela entre nous, le temps viendra où on pourra parler, et Dieu me préserve d'en précipiter le moment ; vous verrez alors qu'un bailli du Grand-Canton sait s'acquitter d'une dette de reconnaissance. Quant à présent, nous nous en rapportons à votre prudence. L'ami est parti en hâte pour l'Italie afin que ce retard ne cause pas de surprise. Enfin chacun a son humeur sur la grande route, la mienne est de voyager avec honneur et sécurité ; d'autres ont des goûts différents. Le moins qui sera dit sur ce sujet, bon Michel, sera le mieux ; il ne faudrait pas même hasarder un coup d'œil imprudent ; et maintenant, pour l'amour de Dieu, un verre de kirsch-wasser.

Ils étaient arrivés à la porte du réfectoire et leur entretien cessa. En entrant, Peterchen trouva son ami le baron, le signor Grimaldi et le châtelain de Sion, grave et pédant fonctionnaire d'extraction allemande, mais dont la race, par un long séjour sur les confins de l'Italie, s'était imbue de quelques particularités du caractère méridional. Sigismond et les autres voyageurs étaient exclus de ce repas, auquel les prudents moines avaient eu l'intention de donner un caractère semi-officiel.

La rencontre entre Peterchen et ceux qui avaient quitté si récemment Vevey ne se fit remarquer par aucun élan extraordinaire de politesse, mais il n'en fut pas de même entre lui et le châtelain qui représentaient l'autorité des États voisins et amis et qui se distinguait par une profusion de civilités politiques et diplomatiques ; ils échangèrent des questions personnelles et publiques, chacun s'efforçant de passer l'autre en témoignages d'intérêt pour les plus petits détails qui ressortissaient à leur administration.

Les quinze lieues de distance entre les deux capitales furent passées en revue dans leur conversation, chaque bout de terrain devenant le sujet d'un commentaire sur ses beautés ou sur sa valeur productive.

— Nous descendons également d'ancêtres teutoniques, herr châtelain, conclut le bailli pendant que toute la société, après avoir échangé les saluts de politesse et d'usage, prenait place autour de la table. Quoique la Providence ait jeté nos fortunes sur les différents points de la contrée, je vous jure que le son de votre allemand est une musique pour mes oreilles. Vous avez merveilleusement échappé à la corruption au milieu de tant de dialectes bâtards, des Romains, des Celtes et des Bourguignons dont vous avez un si grand nombre dans vos Etats et avec lesquels vous êtes contraint d'entretenir des relations presque journalières. Peterchen possédait un peu de cette fleur d'antiquaire mêlée aux éléments grossiers de son caractère. Il continua donc : — Il est curieux d'observer que lorsqu'un sentier très-fréquenté traverse une contrée, son peuple mêle son sang et ses opinions à ceux qui le parcourent, comme la plante dont le pollen est semé par le vent qui passe. Le Saint-Bernard est un passage fréquenté depuis l'époque des Romains, et vous trouverez autant de races différentes parmi ceux qui habitent ces rampes qu'il y a de villages entre le couvent et Vevey. Il n'en est pas de même du haut Valais, herr châtelain ; là existe la race pure, telle qu'elle est venue de l'autre côté du Rhin, et puisse-t-elle ainsi se conserver pendant mille autres années !

Peu de gens sont assez avilis dans leur propre opinion pour ne pas être fiers de leur origine et de leur caractère primitif. L'habitude de toujours envisager nos personnes, nos intentions et notre conduite, du côté favorable, s'allie à l'estime de soi-même, et cette faiblesse propagée dans les communautés leur donne très-souvent une très-fausse opinion sur leurs valeurs réelles. Le châtelain, Melchior de Willading et le prieur, qui descendaient tous trois de cette même tige teutonique, accueillirent complaisamment cette remarque, car chacun d'eux était fier de ses ancêtres. Tandis que l'Italien, plus policé, dissimulait un sourire, comme on aurait pu en découvrir un sur les lèvres d'un descendant d'une nombreuse lignée de consuls et de patriciens de Rome, remontant plus haut dans l'antiquité aux premières familles de la noblesse attique.

Ce petit déploiement d'érudition et de vanité nationales terminé, la conversation prit une tournure plus générale ; rien ne survint pendant le repas qui indiquât qu'aucun des convives songeât dans son esprit à l'affaire importante qui l'avait appelé ; mais dès que le repas fut terminé, le prieur mettant un terme à leurs attaques amicales, à leurs plaisanteries, les invita à porter toute leur attention sur l'affaire grave dans laquelle il s'agissait de décider une question de vie et de mort sur un de leurs semblables.

Pendant le souper, les subordonnés du couvent avaient exécuté les ordres qu'ils avaient reçus de tout préparer pour leur entrée en fonction ; et lorsque le père Michel se leva, ce fut pour conduire ses compagnons dans la salle du tribunal.

### CHAPITRE XXVII.

Par des raisons de convenance religieuse et de superstition, les moines avaient disposé l'intérieur de la chapelle du couvent en cour de justice ; la partie de l'édifice consacrée à cet usage étant assez spacieuse pour contenir tous ceux qui devaient s'y trouver réunis. On l'avait décorée selon la coutume des contrées catholiques ; le maître-autel et deux chapelles latérales dévouées aux saints, étaient faiblement éclairés par une lampe suspendue à la voûte, et répandant une lueur douteuse et sombre qui devait impressionner les imaginations les moins sensibles. Au milieu du chœur, une table recouverte d'un drap noir dont les pans retombaient jusqu'à terre, semblait supporter une masse informe cachée à la vue. Directement au-dessous de la lampe une autre table, sur laquelle étaient placés une écritoire, des plumes et du papier, était destinée au supérieur, qui devait occuper l'emploi de greffier. Des sièges disposés de chaque côté, attendaient les juges assesseurs. Un groupe de femmes rassemblées sous la pénombre d'un des piliers, se serraient tremblantes les unes contre les autres, semblant chercher à se soustraire aux regards des curieux. Un soupir, un sanglot convulsif, qui s'échappaient parfois involontairement de leur sein, trahissaient la violence des émotions qu'elles s'efforçaient en vain de contenir. Les moines et les novices formaient une rangée de chaque côté des piliers, les guides et les muletiers fermaient l'enceinte, tandis que la mâle figure de Sigismond se tenait debout, immobile comme une statue, sur les marches de l'autel opposé à celui derrière lequel les femmes s'étaient abritées. Il surveillait les moindres détails de l'instruction avec une attention scrupuleuse et une ferme détermination de ne pas souffrir qu'aucune nouvelle injure vînt s'accumuler sur la tête de son père.

Lorsque la légère confusion produite par l'entrée de la société qui quittait le réfectoire se fut apaisée, le prieur fit signe à l'un des officiers de justice qui sortit et rentra presque aussitôt escortant l'un des prisonniers ; l'instruction devait entourer de tous ceux que la prudence des moines avait fait mettre en état d'arrestation. Balthazar (car c'était lui) s'approcha de la table d'un air résigné. Ses membres étaient libres, et son attitude calme, seulement la mobilité de ses regards et la contraction passagère de ses traits lorsqu'un soupir étouffé partant du groupe des femmes parvenait à son oreille, trahissaient la lutte intérieure de son âme pour conserver les apparences extérieures. Lorsqu'il fut mis en présence de ses juges, le père Michel s'inclina du côté du châ-

telain, qui, quoique les autres fussent admis pour la forme à assister à l'instruction, possédait seul le droit légal de poursuivre dans toutes ses phases cette affaire qui était circonscrite dans les limites du Valais.

— On te nomme Balthazar ? commença brusquement le juge compulsant ses notes.

La réponse se traduisit par une simple inclination du corps.

— Et tu es le bourreau du canton de Berne ?

Même réponse silencieuse.

— La charge est héréditaire dans ta famille depuis des siècles ?

Balthazar se redressa, respirant avec peine, comme un homme dont le cœur est plein, mais qui veut comprimer son émotion avant de répondre.

— Herr châtelain, dit-il avec force, le jugement de Dieu l'a voulu ainsi.

— Tu mets trop d'emphase dans tes paroles, honnête Balthazar, interrompit le bailli, tout ce qui fait partie de l'autorité est honorable, et ne doit pas être pris à mal. Les droits héréditaires, devenus respectables avec le temps et la coutume, ont un double mérite aux yeux de la société, puisque l'honneur de l'ancêtre soutient l'honneur du descendant. Nous avons nos droits de bourgeoisie comme tu as ceux d'exécuteur. Il fut un temps où tes pères étaient fiers de ce titre de bourreau.

Balthazar, jugeant inutile de répondre, s'inclina en signe de soumission. Les doigts de Sigismond jouaient avec la poignée de son sabre, et un gémissement poussé par sa mère lui fit tressaillir d'une colère contenue.

— L'observation du magnanime bailli est juste, reprit le Valaisin, tout ce qui est à l'Etat est pour le besoin de l'Etat, et tout ce qu'il a créé pour la sécurité de la société qu'il gouverne est juste et honorable. Ne rougis donc pas de ton emploi, Balthazar ; puisqu'il est nécessaire, nul n'a le droit de te condamner ; mais réponds sincèrement et en toute vérité aux questions que je vais t'adresser. Tu as une fille ?

— En cela au moins, ai-je été béni par la Providence.

L'énergie avec laquelle il accentua ces mots, causa un sentiment général de surprise parmi les juges. Ils se regardèrent, comme s'ils ne se fussent pas attendus à rencontrer ces sentiments d'humanité chez un homme qui vivait par sa profession en guerre ouverte avec ses semblables.

— Tu as raison, répliqua le châtelain reprenant sa gravité, car on dit qu'elle est belle et avenante. Tu effleures le point de la marier.

Balthazar convint de la vérité de cette assertion.

— As-tu jamais connu un Veveysin du nom de Jacques Colis ?

— Sans doute, mein herr, puisque c'est lui qui devait devenir mon gendre.

Le châtelain parut étonné de nouveau, car la simplicité de cette réponse dénotait une conscience paisible, et il se mit à examiner plus attentivement ses traits. Mais, au lieu de la ruse et du mensonge qu'il croyait y découvrir, il n'aperçut qu'une naïve franchise, sa méfiance s'en accrut. Cette réponse naturelle, de la part d'un homme qui n'avait intérêt à rien cacher, ressemblait si peu à la feinte hardiesse de celui qui veut paraître innocent, qu'elle mit sa perspicacité en défaut, quelle que fût sa connaissance des expédients mis en usage par les criminels.

— Tu dis donc que ce Jacques Colis devait épouser ta fille ? continua-t-il avec d'autant plus d'insistance qu'il crut reconnaître davantage d'habileté chez l'accusé à se défendre.

— C'était une convention arrêtée entre nous.

— Aimait-il cet enfant ?

Les lèvres de Balthazar se contractèrent convulsivement ; il parut un instant prêt à perdre tout l'empire qu'il avait conservé sur lui-même.

— Mein herr, je le pensais.

— Néanmoins il a refusé de remplir sa promesse.

— Il a refusé !...

Marguerite elle-même fut effrayée de l'émotion profonde qui accompagna cette réponse, et pour la première fois de sa vie elle trembla que la somme des iniquités dont son époux avait été accablé n'eût été trop forte pour le soutien de ses principes.

— Tu as éprouvé du ressentiment contre sa conduite et la manière publique dont il vous a injuriés toi et les tiens ?

— Je suis homme. Quand Jacques Colis a répudié ma fille, il a brisé une faible plante, et rempli d'amertume le cœur du père.

— Tu as reçu une instruction au-dessus de ta condition, Balthazar ?

— Nous sommes, il est vrai, une race de bourreaux, mais nous ne sommes pas aussi sauvages que le peuple se l'imagine. C'est la volonté de Berne qui m'a fait ce que je suis et non pas mon désir ni la nécessité.

— La charge est honorable comme toutes celles que confère l'Etat, répéta le juge avec la promptitude formaliste dont on débite des phrases toutes faites ; elle est honorable pour un homme de ta naissance. Dieu assigne à chacun son rang sur la terre, et il en a prescrit les devoirs. Quand Jacques Colis a eu renoncé à la main de ta fille, il a quitté le pays pour échapper à ta vengeance.

— Si Jacques Colis vivait, il ne proférerait pas un pareil mensonge.

— Je connaissais bien sa nature droite et généreuse ! s'écria Marguerite avec force. Dieu me pardonne d'en avoir douté un seul instant.

Les juges tournèrent leurs regards inquisiteurs vers le groupe des femmes, mais l'interrogatoire n'en continua pas moins.

— Tu sais donc que Jacques Colis est mort ?

— Comment ne le saurais-je pas, puisque j'ai vu son corps et ses blessures saignantes ?

— Tu sembles disposé à nous aider dans cette instruction, Balthazar, quoique peut-être avec des intentions que celui qui lit dans le cœur des hommes saurait mieux définir que moi. J'aborderai donc, sans autre préambule, les faits les plus essentiels. Tu es natif et habitant de Berne, le bourreau du canton, emploi respectable en lui-même , en dépit des préjugés et de l'ignorance. Tu avais l'intention de marier ta fille à un paysan aisé du Valais. Le futur a répudié ta fille en présence des milliers de spectateurs qui assistaient aux fêtes de l'abbaye des vignerons ; il est parti subitement pour fuir ta vengeance, ou ses propres regrets, ou la vindicte publique, ou tout ce que tu voudras ; il a rencontré la mort sur cette montagne, la mort par un assassinat, attendu qu'on a trouvé un couteau plongé dans l'une de ses blessures, et que l'on devait croire en route pour retourner dans ton canton, on te retrouve ayant passé la nuit à côté de l'homme assassiné. Ta propre raison suffira pour te faire comprendre la connexité que nous sommes forcés d'établir entre ces différents faits ; nous t'enjoignons donc de nous expliquer ce qui peut être clair pour toi, mais ce qui nous fait douter de ton innocence. Parle librement, mais dis la vérité, si tu crois en Dieu, et dans ton propre intérêt.

Balthazar hésita et parut se recueillir. Il pencha sa tête dans une attitude méditative, puis la relevant, il regarda fixement son interrogateur. Son air était calme, et le ton avec lequel il parlait, s'il n'était pas innocent de fait, en avait toutes les apparences.

— Herr châtelain, dit-il, j'ai prévu les soupçons qui tomberaient sur moi dans ces malheureuses circonstances ; mais habitué à mettre ma foi dans la Providence, je dirai la vérité sans crainte. J'ignorais totalement le départ de Jacques Colis. Il est parti secrètement, et si vous voulez me rendre cette justice de réfléchir un peu, vous reconnaîtrez que j'ai dû être le dernier homme auquel il confiât ses intentions. J'ai gravi le Saint-Bernard, conduit par une chaîne que, si vous êtes père comme moi, on brise difficilement, vous en conviendrez. Ma fille partait pour l'Italie avec de bons et vrais amis, qui n'avaient pas honte de prendre en pitié la fille d'un bourreau, et qui l'emmenaient avec eux pour panser les blessures qu'on lui avait si lâchement infligées.

— C'est vrai ! s'écria le baron de Willading ; Balthazar ne dit rien que la vérité dans tout ceci.

— Ces faits sont déjà reconnus et constatés. Le crime n'est pas toujours le résultat d'une froide détermination, il peut aussi surgir d'un moment de terreur, de désolation soudaine, d'une tentation du diable et d'une occasion favorable d'y céder. Tu peux avoir ignoré en quittant Vevey le départ de Jacques Colis, mais n'as-tu rien appris en route de ses mouvements ?

Balthazar changea de couleur, une lutte s'établissait dans son esprit, comme s'il redoutait de faire un aveu contraire à ses intérêts ; mais son regard s'était tourné vers les guides, il recouvra aussitôt son calme habituel, et répondit d'une voix ferme :

— Je ne les ai pas ignorés. Pierre Dumont avait appris la disgrâce de ma fille, et ignorant que je fusse son père, il me raconta comment le malheureux homme fuyait pour se soustraire aux sarcasmes de ses compagnons. Je savais donc que nous parcourions le même sentier.

— Et néanmoins tu as persisté dans ta résolution ?

— Pourquoi pas, herr châtelain ? devais-je abandonner mon enfant parce que celui qui l'avait trahie se trouvait sur mon passage ?

— Bien répondu, Balthazar, interrompit Marguerite , tu as répondu comme tu le devais. Nous sommes tous les uns pour les autres, parce que notre nombre est restreint. Tu ne devais pas oublier notre fille, parce qu'il a plu à d'autres de la mépriser.

Le signor Grimaldi se penchant vers le Valaisin, murmura quelques mots à son oreille.

— Tout ceci paraît naturel, observa-t-il, et explique clairement la présence du père sur le chemin qu'avait pris la victime.

— Nous ne mettons pas en doute, signor, la justesse de ces explications, mais le désir de vengeance peut s'être élevé tout à coup jusqu'à la férocité à la suite d'une querelle ; et un homme habitué à répandre le sang, cède facilement à ses passions et à ses habitudes.

Les suppositions paraissaient plausibles ; le noble Génois se recula donc désappointé. Le châtelain ayant pris conseil de ses assesseurs, invita la femme à s'avancer pour être confrontée avec son époux. Marguerite obéit, sa démarche était lente, et elle paraissait céder avec répugnance à une inflexible nécessité.

— Vous êtes femme et fille de bourreau ?

— Marguerite est une bonne et sensible femme, interrompit Peter-chen, elle comprend qu'une charge conférée par l'État ne peut pas déshonorer aux yeux de la raison, et elle ne veut cacher aucune partie de son histoire ou de son origine.

L'éclair qui jaillit des yeux de la femme de Balthazar eût terrifié le baili s'il n'eût été occupé en ce moment à admirer la sagesse de son propre raisonnement et l'effet qu'il avait dû produire sur l'auditoire.

— Et fille de bourreau, continua le juge interrogateur, pourquoi êtes-vous ici ?

— Parce que je suis femme et mère. Comme telle j'ai gravi la montagne, et je suis ici pour assister à votre instruction. On accuse Balthazar d'avoir versé le sang, et je suis ici pour repousser ce mensonge.

— Vous venez cependant d'avouer votre parenté avec une race de bourreaux ! Ceux qui ont coutume de voir mourir leurs semblables redoutent moins les investigations de la justice.

— Je vous comprends, herr châtelain. Nous avons été mal partagés par la Providence, mais jusqu'à présent ceux qui nous servis ont été assez politiques pour nous ménager dans leurs expressions. Vous avez parlé de sang ; celui répandu par les mains de Balthazar ou par celles de mon père retombe sur la conscience de ceux qui l'ont fait verser. Les instruments involontaires de votre justice restent innocents devant Dieu.

— Voilà un étrange langage pour une femme de votre condition. — Penses-tu, Balthazar, comme ton épouse, dans cette question qui vous concerne tous deux ?

— La nature a doué les hommes de fibres plus solides. Je suis né pour la charge que j'occupe ; j'ai appris à la croire nécessaire, sinon honorable, et je me suis efforcé d'en accomplir les devoirs sans murmurer. Il n'en est pas de même de Marguerite, elle est mère et vit pour ses enfants ; elle a vu mépriser publiquement l'enfant de son cœur, et elle ressent l'injure en mère affligée.

— Et comment as-tu, comme père, envisagé cette insulte ?

Balthazar était doux par nature, et comme il venait de le dire , on l'avait familiarisé de bonne heure avec ses fonctions ; mais il était susceptible de profondes affections. La question le blessait au cœur, et il tressaillit sous le coup ; mais habitué à commander à ses sensations en présence du public, l'orgueil de l'homme reprit le dessus en lui, et ses efforts pour étouffer les angoisses de son cœur furent de nouveau couronnés de succès.

— Avec douleur pour ma fille inoffensive, avec tristesse pour celui qui parjurait ainsi sa foi, avec pitié pour l'auteur de ce crime inutile, répondit-il.

— Cet homme a l'habitude d'entendre prêcher le pardon et l'oubli aux criminels, et il me met ce moment ses leçons à profit, dit tout bas le prudent juge à ceux qui siégeaient à ses côtés, il faut chercher d'autres moyens d'éprouver sa conscience. Peut-être est-il plus prompt à répondre que ferme devant l'évidence.

Faisant un signe aux assistants, le Valaisin attendit paisiblement l'effet d'une nouvelle épreuve : le drap fut enlevé de dessus la table et le corps de Jacques Colis exposé aux regards. Il était assis comme s'il eût été vivant.

— L'innocent ne craint pas la vue d'un corps dont l'âme s'est séparée, reprit le châtelain ; mais Dieu frappe souvent de remords des consciences coupables, lorsqu'on expose à leurs regards leurs œuvres criminelles. Approche, ainsi que la femme, Balthazar, et contemplez ce cadavre ; que nous jugions comment vous affrontez la mort.

On ne pouvait tenter une expérience plus infructueuse sur un homme habitué, comme l'était le bourreau, à contempler la mort sous toutes ses faces et dans toute son horreur. Que ce fût cette circonstance ou son innocence, Balthazar s'avança vers le cadavre et contempla longtemps ses traits livides sans trahir d'autre émotion qu'une profonde pitié. Les sensations qui traversèrent son esprit ne se trahirent chez lui par aucune parole d'amertume ni par une sensibilité exagérée. Il n'en fut pas de même de Marguerite ; saisissant la main du cadavre, elle l'inonda de larmes brûlantes qui s'échappèrent de ses yeux à la vue de ces traits défigurés par la mort.

— Pauvre Jacques Colis, dit-elle de manière à être entendue de tous, tu avais tes défauts, comme tout être né de la femme ; mais tu ne méritais pas de finir ainsi. La mère qui t'a conçu et qui a vécu de tes sourires enfantins prévoyait peu , lorsqu'elle te berçait sur son sein, que tu mourrais un jour lâchement assassiné. Mieux eût valu pour elle ne jamais connaître les sentiments de l'amour maternel pour verser toutes les larmes de son cœur sur une destinée aussi cruelle. Nous vivons dans un monde effroyable, Balthazar, monde où le méchant triomphe. Ta main, qui n'offenserait que volontairement la créature la plus infime, est condamnée par la société à répandre le sang, et ton cœur , ton excellent cœur se pétrifie lentement dans l'exécution de tes devoirs maudits ; la chaise curule et l'épée de la justice sont tombées dans les mains du vice et de la corruption, la pitié est devenue dérision sur les lèvres endurcies de l'égoïsme, et c'est l'homme qui voudrait vivre en paix avec ses semblables que l'on condamne à trancher le fil de leurs jours : préjugé barbare, qui punit le crime par le crime, qui commet froidement un assassinat pour punir l'assassin qu'expliquent souvent les passions humaines que les gouvernements laissent fermenter, pour y asseoir les bases de leur autorité despotique, détruisant les intentions charitables de Dieu pour y substituer l'égoïsme et la soif des richesses. Nous prétendons être plus sages que le créateur de l'univers, et nous agissons en insensés. Allez, allez, orgueilleux et grands de la terre, si nous avons commis des assassinats judiciaires, nous n'avons fait qu'exécuter vos ordres, et notre conscience n'en est pas moins pure. Le crime que vous recherchez est une œuvre de violence et de spoliation, et non pas un acte de vengeance.

— Comment saurons-nous que ce que vous dites est vrai? objecta le châtelain, qui s'était approché de l'autel pour mieux étudier l'effet que cette épreuve devait produire sur Balthazar et sur sa femme.

— Votre question ne me surprend pas, herr châtelain, car rien ne vient plus promptement à l'idée des gens heureux et honorés que la pensée de ressentir une injure. Habitués au mépris, nous ne pensons pas de même; la vengeance serait un triste remède à nos maux. En serions-nous plus élevés dans l'estime des hommes? nous ferait-elle oublier notre condition dégradante? saurions-nous inspirer plus de respect après l'avoir satisfaite que nous n'en inspirions auparavant?

— Ceci pourrait être vrai, mais la colère ne raisonne pas. Vous ne seriez peut-être pas soupçonnée, Marguerite, que d'avoir appris la vérité de la bouche de votre mari après la perpétration du crime; votre propre jugement vous démontrera que rien n'est plus probable qu'une violente contestation à la suite des derniers événements n'ait poussé Balthazar, qui est habitué à répandre le sang, à cet acte de vengeance.

— Est-ce donc là ta justice tant vantée, juge? Tes lois ne servent-elles qu'à protéger ta propre oppression? Si tu avais vu combien le père de Balthazar eut de peine à le façonner à son exécrable métier, à lui apprendre à frapper, que de fréquentes entrevues mon père et le sien eurent ensemble pour le préparer à entrer dans la funeste carrière! Dieu ne l'avait pas plus créé pour cet emploi qu'il n'a donné aux possesseurs par hérédité de charges honorables les qualités requises pour s'en rendre dignes. Si vos soupçons s'étaient portés sur moi, herr châtelain, ils auraient au moins eu plus d'apparence de raison. Mes sensations sont plus vives et plus violentes, et la passion plus susceptible de l'emporter sur la raison, quoique les humiliations accumulées pendant toute une vie de misère aient depuis longtemps abaissé l'orgueil de mon caractère.

— Vous avez une fille ici présente?

Marguerite désigna du doigt le groupe derrière lequel sa fille était abritée.

— L'épreuve est sévère, dit le juge, qui commençait à éprouver une commisération inusitée, mais elle est aussi indispensable à votre future tranquillité qu'à la justice, pour découvrir la vérité. Je suis donc contraint de faire avancer votre fille devant ce cadavre.

Marguerite accueillit cet ordre avec une froide réserve. Trop blessée pour se plaindre, mais redoutant la faiblesse de sa fille, elle se rapprocha d'elle, la pressa sur son cœur, et la conduisant en silence au pied du tribunal, elle la présenta au châtelain avec un air de dignité calme qui lui était familier.

— Voici la fille de Balthazar, dit-elle; puis, croisant les bras sur sa poitrine, elle se recula d'un pas pour observer silencieusement ce qui allait advenir.

Le juge contempla le visage amaigri de la jeune fille avec un intérêt qu'il n'avait encore éprouvé pour aucun des prévenus amenés en sa présence dans l'exercice de ses rigoureux devoirs. Il lui parla avec douceur pour l'encourager, se tenant avec intention entre elle et le cadavre, pour lui cacher momentanément l'horrible vue et lui donner le temps de surmonter sa timidité. Marguerite le bénit du fond du cœur pour cette déférence et parut moins irritée.

— Vous étiez fiancée à Jacques Colis? demanda le châtelain d'un son de voix qui contrastait singulièrement avec la brusquerie de ses précédents interrogatoires.

Les forces de Christine ne lui permirent pas de répondre autrement que par un signe de tête.

— Vos noces devaient avoir lieu le jour de l'assemblée à l'abbaye des Vignerons; notre devoir nous impose de rouvrir la blessure que nous voudrions guérir. Votre fiancé retira tout à coup la parole qu'il vous avait donnée?

— Le cœur est faible, et recule quelquefois devant les bonnes intentions, murmura Christine d'une voix à peine intelligible, il n'était pas plus qu'un homme, et il n'a pu affronter les sarcasmes de ceux qui l'entouraient.

Le châtelain, séduit par la douceur des accents qui s'échappaient de ses lèvres, se penchait en avant pour mieux les saisir, et de peur qu'une syllabe n'échappât à son attention.

— Vous acquittez donc Jacques Colis de toute intention préméditée de malveillance?

— Son courage l'a trahi, mein herr; il s'était cru plus fort d'esprit, et il n'a pas eu la force de partager notre honte rendue publique devant lui.

— Vous aviez librement consenti au mariage, vous n'aviez pas de répugnance à devenir sa femme?

Le regard suppliant et la respiration oppressée de Christine furent perdus pour l'insensibilité d'un juge criminel.

— Le jeune homme vous était-il cher? répéta-t-il sans s'apercevoir de la blessure qu'il infligeait à la pudeur craintive de la jeune fille.

Ce brusque appel à ses pensées les plus secrètes la fit tressaillir; mais pensant que la vie de son père dépendait de la franchise et de la révélation de ses sentiments, elle rassembla son courage: la rougeur qui

couvrait ses joues attestait néanmoins la honte de cette révélation publique.

— J'étais peu habituée aux compliments flatteurs, si doux aux oreilles que frappe le mépris. Je ressentis de la reconnaissance pour les attentions d'un jeune homme qui ne pouvait m'être désagréable. Je crus qu'il m'aimait, et, que voulez-vous de plus de moi, mein herr?

— Nul ne saurait te haïr, pauvre enfant innocente et abusée! murmura le signor Grimaldi.

— Vous oubliez que je suis la fille de Balthazar, mein herr, et que personne de notre race ne saurait être estimé.

— Toi, du moins, tu peux bien faire exception.

— Sans nous arrêter la question, reprit le châtelain, je désire savoir si vos parents ont montré du ressentiment contre la conduite de votre fiancé; s'il n'a rien été dit en votre présence qui puisse introduire un rayon de lumière dans cette ténébreuse affaire.

Le magistrat du Valais détourna la tête sous le regard surpris et mécontent du Génois, qui exprimait l'aversion d'un homme de cœur d'entendre questionner ainsi une enfant sur les faits et gestes de son père et dans une circonstance où sa tête était en jeu. Mais cette inconvenance inquisitoriale échappa à l'observation de Christine, qui se reposait dans sa confiance filiale sur l'innocence de l'auteur de ses jours. Bien loin donc de paraître offensée, elle se réjouit dans la candeur de son âme de rencontrer une occasion de justifier son père aux yeux de ses juges.

— Herr châtelain, répondit-elle avec feu, lorsque nous fûmes seuls nous pleurâmes ensemble, priant pour nos ennemis comme pour nous-mêmes, mais pas une parole ne nous échappa qui fût préjudiciable au pauvre Jacques. Non, pas même un murmure.

— Pleurer et prier! répéta le juge, dont les yeux étonnés erraient de la fille au père... comme s'il n'eût pas bien entendu.

— L'un et l'autre, mein herr. Si le premier acte fut une faiblesse, le second n'était que l'accomplissement d'un devoir.

— Ces paroles résonnent étrangement dans la bouche de la fille d'un bourreau.

Christine ne se rendait pas bien compte des doutes du juge; mais passant sa main sur ses yeux, elle continua:

— Je crois comprendre ce que vous voulez dire, mein herr, dit-elle, le monde ne nous croit pas à notre sensibilité. Nous lui apparaissons ainsi parce que la loi l'a voulu, nous ressemblons par le cœur à tous ceux qui nous entourent, herr châtelain, avec cette différence que, comprenant notre abaissement aux yeux de la société, nous mettons notre espérance et toutes nos affections en Dieu. Vous pouvez nous condamner à exercer notre office et à supporter vos dédains, mais vous ne saurez nous enlever notre croyance dans la justice divine. En cela du moins sommes-nous égaux avec les plus fiers barons du canton.

— L'interrogatoire doit s'arrêter ici, dit le prieur, les yeux pleins de larmes et venant s'interposer entre la jeune fille et son inquisiteur. Vous savez, herr châtelain, que nous avons d'autres prisonniers à interroger.

Le châtelain, qui sentait fondre son impassibilité sous l'expression d'innocence et de candeur de la jeune fille, consentit volontiers à changer la direction de l'enquête. La famille de Balthazar reçut l'ordre de se retirer, et les officiers de service introduisirent Pippo et Conrad.

## CHAPITRE XXVIII.

Le bouffon et le pèlerin, dont l'extérieur inspirait une méfiance générale, se présentèrent néanmoins avec tous les dehors d'une entière confiance dans les moyens de prouver leur innocence. Leur interrogatoire fut court, car ils rendirent un compte exact de leurs pas et démarches. Des circonstances connues des moins appuyèrent singulièrement la conviction qu'ils n'avaient aucune participation directe ou indirecte dans l'assassinat. Ils avaient quitté la vallée quelques heures avant le départ de Jacques Colis, et étaient arrivés au couvent harassés et les pieds meurtris comme tous ceux qui gravissent sans s'arrêter ce long et fatigant sentier. Les secrets renseignements pris par les autorités locales, pendant que l'on attendait au couvent l'arrivée du bailli et du châtelain, pour constater les circonstances les plus futiles qui concernaient ceux que l'on savait avoir parcouru la montagne pendant le jour où le crime s'était perpétré, et les résultats corroboraient exactement la vérité de cet alibi des vagabonds que leurs mœurs et leur genre de vie eussent autrement exposés aux premiers soupçons.

Pippo, en sa qualité de beau parleur, prit la parole dans ce court interrogatoire, et ses réponses eurent tout le caractère de la franchise qui pouvait seule sauver lui et son compagnon. Le bouffon, quoique accoutumé à la ruse et à la fraude, avait assez de jugement pour comprendre la position critique dans laquelle il se trouvait placé et que la sincérité le servirait davantage que ses fourberies habituelles. Il répondit donc au juge avec une simplicité et une apparence de sensibilité qui lui firent honneur dans l'opinion de l'auditoire.

— Cette franchise te protège, reprit le châtelain après avoir épuisé la série de ses questions et lorsque les réponses l'eurent convaincu qu'il n'y avait pas d'autre probabilité de soupçon que la seule circonstance d'avoir voyagé sur la même route que la victime, et nous a presque convaincus de ton innocence. C'est d'ordinaire le meilleur bouclier pour ceux qui n'ont pas commis de crime. Je m'étonne seulement qu'avec tes habitudes et ton genre de vie tu aies eu assez de bon sens pour en faire usage.

— Permettez-moi de vous dire, signor castellano ou podesta, quel que soit le titre exact de Votre Excellence, que vous n'avez pas rendu justice à l'esprit véritable de Pippo; je trouve, il est vrai, mes moyens d'existence à jeter de la poudre aux yeux des hommes, et à leur faire voir blanc ce qui est noir, mais notre mère nature nous a doués tous de l'instinct de notre conservation, et le mien est assez développé pour me faire discerner que quelquefois la vérité vaut mieux que le mensonge.

— Heureux si tous avec la même faculté se trouvaient dans les mêmes dispositions d'en faire usage.

Moines du mont Saint-Bernard.

— Je ne suis pas assez présomptueux pour apprendre quelque chose à une personne aussi sage et aussi expérimentée que Votre Excellence; mais s'il était permis à un homme d'humble condition de parler librement devant cette honorable assemblée, je dirais qu'il n'est pas commun de rencontrer un fait sans qu'il soit le voisin immédiat d'un mensonge. Ceux qui parviennent à mêler adroitement les deux ensemble passent souvent pour les plus sages et les plus vertueux. Telle est du moins l'opinion d'un pauvre bouffon en plein air, qui n'a d'autre mérite que d'avoir appris son art sur le Môle et dans le Toledo de la bellissima Napoli, qui, comme chacun sait, est un fragment du ciel tombé sur la terre.

La ferveur avec laquelle Pippo prononça l'éloge de l'ancienne Parthénope fut si naturel et si caractéristique, que le juge, malgré le devoir solennel dans lequel il était engagé, ne put retenir un sourire et se convainquit davantage de l'innocence de l'orateur. Le châtelain récapitula l'historique des pas et des démarches du bouffonet du pèlerin, dont la substance se résumait comme s'ensuit :

Pippo admettait naïvement la débauche de Vevey, l'attribuant aux causes influentes des réjouissances du jour et de la fragilité de la chair. Conrad néanmoins soutenait la pureté de sa vie et le caractère sacré de son ordre, justifiant sa présence dans cette société par la nécessité du moment et les mortifications auxquelles un pèlerinage assujettit celui qui l'entreprend. Ils avaient tous deux quitté Vaux le soir même de la fête, et de ce moment à celui de leur arrivée au couvent, ils n'avaient cessé de marcher afin de traverser le col avant que les neiges n'en rendissent le passage dangereux. On les avait vus à Martigny, à Liddes et à Saint-Pierre, seuls et à des heures convenables, se dirigeant vers l'hospice par les sentiers réguliers, et quoique leurs actions et le progrès de leur marche, depuis qu'ils avaient quitté leur dernière station, n'eussent eu d'autre témoin que l'œil de celui qui voit tout,

leur arrivée au séjour des moines s'était effectué dans un délai assez court pour laisser supposer qu'ils ne s'étaient pas arrêtés en chemin.

— L'innocence de ces deux hommes nous semble assez démontrée par les faits, et leur promptitude à paraître en notre présence et à répondre à nos questions militent assez en leur faveur, observa le châtelain expérimenté, pour qu'il soit jugé inutile de les retenir ici plus longtemps. Le pèlerin surtout est investi d'une mission importante, si, comme je crois l'avoir compris, il est chargé de faire pénitence pour les autres autant que pour lui-même, et il ne serait guère convenable à nous qui sommes des croyants et des serviteurs de l'Église, de nous opposer à la continuation de son voyage; j'émettrai donc l'avis de lui permettre de continuer sa route.

— Comme nous approchons de la fin de l'instruction, interrompit gravement le signor Grimaldi, je crois, avec toute la déférence due à une meilleure opinion et à une plus grande expérience, qu'il serait convenable que nous restassions tous, sans exception, jusqu'à ce que nous fussions entrés plus clairement dans la voie de la vérité.

Pippo et le pèlerin protestèrent aussitôt de leur bonne volonté à rester au couvent jusqu'au lendemain matin. Ils n'avaient pas grand mérite à faire cette concession, car l'heure avancée rendait imprudent un départ immédiat. Toutefois il fut finalement convenu qu'ils pouvaient se retirer, et qu'à moins que leur présence ne fût nécessaire avant la fin de l'instruction, ils seraient libres de partir dès le lever de l'aurore. Il ne restait plus à examiner que Maso.

Il Maladetto se présenta devant ses juges avec le sang-froid et la fermeté qui le caractérisaient. Neptune l'accompagnait, les chiens du couvent ayant été enchaînés et mis au chenil pour la nuit. L'animal avait pris l'habitude d'errer pendant le jour au milieu des rochers et de revenir le soir au couvent chercher la nourriture que la stérilité des alentours ne lui permettait pas de trouver ailleurs. Le fidèle compagnon du prisonnier était alors introduit dans sa cellule, où il se dédommageait de la privation de ses caresses pendant le jour.

— Vous me trouverez, signor, tel que les hasards d'une vie sauvage m'ont transformé, dit il Maladetto.

Le châtelain attendit un moment que les divers mouvements de curiosité occasionnés par l'entrée du prisonnier se fussent apaisés pour reprendre son interrogatoire.

— Tu es Génois d'origine et l'on te nomme Tomaso Santi? demanda-t-il compulsant ses notes.

— Je suis généralement connu sous ce nom, signor.

— Tu es marin, et, à ce que l'on dit, adroit et courageux; pourquoi t'es-tu donné cette dénomination disgracieuse d'il Maladetto?

— Les hommes m'appellent ainsi. C'est un malheur, mais non un crime, d'être maudit.

— Celui qui est ainsi prêt à se mal juger ne doit pas être surpris que d'autres aient la pensée qu'il mérite sa destinée. Nous possédons quelques renseignements sur toi, sur ta conduite dans le Valais. On dit que tu es un contrebandier.

— Ce fait ne pourrait en tout cas concerner le Valais ou son gouvernement, puisque tout entre et sort sans contrôle dans ce pays de liberté.

— Il est vrai que nous n'imitons pas nos voisins dans leur politique, mais nous n'aimons pas davantage voir si souvent sur nos terres ceux qui enfreignent les lois de nos alliés. Dans quel but voyages-tu sur cette route ?

— Si je suis ce que vous dites, signor, la raison s'en explique d'elle-même : c'est probablement parce que les Lombards et les Piémontais commettent sur les étrangers plus d'exactions que vous autres des montagnes.

— Et toi, Sigismond, viens sur mon cœur, dit le doge en lui tendant les bras.

— On a examiné tes effets, ils n'offrent rien qui puisse justifier nos soupçons. En apparence, Maso, tu n'es pas surchargé des biens de ce monde ; malgré cela, ta réputation te poursuit.

— C'est ainsi, signor, que grandit l'opinion du monde ; que l'imagination frappe un homme d'une qualité ou d'un défaut, il est sûr d'avoir sa part plus grande qu'il ne mérite. Le florin du riche est bien vite transformé en sequin par la renommée, tandis que l'homme pauvre doit se trouver heureux de changer un marc d'argent pour une once d'un métal supérieur. Il n'est pas jusqu'à mon pauvre Neptune qui n'ait beaucoup de peine à trouver quelques bribes de nourriture au couvent, parce qu'une légère différence dans sa robe et dans ses instincts lui a fait une mauvaise réputation parmi les chiens du Saint-Bernard.

— Tes réponses concordent avec ta réputation, Maso ; tu te donnes plus d'esprit que d'honnêteté, et l'on te dit capable de former une résolution téméraire et de l'exécuter au besoin.

— Je suis ce que le ciel m'a fait à ma naissance, signor castellano, et ce que les hasards d'une existence aventureuse ont dû compléter. Peut-être que ces nobles voyageurs voudront bien témoigner, en considération de quelques talents que j'ai été à même de déployer sur le Léman pendant leur dernière traversée sur sa nappe perfide, qu'à l'occasion je ne suis pas dépourvu de certaines qualités.

Quoique ceci fût dit d'un air insouciant, l'appel au souvenir et à la reconnaissance de ceux qu'il avait sauvés était trop direct pour passer inaperçu. Melchior de Willading, le pieux supérieur et le signor Grimaldi témoignèrent hautement en faveur du prisonnier que sans son adresse et son sang-froid le Winkelried et tout ce qu'il contenait auraient inévitablement péri. Sigismond, peu satisfait de cette froide interprétation de ses sentiments, lui qui devait au courage de Maso non-seulement sa vie et celle de son père, mais celle d'une créature plus chère à son cœur, dont la conservation apparaissait à son imagination ardente comme un service qui eût effacé toute trace de crime, crut devoir lui donner des signes plus évidents de sa gratitude.

— J'attesterai ton mérite et ton courage, Maso, en présence de ce tribunal ou de tout autre, dit-il serrant fortement la main de l'Italien. Celui qui a montré tant d'intrépidité et d'amour pour ses semblables ne peut être assez lâche pour commettre un assassinat. Tu peux compter sur mon témoignage, car si tu étais coupable de ce crime, qui pourrait donc espérer de rester innocent ?

Maso répondit à cette protestation en sa faveur par une pression égale, et l'éclair qui jaillit de ses yeux attesta que toute sensibilité native n'avait pas été émoussée dans son âme par les rudes frottements de sa vie vagabonde. Malgré ses efforts pour comprimer ce mouvement de faiblesse, une larme sillonna sa joue comme l'eau limpide et pure qui trace son passage sur le rocher bruni.

— Voilà de la franchise, comme on en doit montrer un soldat, dit-il, et je l'accueille comme elle m'est offerte, avec plaisir et amitié ; mais nous donnons plus d'importance à cette aventure du lac qu'elle n'en mérite. La perspicacité de ce noble châtelain vous répondra que je ne pouvais pas sauver ma vie sans sauver aussi la vôtre ; et si je devine bien sa pensée, il ajoutera que nous ressemblons à cette contrée sauvage au sommet de laquelle le hasard nous a réunis, et que celui qui fait aujourd'hui une bonne action peut s'oublier demain au point d'en commettre une mauvaise.

— Tu donnes lieu à tous ceux qui t'écoutent de regretter que ta carrière n'ait pas été plus profitable à toi-même et à la société, répondit le juge ; celui qui peut si bien raisonner et qui connaît si bien ses propres dispositions doit moins faillir par ignorance que par endurcissement dans le mal.

— En cela vous ne me rendez pas justice, signor castellano, et vous donnez aux lois de la société plus de valeur qu'elles ne méritent. Je ne nierai pas la justice, ou ce que vous appelez la justice ; j'ai été à même de l'apprécier, ayant occupé plus d'une prison avant celle que m'ont procurée les révérends moines, et j'y ai vu tous les degrés du crime, depuis celui qu'accable une première faute, poursuivi jusque dans son sommeil par les remords de sa conscience, croyant voir surgir de chaque pierre de son cachot un œil improbateur qui vient lui reprocher son crime, jusqu'au misérable endurci qui n'a pas plutôt accompli son forfait qu'il médite sur les moyens d'en commettre un

Pantaleone Cerani.

autre ; et je prends le ciel à témoin que, pour pousser en avant un novice dans la carrière du crime, ceux que l'on appelle les ministres de la justice font plus que sa propre fragilité naturelle ou la force de ses passions. Que le juge, au lieu d'être sévère et impitoyable, montre une indulgence paternelle, alors la société sera ce qu'elle devrait être, une communauté de frères ; et vos fonctions, signor châtelain, seront réduites de moitié et exemptes de leur caractère d'oppression.

— Ce langage est à la fois téméraire et sans objet. Explique-nous comment tu as quitté Vevey, la route que tu as parcourue, les heures de ton passage aux différents villages, pourquoi tu as été découvert seul près du refuge, et pourquoi tu as quitté sitôt et si clandestinement les compagnons avec lesquels tu avais passé la nuit.

L'Italien écouta attentivement ces diverses questions, et lorsqu'elles furent posées, il se mit gravement et avec calme en mesure d'y répondre. L'historique de son départ de Vevey, son apparition à Saint-Maurice, à Martigny, à Liddes et à Saint-Pierre, furent distinctement détaillés et s'accordaient parfaitement avec les secrètes informations recueillies par les autorités. Il avait dépassé la dernière habitation de la montagne à pied et seul une heure environ avant que le cavalier solitaire, que l'on savait actuellement n'avoir été que Jacques Colis, eût été aperçu dans la même direction. Il convint avoir été rattrapé par lui à l'extrémité du sentier qui couronne le Vélan, où ils avaient été vus ensemble, quoique, à une distance considérable et à travers un jour douteux, par les voyageurs que conduisait Pierre.

Jusque-là ce récit conforme aux documents que le châtelain avait sous les yeux ; mais au détour du rocher déjà mentionné dans un précédent chapitre, à part les incidents déjà connus du lecteur, tout restait enseveli dans le plus profond mystère. L'Italien, dans ses explications ultérieures, ajouta que son compagnon, pressé d'atteindre le couvent avant la nuit, l'avait devancé donnant à sa monture une allure plus rapide ; tandis qu'il s'était au contraire un peu détourné du sentier pour se reposer et pour prendre quelques dispositions qu'il avait crues indispensables avant de se rendre en ligne directe à l'hospice.

Il débita ce bref récit avec calme et avec une précision égale à celle de Pippo et du pèlerin, et il était impossible d'y découvrir la moindre invraisemblance ou la plus légère contradiction. Il attribua sa rencontre avec les autres voyageurs au moment de l'ouragan à cette circonstance qu'ils avaient dû le dépasser pendant qu'il se reposait, et qu'il les avait rejoints par la rapidité de sa marche dès qu'il s'était remis en route, deux hypothèses aussi vraisemblables que le reste. Au point du jour il avait quitté le Refuge pour regagner le temps perdu avec l'intention d'être descendu au val d'Aoste avant la tombée de la nuit.

— Tout cela peut être vrai, reprit le juge ; mais comment expliques-tu la pauvreté de l'examen de tes effets tu paraîtrais dans une condition égale au dernier des mendiants. Tu as la réputation d'un hardi contrebandier, habile à frustrer de leurs revenus les États où les entrées sont imposées, et pourtant ta bourse est vide.

— Celui qui joue gros jeu, signor, est exposé à voir la fortune lui devenir contraire. Il n'est pas nouveau qu'un contrebandier ait perdu les fruits de son adresse.

— Ces raisons, plus plausibles que satisfaisantes, ne prouvent rien. Tu es signalé comme te livrant au transport d'articles de bijouterie de Genève dans les États voisins, et nous savons que tu viens justement de quitter cette ville des plus habiles ouvriers en ce genre. Il faut que tes pertes aient été bien soudaines pour t'avoir laissé si complétement dépourvu, que l'on sache si une entreprise avortée ne t'ait porté à réparer tes pertes par le meurtre de ce malheureux voyageur, qui est parti de chez lui emportant une forte somme et des bijoux de prix. Ces objets sont très-particulièrement détaillés dans l'inventaire de ses effets que l'honorable bailli s'est fait donner par sa famille.

Maso demeura silencieux et parut réfléchir à ce qu'il devait répondre, puis il demanda que l'on fît sortir de la salle de justice toutes les personnes étrangères, à l'exception des voyageurs de distinction, des moines et des juges. On fit droit à sa requête, car on s'attendait à quelque importante révélation, et c'est ce qui arriva, comme le lecteur pourra s'en convaincre.

— Si je me justifie de l'accusation de pauvreté, demanda-t-il aussitôt que les assistants d'ordre inférieur eurent quitté la salle, cela suffira-t-il pour me justifier à vos yeux de l'accusation d'assassinat ?

— Certainement non ; mais au moins tu auras écarté l'une des principales causes qui auraient pu te pousser à la commettre, c'est-à-dire la cupidité, car nous savons que Jacques Colis a été dépouillé de ce qu'il possédait.

Maso réfléchit de nouveau, comme s'il hésitait à prendre un parti duquel dépendait sa liberté ; puis, prenant soudain une prompte détermination, il appela Neptune, et s'asseyant sur les marches de l'autel latéral, il écarta les longs poils de son chien et montra aux yeux étonnés des spectateurs une ceinture de cuir ingénieusement placée sur la peau et si bien cachée qu'il eût été impossible de la découvrir sans en connaître le secret et sans s'approcher de Neptune, qui, à en juger par le sourd grognement qu'il fit entendre et par la rangée formidable de crocs qu'il laissa voir, ne devait pas se laisser aisément toucher par un étranger. Maso déboucla la ceinture, et exposa sous la vive lumière de la lampe un riche collier de pierres précieuses composé de rubis, d'émeraudes et d'autres joyaux de grand prix.

— Ce sont les produits d'un rude et aventureux travail, signor châtelain, dit-il ; si ma bourse est vide, c'est que les juifs de Genève en ont pris la dernière pièce en échange de ce collier.

— C'est en effet un ornement rare et d'une grande valeur pour appartenir à un homme de ta condition, Maso ! s'écria le prudent Valaisin.

— Il a coûté, signor, cent doppies d'or et de bon aloi, et je l'ai acheté pour un jeune noble Milanais qui le destine à sa fiancée et qui me permettra de prélever un bénéfice de cinquante pour cent. Que voulez-vous ! mes affaires étaient en mauvais état par suite de plusieurs saisies et d'un naufrage, et j'ai risqué l'aventure pour me refaire par un gain avantageux. Comme il n'y a rien dans tout ceci de contraire aux lois du Valais, j'espère, signor châtelain, que ma franchise me vaudra un acquittement. Le possesseur d'un objet comme celui-ci n'eût pas tenté de commettre un meurtre pour les faibles dépouilles de Jacques Colis.

— Tu possèdes d'autres valeurs, objecta le juge faisant signe de la main ; montre-nous tout ce que tu portes avec toi.

— Pas une broche de plus ni le plus petit grenat.

— Pourtant j'aperçois une autre ceinture autour de ton chien.

Maso parut ou feignit de paraître surpris. Neptune avait été placé dans une position convenable pour que son maître pût déboucler la ceinture, et il était resté dans la même position en attendant qu'elle fût rattachée, circonstance qui avait permis au châtelain de découvrir la seconde ceinture.

— Signor, dit le contrebandier changeant de couleur, quoiqu'il affectât de traiter légèrement une découverte que toutes les personnes présentes considéraient comme de la plus haute gravité, il paraîtrait que le chien, accoutumé à rendre à son maître ces petits services, aurait été tenté d'entreprendre une spéculation de même genre pour son propre compte. Par mon saint patron ! je ne sais rien de cette seconde ceinture.

— Ne plaisante pas ainsi et détache cette ceinture, sinon je ferai museler ton chien, et d'autres accompliront mes ordres, ordonna sévèrement le châtelain.

L'Italien obéit, mais avec une mauvaise grâce trop apparente pour ne pas nuire à l'intérêt de sa cause ; il déboucla la ceinture et la remit au Valaisan. Celui-ci coupa le cuir et étala sur la table douze ou quinze différentes pièces de joaillerie. Les spectateurs, attirés par la curiosité, vinrent se grouper autour de la table, tandis que le juge saisissait vivement la note écrite des objets ayant appartenu à la victime.

— Une bague en brillants, avec une émeraude de prix, le tout enchâssé d'or.

— Dieu soit loué ! elle ne s'y trouve pas ! s'écria le signor Grimaldi ; on doit souhaiter qu'un si brave marin soit innocent.

Le châtelain, qui se croyait sur la piste d'un secret qui commençait à l'embarrasser, et que la vanité surexcitée disposait à préférer de réussir dans ses recherches plutôt qu'à reconnaître l'innocence de Maso, accueillit cette exclamation du noble Génois avec une contraction des sourcils.

— Une croix longue de deux pouces, enrichie de turquoises entremêlées de perles de peu de valeur, continua-t-il.

Sigismond poussa une exclamation et s'éloigna de la table.

— Malheureusement voici qui ne répond que trop bien à la description, dit lentement et avec répugnance le signor Grimaldi.

— Mesurez-la, demanda le prisonnier.

L'expérience ne lui fut pas favorable, la longueur était exactement la même.

— Bracelets de rubis composés de six pierres montées à jour, continua méthodiquement le châtelain, dont l'œil brillait du triomphe de sa perspicacité.

— Ils ne s'y trouvent pas ! répliqua Melchior, qui, comme tous ceux qu'il avait obligés, prenait un vif intérêt à la situation de Maso ; il n'y a pas d'ornement de cette description.

— Passons à un autre, herr châtelain, intervint Peterchen, qui penchait pour le triomphe de la loi ; voyons ensuite, pour l'amour de Dieu !

— Une broche d'améthyste, pierre de nos montagnes, montée à jour et de la grandeur d'un huitième de pouce, forme ovale.

Elle était étalée sur la table à la vue de tous et hors de toute contestation. Les articles suivants, composés de bagues de moindre valeur, telles que le jaspe, la granite, la topaze et la turquoise, répondaient parfaitement à la description donnée par le bijoutier qui les avait vendus à Jacques Colis le soir de la fête, où il en avait fait l'acquisition pour défrayer par leur vente les dépenses de son voyage.

— C'est un principe incontestable de la loi, malheureux homme, remarqua le châtelain retirant de ses yeux les lunettes qu'il y avait placées pour compulser sa liste, que des effets volés trouvés en la possession d'un homme tendent à l'incriminer, à moins qu'il ne justifie comment il en est devenu possesseur. Que vas-tu nous répondre sur ce point ?

— Pas un mot, signor ; je ne puis faire autre chose que vous engager vous et les autres à vous en référer à mon chien, qui seul peut savoir comment ces babioles sont tombées en sa possession. Il est clair qu'on ne me connaît pas bien dans le Valais, car Maso n'a jamais fait commerce d'objets de si peu de valeur.

— Le prétexte ne saurait t'excuser, Maso ; tu plaisantes dans une affaire de vie et de mort. Veux-tu confesser ton crime avant que nous nous portions aux dernières extrémités ?

— J'ai été, j'en conviens, signor, puisque vous le voulez, en guerre ouverte avec la loi ; mais je suis aussi innocent du meurtre de cet homme que le noble baron de Willading ici présent. Je reconnais aussi que les autorités génoises sont à ma recherche pour quelque compromis de leur république avec ses anciens ennemis les Savoyards ; mais il s'agit là d'une affaire d'argent et non pas de sang. J'ai tué dans ma vie, signor, mais en loyal combat, que la cause fût ou non légale.

— Les présomptions sont assez fortes contre toi pour justifier le recours à la torture afin de t'extorquer le reste.

— Je ne vois pas qu'il soit utile d'y recourir pour de plus fortes preuves. Ici est le cadavre, là sont les dépouilles et le criminel se trouve devant vous. Il ne manque à cette affaire que les formalités du bourreau.

— De tous les crimes contre Dieu et les hommes, reprit le Valaisin d'un ton sentencieux, celui qui chasse une âme de son enveloppe terrestre pour paraître en présence de son souverain juge, sans préparation ni confession, chargée de tous les péchés de sa vie, celui-là a mérité le plus lourd et le dernier châtiment de la loi. Il y a moins d'excuse pour toi, Tomaso Santi, que pour tout autre, car ton éducation a été supérieure à tes hasards et tu as mené une existence de vices et de violences en toute connaissance du mal et contre les principes qui ont été inculqués dans ton jeune cœur. Il te reste donc peu d'espoir, car l'État que je sers veut la justice impartiale au-dessus de toutes choses.

— Noblement parlé, herr châtelain, s'écria le bailli, et de manière à faire entrer le remords comme un poignard dans le cœur du criminel. Ce que l'on dit et fait dans le Valais nous le répétons dans le pays de Vaud. Ici est le bailli ; là sont une âme et son enveloppe terrestre, chargée de tous les péchés de sa vie, celui-là a mérité le plus lourd et le dernier châtiment de la loi. Il y a moins d'excuse pour toi, Tomaso Santi, que pour tout autre, car ton éducation a été supérieure à tes hasards et tu as mené une existence de vices et de violences en toute connaissance du mal et contre les principes qui ont été inculqués dans ton jeune cœur. Il te reste donc peu d'espoir, car l'État que je sers veut la justice impartiale au-dessus de toutes choses.

— Noblement parlé, herr châtelain, s'écria le bailli, et de manière à faire entrer le remords comme un poignard dans le cœur du criminel. Ce que l'on dit et fait dans le Valais nous le répétons dans le pays de Vaud, et je ne souhaiterais pas à l'un de mes amis d'être en ce moment à ta place, Maso, pour toutes les jouissances d'un empereur.

— Vous avez parlé, messeigneurs, en hommes que la fortune a favorisés dès leur enfance. Rien de plus aisé à ceux qui ne manquent de rien de rester équitables et probes, quoique, par l'auréole de la Vierge, je pense qu'il y a plus d'envie et d'avarice chez ceux qui possèdent beaucoup que chez le pauvre qui ne vit que par le travail et l'abnégation. Je n'ignore pas ce que les hommes appellent justice, et je sais honorer et respecter ses décrets comme ils le méritent. La justice, messeigneurs, est la discipline du pauvre et l'épée du fort. Pour l'un c'est un bouclier, pour l'autre c'est une épée qui menace sa poitrine. Enfin c'est un mot sublime sur la langue, mais des plus équivoques dans l'application.

— Malheureux ! nous excusons ton langage en considération de la situation pénible où t'ont placé tes crimes, mais tu aggraves tes torts envers la société, car tu pèches à la fois contre la justice et contre toi-même. L'instruction s'arrête sur cet homme ; qu'on mette en liberté le bourreau et les autres prisonniers. Nous ordonnons que celui-ci soit mis aux fers.

Maso entendit cet ordre sans terreur, mais il semblait lutter intérieurement avec ses pensées en arpentant les dalles de la chapelle et en marmottant entre ses dents des mots inintelligibles. Enfin il s'arrêta tout à coup, comme s'il venait de prendre une soudaine résolution.

— Ceci devient sérieux, dit-il, et ne me permet pas d'hésiter davantage. Signor Grimaldi, ordonnez à tous ceux dans la discrétion desquels vous n'avez pas une confiance absolue de sortir de la chapelle.

— Je ne vois personne ici dont j'aie raison de me méfier, répondit le Génois surpris.

— Alors je vais parler.

## CHAPITRE XXIX.

Quelle que fût la gravité des faits accumulés contre lui, Maso avait conservé, pendant toute la scène précédente, le sang-froid et la présence d'esprit que donne l'habitude des dangers et des circonstances hasardeuses. A ces causes de force morale, il joignait des nerfs d'acier dont la nature l'avait doué et qu'il n'était pas facile de détendre quelle que fût la situation critique dans laquelle il se trouvait. Cependant il avait changé de couleur et semblait avoir réfléchi plus sérieusement qu'à l'ordinaire sur la gravité des circonstances présentes. Mais dès qu'il eut fait l'appel qui termine le précédent chapitre, sa résolution parut prise et il attendit seulement que les deux ou trois serviteurs qui étaient présents se fussent retirés pour la mettre à exécution. La porte étant fermée, le laissant seul avec ses juges, Sigismond, Balthazar et les femmes groupées derrière la chapelle latérale, il se retourna respectueusement vers le signor Grimaldi, et, s'adressant exclusivement à lui, comme si le jugement qui allait décider de son sort ne dépendait que de sa volonté :

— Signor, dit-il, il y a eu déjà entre nous plusieurs allusions secrètes ; je crois donc presque inutile de vous dire que je vous connais.

— Je t'ai déjà reconnu pour un compatriote, répliqua froidement le Génois, mais ce hasard ne saurait être d'aucun service à un meurtrier. Si quelques considérations pouvaient me faire oublier les droits de la justice, le souvenir de tes bons services sur le Léman, serait ta meilleure considération. Dans ta position actuelle tu n'as rien à attendre de moi.

Maso resta un moment silencieux sans perdre la contenance respectueuse qu'il avait assumée ; son regard scrutait les traits du Génois comme pour y définir son véritable caractère.

— Les chances de la vie vous ont grandement favorisé, signor, à votre berceau. Héritier d'une puissante maison, dans laquelle l'or est plus abondant que ne le sont les gémissements dans la cabane d'un pauvre homme, vous n'avez pas été exposé à apprendre par l'expérience combien il est difficile d'étouffer l'envie des jouissances que l'on achète avec ce vil métal que certains privilégiés retiennent entre leurs mains.

— Ce prétexte ne saurait t'excuser, malheureux ! ce serait la fin de toutes les institutions humaines. Cette différence dont tu parles n'est que la conséquence des droits de la propriété, et les barbares eux-mêmes admettent comme un devoir sacré le respect de la propriété d'autrui.

— Un mot de vous, illustre signor, suffirait pour m'ouvrir la route du Piémont, continua Maso sans se montrer ému ; une fois au delà des frontières, je prendrais soin de ne plus fouler aux pieds les sentiers du Valais. Je ne demande, Excellence, que ce que j'ai eu le bonheur de vous sauver, la vie !

Le signor Grimaldi secoua la tête exprimant toutefois le regret qu'il éprouvait de refuser son intercession. Il échangea un regard avec Melchior de Willading, et ce regard voulait dire que le devoir envers Dieu était une obligation plus impérieuse que la reconnaissance pour un service qui les touchait personnellement.

— Demande-moi de l'or ou tout ce que tu voudras excepté de combattre la justice ; j'aurais donné volontiers vingt fois la valeur de ces misérables dépouilles pour la possession desquelles tu as commis un meurtre, Maso, mais je ne puis devenir complice de ton crime en m'interposant entre toi et tes juges. Il est trop tard. Je voudrais te servir que je ne le pourrais plus.

— Tu entends la réponse de ce noble gentilhomme, dit le châtelain ; elle est sage et convenable, et tu exagères singulièrement son influence ou celle de tout autre ici présent si tu t'imagines qu'on peut ainsi éluder les lois à plaisir. Fusses-tu noble toi-même ou le fils du prince, le jugement suivrait son cours dans la juridiction du Valais.

Maso sourit amèrement ; son regard sauvage avait une expression d'ironie telle, qu'elle causait un sentiment de malaise sur tous les auditeurs. Le signor Grimaldi lui-même ne pouvait se préserver d'une terreur secrète devant cette audacieuse confiance du prisonnier.

— Si tu as d'autres choses à dire, parle, pour l'amour de la bienheureuse Marie, explique-toi.

— Signor Melchior, continua Maso se tournant vers le baron, je vous ai rendu, je crois, à vous et à votre fille, un assez important service sur le lac.

— C'est vrai, Maso ; nous sommes prêts tous les deux à le reconnaître, et si nous étions à Berne.... Mais les lois sont égales pour tous, pour le riche et pour le pauvre, pour celui qui a des amis comme pour celui qui en est dépourvu.

— J'ai entendu parler de ce fait sur le lac, dit Peterchen, et si la renommée ne ment pas, — ce qui lui arrive pourtant assez souvent, — tu t'es conduit dans cette affaire en marin loyal et expérimenté. Mais l'honorable châtelain a bien observé que la sainte justice avait le bras sur toute chose. On la représente aveugle, et c'est pour démontrer qu'elle frappe indistinctement. Réfléchis donc mûrement sur tous ces faits, et tu reconnaîtras l'impossibilité de prouver ton innocence. D'abord tu quittes le sentier pour faire tes préparatifs, puis tu reviens prendre la vie de Jacques Colis pour avoir son or.

— Mais tout ceci n'est qu'une supposition, interrompit il Maladetto. J'ai quitté le sentier pour confier à Neptune mon précieux trésor, à l'abri des regards curieux, et quant à l'or dont vous parlez, croyez-vous donc que le possesseur d'un collier de cette valeur eût risqué son âme pour un maigre butin comme celui de Jacques Colis !

Maso parlait avec un mépris qui était loin de servir sa cause, car ses auditeurs en concluraient qu'il n'estimait la moralité ou l'immoralité de ses actions que par le résultat.

— Il est temps d'en finir, dit le seigneur Grimaldi, qui était resté pensif et rêveur pendant que les autres parlaient, si tu as quelque chose de particulier à me dire, Maso : mais si tu ne peux invoquer autre chose que notre communauté de patrie, je te dis à regret qu'il ne faut pas compter sur mon appui.

— Signor, la voix d'un doge de Gênes s'élève rarement en vain lorsqu'il veut utile à quelqu'un.

Cette soudaine révélation du rang du voyageur produisit un vif mouvement de surprise et de curiosité sur les moines et le châtelain, et on entendit un murmure d'étonnement dans toute la chapelle. Le sourire de Peterchen et la réserve du baron de Willading dénotaient qu'ils n'apprenaient rien de nouveau. Le bailli dit à voix basse quelques mots significatifs au prieur et redoubla de respect et de déférence. Le signor Grimaldi demeura calme ; ses manières perdirent seulement la contrainte qu'elles s'étaient imposée jusqu'alors.

— La voix d'un doge de Gênes ne doit jamais s'interposer qu'en faveur d'un innocent ; répliqua-t-il fixant d'un œil sévère les traits de l'accusé.

Encore une fois il Maladetto parut prêt à laisser échapper un secret qui errait sur ses lèvres.

— Parle, continua le prince de Gênes, car c'était lui en effet qui voyageait incognito pour se retrouver avec son vieil ami aux fêtes de Vevey, parle, Maso, si tu as quelque chose d'important à faire valoir en ta faveur ; le temps presse, et l'impossibilité de ne pouvoir secourir un homme à qui je dois tant devient pénible.

— Signor doge, si votre cœur est fermé à la pitié, il ne l'est peut-être pas entièrement au cri de la nature.

Le visage du doge devint livide, ses lèvres s'agitèrent convulsivement.

— Sors enfin de tes allusions mystérieuses, homme de sang, dit-il avec force, que prétends-tu dire?

— Je supplie Votre Excellence d'être calme. La nécessité me contraint de parler, car, vous le voyez, je suis entre l'alternative de cette révélation et le billot. — Je suis Bartholomeo Cantini!

Un grand gémissement s'échappa des lèvres comprimées du doge. Il tomba sur un siège, et la pâleur de la mort se répandit sur ses traits vénérables. Toutes les personnes présentes s'élancèrent à son secours. Faisant signe à ceux qui étaient devant lui de se retirer en arrière, il continua de fixer attentivement le marin.

— Toi Bartholomeo? murmura-t-il d'une voix étouffée.

— Je suis Bartholomeo, signor. Celui qui joue plusieurs rôles est contraint d'emprunter des noms différents. Votre altesse elle-même ne voyage-t-elle pas parfois incognito?

Les yeux du doge semblaient fixés comme par une puissance surhumaine sur l'indomptable Maso.

— Melchior, dit-il lentement, nous ne sommes que de faibles et misérables créatures dans la main de celui qui considère le plus orgueilleux et le plus heureux entre nous comme nous regardons à nos pieds le vermisseau qui rampe sur la terre! Que sont l'espérance, l'honneur, nos amours les plus chères, dans cette série innombrable d'événements que le temps fait surgir des nuages de l'avenir à notre confusion? Sommes-nous orgueilleux, la fortune se venge de notre oubli d'humilité par le mépris. Sommes-nous heureux, ce n'est que le calme qui précède la tempête. Sommes-nous grands, notre esprit s'égare dans les abus de la puissance qui viennent justifier notre chute. Sommes-nous honorés, la boue s'imprime sur notre réputation et la souille, en dépit de nos efforts pour la conserver pure.

— Celui qui met sa confiance dans le fils de Marie ne désespère jamais, murmura le digne prieur ému jusqu'aux larmes de cette détresse du vieillard. Les fortunes du monde passent, son amour éternel survit à tous les temps.

Le signor Grimaldi, car tel était le nom de famille du doge de Gênes, tourna son œil morne sur le pieux Augustin et le reporta aussitôt sur Maso et Sigismond, qui s'était avancé auprès de lui pour lui porter secours.

— Oui, reprit-il, un être puissant et juste égalise nos fortunes et nous rendra justice à tous lorsque nous porterons dans un autre monde les torts de celui-ci; dis-moi, Melchior, toi qui as connu ma jeunesse, toi qui as lu à livre ouvert dans mon cœur, qu'y as-tu trouvé qui méritât ce châtiment? — Voici Balthazar, issu d'une race de bourreau, condamné par l'opinion, que les préjugés accablent de mépris, que les hommes montrent au doigt, et auquel les chiens jappent comme à l'avant-coureur de la mort. Ce Balthazar est le père de ce beau jeune homme parfait de forme, dont l'esprit est noble, dont la vie est pure. Et moi, dernière tige dont la race se perd dans la nuit des temps, le plus riche de mon pays, l'élu de mes pairs, je suis maudit dans ma descendance par un renégat, un vil brigand, un assassin, — par ce Maladetto. — Cet homme maudit est mon fils!

Un murmure d'étonnement parcourut l'auditoire et échappa même au baron de Willading, qui ne soupçonna pas la véritable cause de la détresse de son ami. Maso restait impassible; tandis que le vieillard trahissait une douloureuse angoisse, le fils ne laissait voir que l'ombre de cette sympathie dont une existence vagabonde laisse encore quelques étincelles dans le cœur calciné d'un enfant. Il était froid et complètement maître de lui-même.

— Je ne puis le croire, s'écria le doge, dont l'âme se révoltait plus encore de cette atrophie du cœur que de la honte d'être le père d'un tel fils, tu n'es pas ce que tu prétends être; tu as voulu te servir de cet ignoble mensonge pour faire intervenir ma sensibilité entre toi et le bourreau. Prouve ce que tu avances, ou je t'abandonne à ta destinée.

— Je voulais vous épargner, signor, cette dernière humiliation, mais puisque vous le voulez, ce cachet envoyé par vous pour me préserver dans une occasion du genre de celle-ci, vous prouvera que je suis Bartholomeo; et je trouverai de plus à Gênes une centaine de témoins qui pourront attester la véracité de mes paroles.

Le signor Grimaldi étendit une main tremblante pour reconnaître ce signe de reconnaissance, qu'il avait effectivement fait parvenir à son enfant dans l'espoir de le retrouver un jour. C'était bien son propre cachet, il le reconnut et ne put retenir un sourd gémissement.

— Maso-Bartholomeo Gaetano, car tels sont bien, misérable enfant, tes noms véritables, tu ne peux pas savoir combien est douloureux au cœur d'un père la blessure que lui infligent les dérèglements d'un indigne enfant; autrement ta vie eût été différente. Ah! Gaetano! Gaetano! où sont les espérances que l'amour d'un père avait fondées sur toi? Je t'ai quitté enfant, souriant innocemment dans les bras de ta nourrice, et je te retrouve l'âme souillée de crimes, la source de ton esprit corrompue et imprégnée de vice, les mains teintes de sang, vieillard prématuré de corps, et l'esprit possédé du démon!

— Vous me retrouvez, signor, tel que les hasards d'une vie sauvage m'ont transformé. Brouillé depuis longtemps avec le monde, et enfreignant ses lois, je me venge de leurs abus, répliqua il Maladetto, dont l'esprit et le sang commençaient à s'échauffer; vous me traitez durement, doge, père, ou tout ce que vous voudrez, et je ne me montrerais pas digne de ma race si je ne répondais sur le même ton à vos accusations. Comparez votre carrière à la mienne, et faites proclamer ensuite par les cent voix de la renommée lequel de nous deux a plus de raison de s'enorgueillir ou de se faire valoir. Enveloppé des langes de l'espérance et des honneurs de notre nom, votre jeunesse s'est passée à chercher l'honneur dans le métier des armes; puis fatigué de gloire, et voulant restreindre vos plaisirs, vous cherchâtes autour de vous une alliance, pour donner des successeurs à votre nom; vos yeux daignèrent s'abaisser sur une jeune fille, belle et noble, mais dont les affections s'étaient solennellement et irrévocablement données à un autre.

Le doge tressaillit et se couvrit les yeux, mais il interrompit vivement Maso.

— Son parent était indigne de son amour, s'écria-t-il, c'était un proscrit, et il ne valait guère mieux que toi, malheureux enfant, excepté peut-être dans sa condition de fortune.

— Qu'importe, signor? Dieu ne vous avait pas créé l'arbitre de sa destinée! En séduisant sa famille par vos richesses, vous avez brisé deux cœurs en elle, et détruit les espérances de deux de vos semblables. En elle, vous avez sacrifié une ange doux et pur comme cette belle créature qui est là, devant moi, attentive à mes paroles; en lui, un esprit indomptable qu'il fallait d'autant plus ménager que la fougue l'entraînait au bien comme au mal. Avant que votre fils fût né, ce malheureux rival, pauvre d'espérance et de fortune, devenait fou de désespoir, et la mère de votre enfant périssait victime de ses remords et de sa foi parjure.

— Ta mère fut trompée, Gaëtano, elle n'a jamais connu le véritable caractère de son cousin, car alors elle eût méprisé le misérable qu'elle aimait.

— Qu'importe, signor, continua il Maladetto, avec cette âpre persévérance et ce froid calcul qui semblaient justifier la dénomination qu'on lui avait donnée de il Maladetto, comme si le génie du mal se fût emparé de son esprit; elle l'aimait avec un cœur de femme, et c'est avec l'ingénuité et la confiance d'une femme qu'elle attribua sa chute au désespoir de l'avoir perdu.

— O Melchior! Melchior! tout ceci est horriblement vrai, dit en sanglotant le doge.

— Si c'est vrai, noble signor, que c'est écrit sur la tombe de ma mère. Enfants d'un brûlant climat, les passions bouillonnent dans notre cœur sous les rayons ardents de la chaude Italie. Quand le désespoir poussa l'amant désappointé à des actes qui le firent proscrire, la soif de vengeance ne tarda pas à s'emparer de lui. Votre enfant fut volé, caché à votre vue, et jeté sur un monde dans des circonstances qui le condamnaient à vivre dans l'amertume, et à mourir avec le mépris et les malédictions de ses semblables. Tel est, signor Grimaldi, le résultat de vos erreurs. Eussiez-vous respecté les affections d'une innocente jeune fille, ces tristes conséquences pour vous-même et pour moi ne s'en fussent pas suivies.

— Faut-il donc ajouter foi au récit de cet homme, Gaetano? demanda le baron, qui avait plusieurs fois manifesté l'intention d'interrompre les récriminations de l'accusé.

— Je ne puis le nier! Il dit vrai. Jamais encore ma conduite ne m'était apparue sous un jour si tristement vrai.

Il Maladetto fit entendre un sauvage éclat de rire, que les assistants ne purent s'empêcher de comparer au rire d'un démon.

— C'est ainsi que les hommes s'endurcissent dans le péché, ajouta-t-il, tandis qu'ils réclament la couronne d'innocence. Que les grands de la terre mettent seulement la moitié de la sollicitude à prévenir les offenses contre eux-mêmes, qu'ils apportent à faire justice, et ce qu'ils appellent la justice ne servira plus désormais à faire vivre quelques-uns d'entre eux aux dépens de tous les autres. Enlevé dans mon enfance, la nature eut beau agir avec mon tempérament, je dois l'avouer, est plus porté aux aventures et aux dangers qu'aux plaisirs de vos palais de marbre. Noble père, si l'esprit de votre fils s'enveloppait dans la robe d'un sénateur ou d'un doge, je ne sais ce qu'il adviendrait de Gênes.

— Malheureux, s'écria le prieur indigné, est-ce là le langage qu'un fils respectueux doit tenir envers son père? Oublies-tu que le sang de Jacques Colis pèse sur ta conscience?

— Mon révérend, la candeur avec laquelle je confesse mes fautes devrait m'absoudre du crime dont je me défends. Par les saints canons d'Aoste, votre saint patron et le fondateur de votre ordre, je suis innocent de ce crime. Interrogez Neptune, tournez et retournez l'affaire comme vous le voudrez, quelles que soient les apparences qui s'élèvent contre moi, je jure que je suis innocent. Si vous croyez que la peur du châtiment me pousse à proférer un mensonge, vous faites injure à mon courage et à mon respect pour les choses sacrées. Le fils unique du doge régnant de Gênes n'a guère à redouter la hache du bourreau.

Maso fit entendre de nouveau un rire satanique, confiant dans son expérience du monde et trop téméraire pour consulter les convenances lorsque son humeur le portait à lui rendre ses dédains. Le châtelain, le prieur, le bailli, et le baron de Willading demeuraient pétrifiés, tant l'agonie mentale du doge formait un effrayant contraste avec la cruelle insensibilité de son fils. Tous avaient la conviction que le criminel resterait impuni ; car il n'y avait pas de précédent que le fils d'un prince fût conduit à l'échafaud pour d'autre crime que celui d'attentat aux pouvoirs de son père. C'eût été ébranler d'un choc trop violent le fragile édifice de l'hérédité que de faire connaître au monde que le fils d'un prince pouvait être le dernier misérable d'une nation ; et les sentiments paternels le couvraient dans tous les cas d'une protection invulnérable.

L'embarras de la situation fut écarté, heureusement et d'une manière tout à fait inattendue, par l'intervention de Balthasar.

Le bourreau, qui était resté jusqu'alors spectateur attentif et silencieux de ce qui se passait, vint se placer en face du tribunal, et portant ses regards calmes et assurés sur les juges, il commença en ces termes :

— Ce récit tronqué de Maso vient d'enlever de mes yeux un voile qui les obscurcissait depuis près de trente ans. Est-il vrai, illustre doge, car tel est-il ce qu'il me semble votre véritable titre, est-il vrai qu'un fils ait été volé et enlevé à votre amour, par la haine et la vengeance d'un rival ?

— Ce n'est que trop vrai !

— Pardonnez-moi, grand prince, si je vous presse de questions dans un moment si douloureux, et croyez que ce n'est que dans votre propre intérêt. Permettez-moi donc de vous demander dans quelle année ce malheur vous a frappé ?

Le signor Grimaldi fit signe à son ami de répondre pour lui à cet étrange interrogatoire, et cachant sa tête dans les plis de son manteau, il demeura enseveli dans ses pénibles et douloureux souvenirs. Melchior de Willading répondit pour lui.

— L'enfant fut enlevé vers l'automne de l'année 1693, répondit-il, les confidences de son ami l'ayant mis au courant de tous les incidents de son histoire.

— Et son âge ?

— Il avait alors un an, environ.

— Pouvez-vous me dire ce que devint le noble libertin qui commit cet enlèvement ?

— Le sort du signor Pantaleone Serrani n'a jamais été positivement connu ; la rumeur publique dit qu'il a été tué à la suite d'une dispute sur notre territoire. Il n'est pas douteux qu'il ait cessé de vivre.

— Et sa personne, mien herr ? Il me faut plus ou une description de sa personne pour éclaircir un fait qui est resté si longtemps dans l'obscurité du mystère.

— Je l'ai connu lorsqu'il était jeune encore. Il pouvait avoir alors trente ans environ, de taille moyenne, les traits fortement accentués comme les Italiens, l'œil noir, la peau brune, et la chevelure noire et brillante. Je ne saurais vous en dire davantage, sinon qu'il avait perdu un doigt dans un engagement en Lombard.

— C'en est assez, répliqua Balthazar. Cessez de gémir, noble prince, et ouvrez votre âme à une joie inattendue. Au lieu d'être le père de ce reître, Dieu a pitié de votre véritable fils, et il vous le rend dans la personne de Sigismond, jeune homme dont les nobles qualités réjouiraient le cœur d'un empereur.

Cette étrange déclaration produisit une vive sensation parmi les spectateurs. Un cri d'angoisse s'échappa sur les lèvres de Marguerite, qui s'élança de l'endroit où elle s'était retirée, et vint se placer au milieu des juges rassemblés comme pour défendre son trésor.

— Qu'ai-je entendu ? s'écria-t-elle. Mes soupçons seraient-ils donc confirmés, Balthazar ? Suis-je donc privée de mon fils ? Tu ne te joueras pas ainsi du cœur d'une mère pour faire illusion à ce noble seigneur. Parle, mais parle donc — Sigismond. —

— N'est pas votre fils, répondit le bourreau avec un air de franchise qui n'admettait pas le doute. Notre fils est mort enfant, et pour t'épargner la douleur de sa perte, je lui ai substitué celui-ci.

Marguerite se rapprocha du jeune homme qu'elle contempla avec anxiété, et qui luttait entre le regret de se voir arraché du sein d'une famille qu'il aimait, et l'espoir d'être en même temps relevé de la malédiction qui pesait sur la tête de celui qu'il avait considéré comme son père. La pauvre femme interprétant d'un œil jaloux cette dernière impression, inclina sa tête sur sa poitrine et retourna cacher ses larmes au milieu de ses compagnes.

Cependant l'espérance renaissait peu à peu dans le cœur ulcéré du doge. Tout invraisemblable que lui parût encore cet horizon lumineux, il s'y rattachait comme le naufragé fixe son regard sur le phare qui ranime ses forces épuisées, tandis que Sigismond laissait errer ses regards de l'homme simple, bienveillant, mais dégradé, qu'il avait cru son père, aux traits nobles et vénérables du vieillard qui allait le devenir. Les sanglots de Marguerite et de Christine arrivaient à son cœur et tempéraient la joie que lui eût fait éprouver ce changement aussi soudain qu'inattendu de fortune.

— Tout ceci me paraît si merveilleux, dit le doge, qui tremblait qu'un mot ne vînt détruire une si douce illusion, si étrangement incroyable, que, quoique mon âme s'efforce de l'accueillir, ma raison se refuse d'y croire. Il ne suffit pas d'une simple révélation, Balthazar, il nous faut une preuve. Donnez-moi seulement la moitié d'une preuve

pour établir l'existence d'un fait légal, et je vous ferai l'homme le plus riche de votre classe dans toute la chrétienté. Et toi, Sigismond, noble jeune homme, ajouta-t-il lui tendant les bras, viens sur mon cœur, que je te donne ma bénédiction pendant que l'espoir subsiste, que je sens tressaillir en moi un cœur de père.

Sigismond s'agenouilla aux pieds du prince vénérable, qui laissa tomber sa tête sur son épaule et mêla ses larmes aux siennes. Tous deux néanmoins ressentaient un doute poignant qui rendait imparfaite leur félicité. Maso contemplait cette scène d'un œil froid et mécontent ; et seul de tous les spectateurs, il résistait aux émotions sympathiques qui leur arrachaient des larmes d'attendrissement.

— Je te bénis, mon enfant, mon cher fils bien-aimé ! je te bénis ! murmura le doge pressant la tête du jeune soldat sur sa poitrine. Que Dieu et tous les saints te bénissent avec moi, qui que tu sois ! Je te dois un de ces courts instants de bonheur, que mon cœur n'avait pas encore ressentis. Non-seulement j'ai retrouvé en toi un fils, mais un enfant doué de toutes les qualités désirables pour donner à un père les joies du paradis.

Sigismond baisa avec ferveur la main du vieillard, et sentant la nécessité de résister à une trop forte émotion, il se releva et fit un chaleureux appel aux souvenirs du brave homme, afin qu'il donnât d'autres preuves de ce qu'il venait d'avancer, qu'une simple assertion de laquelle dépendait désormais le bonheur ou le malheur de sa vie.

## CHAPITRE XXX.

Le récit de Balthazar fut simple et éloquent. Son union avec Marguerite, en dépit de l'aveuglement et de l'injustice du monde, avait été bénie par le dispensateur des célestes consolations.

— Nous vivions l'un pour l'autre, continua-t-il après avoir raconté brièvement leur naissance et l'histoire de leur amour. Vous qui êtes nés dans la richesse et dans les honneurs, qui ne rencontrez autour de vous que des sourires, vous ne sauriez comprendre toute la force de l'amour entre deux créatures unies dans le malheur. Quand Dieu nous donna notre premier-né et que Marguerite le contempla, assis sur ses genoux et lui souriant avec l'innocence des anges, elle versa des larmes en pensant qu'il était condamné par la loi à répandre le sang. Cette pensée qu'il devait passer toute une existence dans la proscription était trop amère au cœur maternel. Nous avions adressé au canton des offres avantageuses pour être relevés de nos charges. Nous devons vous rappeler, herr Melchior, toutes les démarches que j'ai faites à ce sujet auprès du conseil. On m'a refusé. La coutume était ancienne, ont-ils dit ; tout changement établirait un fâcheux précédent, et la volonté de Dieu devait s'accomplir. Nous ne pûmes supporter l'idée que le fardeau si lourd pour nous retombât comme une malédiction éternelle sur nos descendants. Ceux qui possèdent richesses et honneurs, herr doge, continua-t-il levant les yeux vers le prince, peuvent être fiers de leurs privilèges, mais quand l'héritage n'apporte que honte et malheur, il est permis au cœur de saigner. Telles furent nos pensées en contemplant notre premier né, et nous n'eûmes d'autre désir que de le préserver d'une semblable destinée, et nous y fîmes tous nos efforts.

— Oui ! interrompit violemment Marguerite, je me suis séparée de mon enfant, et j'ai étouffé mes sentiments de mère, entendez-vous, orgueilleux nobles, afin qu'il ne devînt pas le jouet de votre politique ! J'ai renoncé aux joies d'une mère qui nourrit et berce son enfant dans sa jeunesse, afin que cet innocent puisse vivre au milieu de ses semblables, comme Dieu l'a créé, leur égal et non leur victime.

Balthazar s'était interrompu pour laisser à sa femme le temps de manifester ses sentiments mâles et puissants, puis lorsqu'un profond silence eut suivi cette sortie il continua :

— Nous ne désirons pas la fortune, mais seulement d'avoir notre part de l'estime du monde. Avec de l'argent il nous fut aisé de trouver dans un autre canton des mercenaires qui voulussent bien se charger du petit Sigismond. Une mort simulée et un faux enterrement firent le reste. La tromperie fut facile, car peu s'inquiétaient du bonheur ou du malheur de la famille du bourreau. L'enfant venait d'atteindre sa première année lorsque je fus appelé pour exercer mon emploi sur un étranger. Le criminel avait assassiné un homme dans une rixe survenue dans une des villes du canton. On disait que descendu des rangs de la noblesse, il avait souillé son nom dans la fange d'une vie déréglée. Je partis le cœur oppressé, car jamais je n'étais appelé à frapper une créature humaine sans prier Dieu que ce fût la dernière fois. Mais une autre douleur m'attendait lorsque j'atteignis le lieu où le condamné devait subir son châtiment ! Je reçus avant d'entrer dans la prison la nouvelle de la mort de mon fils, et je m'arrêtai pour verser des larmes de regret avant de pénétrer auprès de ma victime. Le condamné ne paraissait pas résigné à mourir ; il m'avait envoyé chercher longtemps avant l'instant fatal, pour se familiariser, disait-il, avec la main qui devait l'envoyer devant le souverain juge.

Balthazar s'arrêta ; il parut troublé sur cette scène, qui avait dû laisser dans son esprit une impression indélébile. Tressaillant involontairement il leva les yeux, qu'il avait fixés sur les dalles de la chapelle, et continua d'un ton mélancolique :

— J'ai été l'instrument involontaire de bien des morts violentes. J'ai vu les criminels les plus endurcis, dans l'agonie d'un repentir soudain et forcé, mais jamais je n'avais été témoin d'une lutte aussi sauvage et aussi terrible entre la terre et le ciel, entre la vie et la mort, que celle qui précéda la dernière heure de ce malheureux. Il y avait des moments où le doux esprit du Christ domptait son naturel féroce, mais les idées de vengeance et les passions de l'enfer reprenaient bientôt leur empire. Il avait avec lui un enfant ayant atteint l'âge du sevrage, la vue de cet enfant paraissait réveiller en lui les sentiments les plus divers; tantôt il se penchait sur lui, tantôt il voulait qu'on l'éloignât de sa vue.

— Cela devait être horrible, murmura le doge.

— D'autant plus horrible, que cet homme allait mourir. Il repoussa l'assistance du prêtre, et ne voulut voir que moi. Sa vue me faisait mal; mais il eût été cruel d'abandonner un homme si près de la mort, et puis nous rencontrons si peu de sympathie! Au dernier moment il me confia son enfant et me laissa plus d'or qu'il n'en fallait pour l'élever jusqu'à l'adolescence. J'ai gardé en outre différents objets de prix comme des témoignages qui un jour pussent devenir d'une grande utilité. Tout ce que j'appris de l'origine de cet enfant fut qu'il était né en Italie et de parents italiens, et que sa mère était morte peu de temps après sa naissance. Son père vivait encore et était l'objet de la haine implacable du coupable, comme la mère semblait l'avoir été de son ardent amour; sa naissance était noble, et on l'avait fait entrer dans le giron de l'Église sous le nom de Gaetano.

— Ce doit être lui... c'est lui... c'est mon fils bien-aimé! s'écria le doge incapable de se contenir plus longtemps; il tendit ses bras ouverts à Sigismond, qu'il pressa sur son cœur, quoique tout lui parût encore un rêve. Continue, continue, excellent Balthazar, ajouta-t-il ; la paix ne rentrera dans mon cœur que lorsque tu m'auras révélé tous les détails de ce merveilleux récit.

— Il me reste peu de chose à dire, illustre doge. L'heure fatale sonna, et le criminel fut conduit vers le lieu où il devait subir le châtiment de ses crimes. Lorsqu'il fut assis sur le bloc où il allait recevoir le coup fatal, son esprit parut agité de violentes convulsions; j'eus des raisons de croire qu'il voulait faire sa paix avec Dieu, mais l'enfer prévalut, il mourut dans le péché. Du moment où il m'eut confié le petit Gaetano, je ne cessai de l'implorer pour connaître le secret de la naissance de l'enfant; mais à toutes mes prières il me répondit d'approprier l'or à mes besoins personnels, et d'adopter l'enfant pour mon fils. L'épée était dans ma main, et l'ordre de frapper était déjà donné, lorsque pour la dernière fois je lui demandai le nom, la famille et le pays de l'enfant. Il est à toi, il est à toi, me répondit-il, ton office n'est-il pas héréditaire? Et sur ma réponse affirmative il ajouta : Alors adopte-le, apprends-lui à se nourrir du sang de ses semblables. La tête tomba; elle portait encore les traces sataniques du triomphe de l'enfer sur cette âme indomptable.

— Le monstre fut justement immolé aux lois du canton, s'écria le bailli; vous voyez, herr Melchior, que nous avons raison de mettre le glaive dans la main du bourreau, et que ce misérable était indigne de vivre.

Cet élan de satisfaction officielle de la part de Peterchen, qui négligeait rarement l'occasion de tirer une conclusion favorable à l'ordre de choses établi, comme tous ceux qui y trouvent leur avantage, fut à peine remarqué, car l'attention des spectateurs présents était trop absorbée par le récit de Balthazar.

— Qu'advint-il de l'enfant? demanda le supérieur, qui semblait prendre un vif intérêt à cette étrange histoire.

— Je ne pouvais l'abandonner, mon père, et je n'en eus pas l'intention; il me fut confié dans un moment où Dieu, pour nous punir de nos plaintes amères contre un sort qu'il lui avait plu de nous imposer, venait de rappeler à lui notre petit Sigismond. Je remplaçai mon fils par celui-ci, je lui donnai mon nom et une partie de l'amour que j'avais éprouvé pour mon propre sang; le temps et le caractère de l'enfant complétèrent la transformation. Marguerite ne connut jamais la substitution, quoique son instinct et sa tendresse de mère lui aient fait soupçonner la vérité; nous avons toujours évité l'un et l'autre d'aborder ce sujet, et comme vous, pour la première fois aujourd'hui elle connaît la vérité.

— Ce fut un terrible mystère entre mon propre cœur et Dieu, murmura la femme du bourreau; je m'abstins de l'approfondir, car Sigismond, Gaetano, quel que soit le nom que vous lui donniez, comblé le vide de mes affections, et je m'efforçai d'être satisfaite. L'enfant me sera toujours cher, dussiez-vous le placer sur un trône; il est Christine, la pauvre Christine, et véritablement le fruit de mes entrailles.

Sigismond alla s'agenouiller aux pieds de celle qu'il reconnaissait toujours pour sa mère, et la supplia de le bénir et de lui conserver son affection ; un torrent de larmes s'échappa des yeux de Marguerite, et elle lui accorda l'un et l'autre en promettant de le considérer toujours comme son fils.

— Avez-vous encore quelques-uns des vêtements ou des joyaux qui vous furent confiés avec l'enfant? demanda le doge, dont l'esprit était trop préoccupé d'écarter les moindres doutes pour s'arrêter à d'autres considérations.

— Tout est ici dans le couvent, excepté l'or qui a été employé pour équiper Sigismond dans la carrière des armes. L'enfant fut élevé secrètement par un prêtre instruit, jusqu'à ce qu'il eût atteint l'âge de prendre du service, où je l'envoyai en Italie. Le temps était venu de lui révéler sa naissance et la nature des liens qui l'attachaient à nous, mais je redoutais la douleur que cette révélation causerait à Marguerite et à moi-même, et je rendais à son cœur cette justice de croire qu'il préférerait de nous appartenir, humbles et méprisés comme nous sommes, plutôt que de se savoir proscrit, sans nom, sans patrie et sans famille. Toutefois, j'avais résolu de lui révéler la vérité ici au couvent, en présence de Christine. C'est pour cette raison et pour lui donner les moyens de retrouver sa famille que j'ai transporté secrètement ses effets parmi nos bagages.

Le vénérable prince tremblait convulsivement, car il redoutait encore de ne pas trouver dans ces muets témoignages l'entière réalisation de ses plus chères espérances.

— Produisez-les, apportez-les à l'instant, s'écria-t-il en s'adressant à tous ceux qui l'entouraient, puis se tournant lentement vers Maso impassible il lui dit :

— Et toi, homme de sang et de duplicité, qu'as-tu à répondre à ce récit vraisemblable?

Il Maladetto sourit comme s'il était supérieur à la faiblesse qui avait affecté les autres, sa physionomie exprimait cette supériorité calme que donne la connaissance de la vérité sur le doute et l'hésitation.

— J'ai à répondre, signor et honoré père, répondit-il froidement, que Bartholomeo à très-adroitement récité un conte ingénieusement inventé, je vous répète que cent témoins à Gênes prouveront que je suis Bartholomeo; vous ne pouvez ignorer, doge de Gênes, ce qu'était Bartholomeo Cantini.

— Il dit vrai, reprit le prince désappointé. Oh! Melchior, je n'ai que trop de preuves de ce que tu affirme; ce sais depuis longtemps que ce misérable Bartholomeo est mon fils, quoique jusqu'alors il m'ait épargné sa présence. Mes craintes me l'avaient représenté vicieux et méchant, mais la vérité dépasse tout ce que j'aurais pu redouter de trouver en lui.

— N'y aurait-il pas quelque ruse cachée et n'es-tu pas la dupe d'une conjuration formée contre ta fortune?

Le doge secoua la tête pour indiquer qu'il ne se flattait pas de ce faible espoir.

— C'est impossible, mes offres d'argent ont toujours été repoussées.

— Qu'ai-je besoin de l'or de mon père? objecta il Maladetto; mon adresse et mon courage suffisent à mes besoins.

La nature de la réponse et l'attitude calme de Maso produisirent un silence embarrassant.

— Que tous deux s'avancent pour être confrontés, dit enfin le prieur. La nature souvent se révèle, lorsque les efforts humains sont en défaut; Si l'un des deux est le véritable fils du prince, il doit avoir avec lui quelque signe de ressemblance à l'appui de ses prétentions.

L'épreuve, quoique douteuse, fut néanmoins acceptée, comme dernier moyen d'expliquer le mystère, qui s'obscurcissait de plus en plus. Sigismond et Maso vinrent se placer sous les rayons de la lampe, et tous les yeux se tournèrent vers eux pour découvrir, dans leurs physionomies, l'un de ces signes secrets qui trahissent les affinités les plus mystérieuses de la nature. Jamais examen plus embarrassant n'avait été tenté; chacun des prétendants semblait avoir des droits à cette ressemblance. L'avantage penchait en faveur de Maso, dont le teint olivâtre, l'œil noir et vif, l'expression fine et pénétrante semblaient calqués sur ceux du doge comme l'esquisse légère copiée sur un grand maître.

L'ensemble des traits de Sigismond avait quelques points de ressemblance, comme le portrait d'un vieillard peint dans ses jours de jeunesse et de bonheur; mais ni l'œil, ni les cheveux, ni la complexion, ne possédaient cette teinte chaude de l'Italie.

— Vous le voyez, dit effrontément Maso lorsque le supérieur eut lui-même établi cette différence; le subterfuge ne résiste pas à l'épreuve; je jure, comme j'espère de mourir chrétien, qu'autant qu'il est possible de connaître son père, je suis le fils de Gaetano Grimaldi, le présent doge de Gênes. Puissent les saints m'abandonner, la sainte Vierge être sourde à ma prière et les hommes me poursuivre de leur malédiction si je dis autre chose que la sainte vérité !

L'effrayante énergie avec laquelle Maso prononça ce serment solennel affaiblit considérablement l'opinion favorable à son compétiteur.

— Et ce noble jeune homme, demanda le doge désespéré, ce généreux enfant que j'ai pressé sur mon cœur avec toute la tendresse d'un père, qu'est-il donc?

— Eccellenza, je ne veux rien dire contre le signor Sigismond. C'est un habile nageur et un ami sûr dans le danger ; qu'il soit Suisse ou Génois, l'un ou l'autre pays doit être fier de le posséder ; mais l'amour de soi-même nous commande de soigner nos intérêts. Il serait plus agréable d'habiter le palais Grimaldi sur notre golfe chaud et balsamique, comme le véritable comme l'héritier du nom, que de couper des têtes à Berne, et l'honnête Balthazar ne suit que ses instincts en recherchant ces avantages pour son fils.

Tous les yeux se tournèrent sur le bourreau, qui ne sourcilla pas et conserva le calme d'une conscience sincère et pure.

— Je n'ai pas dit que Sigismond fût le fils de tel ou tel, répondit-il avec douceur mais avec cet air de fermeté et de franchise qui gagne la confiance des auditeurs. J'ai seulement déclaré qu'il ne m'appartenait pas. Il n'y a pas de père qui ne revendiquât un plus digne fils, et je ne céderais mes droits qu'avec douleur si je n'espérais pour lui un meilleur destin que celui d'être allié à la famille d'un bourreau. La ressemblance que vous trouvez en Maso, et le peu que semble en posséder Sigismond, ne prouvent que peu de chose, nobles gentilshommes et révérends moines, car tous ceux qui ont approfondi cette question savent que rien n'est plus trompeur. Sigismond n'est pas de nous, et nul ne saurait découvrir dans ses traits une ligne qui fût semblable à nous.

Balthazar s'arrêta pour laisser vérifier son assertion; et véritablement l'imagination la plus prédisposée n'eût pu établir la moindre affinité entre les traits du jeune soldat et ceux des deux personne qui avaient passé si longtemps pour ses parents.

— Que le doge de Gênes interroge ses souvenirs; qu'il fouille dans sa vie privée, peut-être y trouvera-t-il l'empreinte d'un sourire, une nuance de cheveux, un point quelconque, un anneau brisé qui puisse se rattacher à la chaîne de vos souvenirs, un point de comparaison entre ce jeune homme et quelqu'un de ceux que vous avez connus et aimés.

Le prince se retourna vers Sigismond, et un rayon de joie illumina ses traits pendant qu'il contemplait le jeune homme.

— Par san Francisco ! Melchior, l'honnête Balthazar a raison. Ma grand'mère était Vénitienne, et elle avait les cheveux blonds, et ses yeux aussi, et... Oh ! il me semble voir le regard de la douce Angiolina lorsque mes richesses ayant réduit sa famille, elle fut contrainte de me donner sa main. — Misérable ! tu n'es pas Bartolomeo, ton récit mensonger n'était qu'une tromperie inventée par toi pour te préserver du châtiment dû à ton crime.

— Supposons que je sois pas Bartolomeo, Eccellenza, le signor Sigismond doit-il l'être pour cette raison ? Ne vous êtes-vous pas assuré vous - même qu'un certain Bartolomeo Cantini, un homme dont la vie s'est passée en hostilité contre les lois, est votre enfant ? Ne vous êtes-vous pas servi de votre confident pour rechercher ces faits ? N'a-t-il pas appris des lèvres mourantes d'un saint prêtre qui connaissait ces circonstances que Bartolomeo Cantini est le fils de Gaetano Grimaldi ? Les confédérés de votre implacable ennemi Cristoforo Serrani ne vous ont-ils pas juré la même chose ? N'avez-vous pas lu les papiers trouvés sur l'enfant, et n'avez-vous pas envoyé ce cachet comme un gage que Bartolomeo pourrait invoquer auprès de vous, s'il venait à avoir besoin de votre protection dans les hasards de sa vie aventureuse, lorsque vous apprîtes qu'il préférait rester ce qu'il était, plutôt que de devenir une image de repentir maladif et de noblesse nouvellement acquise, errant sous les lambris de votre splendide palais sur la strada Balbi ?

Le doge laissa de nouveau tomber sa tête sur sa poitrine, car il reconnaissait la vérité de tous ces faits évoqués contre lui.

— Il y a ici quelque déplorable méprise, dit-il avec amertume. Tu auras accueilli l'enfant de quelque autre malheureux père, Balthazar ; mais si je ne puis prouver que Sigismond est mon fils, il m'en servira désormais, et en lui je placerai toutes mes affections. S'il ne m'a doit pas la vie il a sauvé la mienne. Cette dette formera entre nous un lien aussi indissoluble que pourrait le produire le lien du sang.

— Ne nous pressons pas trop, herr doge, interrompit le bourreau ; s'il y a de fortes présomptions en faveur de Maso, bien des circonstances témoignent aussi pour Sigismond. Pour moi l'histoire du dernier me semble plus probable que celle de l'autre. L'époque, le pays, l'âge de l'enfant, le nom et les terribles révélations du criminel, sont de fortes preuves de son origine. Voici du reste pour éclaircir vos doutes les effets qui m'ont été laissés avec l'enfant ; peut-être ajouteront-ils un nouveau poids dans la balance de ses intérêts.

Balthazar avait trouvé le moyen de se procurer le paquet en question parmi les bagages de Sigismond, et il se mit à en étaler le contenu au milieu d'un silence d'anxiété de la part des spectateurs, qui en épiaient attentivement le résultat. Il déposa d'abord sur la marche de l'autel une suite complète de vêtements d'enfant. Ils étaient riches et à la mode du temps. Mais ils ne contenaient aucune preuve évidente qui constatât l'origine de celui qui les avait portés, sinon qu'il appartenait à une famille d'un rang élevé. Adélaïde et Christine s'agenouillèrent sur la pierre pour contempler ces muets témoins, pour les toucher et les examiner de près, saisissant avec avidité les moindres paroles qui s'échappaient des différentes personnes intéressées à l'examen, et prouvant par leur anxiété combien elles prenaient intérêt au sort du jeune soldat.

— Voici une boîte qui renferme des objets de grande valeur, ajouta Balthazar ; le condamné me dit qu'ils furent pris par mégarde et pendant son séjour dans la prison, où il lui permettait à l'enfant de jouer avec ces joyaux.

— Ce furent mes cadeaux de remercîment à mon épouse pour le don qu'elle m'avait fait de ce précieux enfant ! dit le doge d'une voix étouffée. Douce Angélina ! ces bijoux sont autant de souvenirs de ton délicieux visage ; tu ressentis alors la joie d'une mère, et pour la première fois peut-être je recueillis un sourire.

— Et voici un talisman en saphir, empreint de caractères hiéroglyphiques. Il me dit que cette relique avait été mise au cou de l'enfant par son père comme un préservatif contre tout danger.

— Je n'en demande pas davantage. Dieu soit loué pour cette dernière grâce, s'écria le prince joignant les mains dans un pieux élan de dévotion. J'ai porté moi-même ce talisman dans mon enfance, et je l'ai mis de mes propres mains autour du cou de mon fils. C'est tout ce qu'il m'importe de savoir.

— Et Bartolomeo Cantini ! murmura il Maladetto.

— Maso ! s'écria une voix restée muette jusqu'alors et qui partit de la chapelle. C'était Adélaïde qui parlait. Ses cheveux s'échappaient à profusion et couvraient ses épaules, et ses mains étaient jointes dans l'attitude de la prière, pendant qu'elle était à genoux sur les froides dalles de l'autel, rendant au ciel des actions de grâce de ce qu'il avait rendu Sigismond à son père, le prince de Gênes. C'était elle qui avait laissé échapper de ses lèvres cette exclamation dans la crainte de voir de nouveau détruire ses espérances.

— Tu fais partie de ce sexe faible et confiant que l'égoïsme et la fausseté des hommes ont toujours trahi. Va, pauvre fille, va t'ensevelir dans l'obscurité d'un cloître, ton Sigismond n'est qu'un imposteur.

Adélaïde arrêta par un geste suppliant le mouvement impétueux du jeune soldat, qui levait le bras pour frapper son audacieux rival. Sans changer d'attitude, elle prit la parole, et faisant appel aux sentiments de l'humanité, elle interpella Maso en ces termes :

— J'ignore, Maso, comment vous avez connu les liens qui m'unissent d'affaires avec Sigismond, mais je n'ai pas l'intention de les tenir plus longtemps secrets. Qu'il soit le fils de Balthazar ou le fils d'un prince, il a reçu ma foi du consentement de mon père et nos destinées seront bientôt unies. Il pourrait y avoir de la hardiesse dans une jeune fille à divulguer ainsi publiquement son amour pour un jeune homme ; mais ici, dans un moment où personne ne saurait le protéger, où il est combattu entre tant de sentiments divers, Sigismond a droit à mon appui. Qu'il soit le fils de tel ou tel, je parle d'après l'autorité vénérable de mon père, il fait désormais partie de notre famille.

— Melchior, dit-elle vrai ? s'écria le doge.

— Les paroles de l'enfant ne sont que l'écho de mon propre cœur, répondit le baron regardant autour de lui avec orgueil comme s'il voulait réprimer de son regard quiconque eût présumé croire que le sang des Willading fût souillé par cette décision.

— J'ai étudié votre regard , Maso, pour découvrir la vérité, continua Adélaïde, et j'en appelle à vous-même, si vous tenez à votre âme, d'alléger votre conscience. L'affection jalouse que je ressens m'a fait découvrir que pendant que vous réveliez une partie de la vérité, vous laissiez à dessein l'autre partie dans l'obscurité. Parlez, je vous en prie, et vous épargnerez la douleur du vénérable prince.

— Et je livrerai mon corps à la roue. Ceci peut paraître convenable à l'imagination ardente d'une jeune fille malade d'amour ; mais nous connaissons trop bien, nous autres contrebandiers , les détours des hommes pour abandonner ainsi un si grand avantage.

— Vous pouvez vous fier à notre parole. J'ai pu vous apprécier pendant ces derniers jours, Maso, et je ne vous crois pas coupable du crime qui a été commis sur la montagne , quoique votre existence n'ait pas été peut-être sans cause de remords. Le héros du Léman ne saurait être l'assassin du Saint Bernard.

— Lorsque vos illusions seront détruites , belle enfant , et que vous verrez le monde sous ses véritables couleurs , vous saurez que le cœur des hommes participe du ciel et de l'enfer.

Maso éclata de rire en achevant cette amère définition.

— Vous nieriez en vain que vous êtes accessible à la sympathie pour vos semblables , continua fermement Adélaïde. Vous avez en secret plus de plaisir à servir vos semblables qu'à leur faire du mal. Vous n'avez pas traversé tant de hasards dangereux avec Sigismond sans vous être imprégné de ses nobles sentiments de générosité. Vous avez lutté ensemble pour notre propre préservation; vous êtes tous deux sous l'égide de Dieu, tous deux braves, forts et bienveillants. Un cœur ainsi doué ne peut qu'aimer la justice. Parlez donc, et je vous engage notre parole que votre franchise vous servira mieux que ne saurait le faire vos présentes restrictions. Pensez, Maso, que la destinée de ce vieillard, celle de Sigismond, de moi, car je ne rougis pas de l'avouer, d'une jeune fille faible et aimante sont entre vos mains. Avouez donc la vérité, la sainte vérité et nous vous pardonnerons.

Le cœur bronzé d'il Maladetto se sentit faiblir sous ce doux appel aux généreux sentiments de son âme. Sa résolution parut l'abandonner.

— Vous ne savez ce que vous me demandez , jeune fille , ma vie — peut-être, répondit-il après avoir réfléchi sur ce qu'il devait dire.

— Il n'y a rien de plus sacré que la justice, dit le châtelain, qui seul possédait les pleins pouvoirs dans le Valais, mais il est permis à ses représentants de faire grâce lorsque du crime inexpié peut surgir un grand bien. Si tu peux avancer un fait qui soit assez important pour le bonheur du prince de Gênes, le Valais, pour faire plaisir à cette république, son intime alliée, est assez puissant pour acquitter ce service.

Maso écouta froidement d'abord. La connaissance qu'il avait du monde et de la politique tortueuse des gouvernants tenait sa méfiance en éveil. Il questionna le châtelain sur l'étendue de ses promesses. Il était évident que d'une part les représentants de la justice distributive admettaient certaines restrictions dont ils pouvaient faire usage suivant leurs intérêts publics ou privés, et que de l'autre Maso ne cherchait même pas à dissimuler le peu de confiance que lui inspiraient les promesses dubitatives des juges contre le jugement desquels il se sentait plus à couvert sous l'égide paternelle du prince de Gênes.

Comme il arrive d'ordinaire lorsqu'il existe un désir mutuel d'éviter d'en venir aux extrémités et lorsque des intérêts opposés sont défendus avec une égale habileté, la négociation se termina par un compromis. Le résultat faisant l'objet du dernier chapitre, nous y référons nos lecteurs.

### CHAPITRE XXXI.

On se souvient que trois jours s'écoulèrent entre l'arrivée au couvent des voyageurs et celle du châtelain et du bailli. La détermination de réintégrer Sigismond dans sa prétention à la main d'Adélaïde avait été prise pendant cette période de temps. Séparé momentanément du monde et enseveli dans cette sublime solitude où les passions et les intérêts vulgaires de la vie se réduisent à leur juste valeur devant la majesté des œuvres du Créateur, le baron avait fini par se laisser prendre son consentement. L'amour pour son enfant et l'admiration qu'il avait conçue pour les nobles qualités de Sigismond avaient eu une grande influence sur sa décision. Il lutta longtemps contre les préjugés du rang où la société l'avait placé ; mais il céda enfin aux arguments de son vieux camarade, le signor Grimaldi, qui, avec une philosophie plus apparente dans les paroles que dans la pratique de la vie, vantait la sagesse de faire le sacrifice de quelques opinions antiques et ridicules au bonheur d'un unique enfant. Le pieux économe, qui avait acquis la confiance de ses hôtes par les périls qu'il avait partagés avec eux, vint grossir le nombre des apologistes de Sigismond. Enfin la ferme déclaration d'Adélaïde de passer sa vie dans le célibat si son père refusait de lui donner Sigismond pour époux acheva de vaincre la résistance que maintenaient encore les préjugés de l'éducation.

Alarmé d'une résolution qui menaçait de laisser éteindre son nom, il promit que si Balthazar était reconnu innocent du crime qu'on lui imputait, il ne s'opposerait plus au mariage. Quand donc les joyaux de Jacques Colis furent trouvés en la possession de Maso et que Balthazar fut unanimement acquitté de toute participation au crime, sa présence dans la hutte des morts s'expliquant parfaitement par l'ouragan qui avait éclaté sur la montagne et le désir du bourreau de chercher un abri sans trahir sa présence à la suite de sa fille, le baron donna sa parole. Nous croyons à peine nécessaire d'ajouter que la révélation de la naissance de Sigismond vint ajouter un poids immense à cette honorable détermination. Malgré la persistance de Maso à affirmer que cette révélation n'était qu'une invention de Balthazar pour favoriser l'établissement du jeune homme, elle s'appuyait sur des preuves assez solides et saisissantes pour créer dans l'esprit des témoins de fortes présomptions en sa faveur. Il restait toutefois à découvrir les véritables parents de Sigismond, quoique la plupart d'entre eux eussent acquis la conviction qu'il n'était pas le fils du bourreau.

Un court et rapide résumé des faits aidera le lecteur, nous l'espérons, à comprendre les dernières circonstances sur lesquelles s'appuie le dénoûment de cette histoire.

Nous avons dit dans le cours de ce récit que le signor Grimaldi avait épousé une femme beaucoup plus jeune que lui et dont l'amour appartenait déjà à un homme plus digne d'elle peut-être, mais en rapport d'âge et de caractère avec elle que le puissant noble à qui sa famille enchaînait sa destinée.

La naissance de leur fils avait précédé de quelques mois la mort de la mère, et peu après son enlèvement. Des années s'écoulèrent avant que le signor Grimaldi apprît que l'enfant vivait encore. Cette nouvelle lui fut transmise au moment où les autorités de Gênes faisaient d'actives recherches contre les fraudeurs de la loi, et pour faire appel à ses sentiments paternels en faveur d'un fils qui allait tomber victime de ses propres fautes. Retrouver son enfant dans de telles circonstances fut un coup plus sévère au cœur du prince que ne l'avait été sa perte ; aussi n'admit-il les prétentions de Maso, qui se cachait alors sous le nom de Bartolomeo Cantini, qu'avec la plus prudente réserve. Les amis du contrebandier avaient invoqué en sa faveur l'attestation d'un révérend prêtre à son lit de mort, dont le caractère sacré était au-dessus de tout soupçon de mensonge, et qui vint corroborer avec son dernier soupir l'assertion de Maso, affirmant devant Dieu qu'il le connaissait pour le fils du signor Grimaldi. Le grave témoignage donné en face de la mort et appuyé par des papiers que possédait le jeune homme écarta les doutes du doge. Il interposa son autorité pour le soustraire au châtiment que ses méfaits avaient attiré sur sa tête, et après des efforts inutiles pour le déterminer à changer de conduite, par l'entremise d'agents secrets et confidentiels, il avait refusé de le voir.

On juge quels combats douloureux s'étaient livrés dans son âme par suite de la révélation de Balthazar, qui lui présentait un fils digne de lui, et ses propres réflexions sur les preuves qui lui avaient été données de la naissance de Maso. Dans la longue et secrète instruction qui avait eu lieu dans la chapelle, ce dernier était devenu graduellement plus réservé, plus mystérieux dans ses réticences, jusqu'à ce qu'enfin, changeant tout à coup de tactique, il promit de faire d'importantes révélations, à la condition qu'il serait d'abord conduit en sûreté aux frontières du Piémont. Le prudent châtelain reconnut que le cas exigeait que la justice fît place à la politique des intérêts privés. En conséquence, prenant à part son confrère le bailli, il lui communiqua son intention de remettre l'affaire à la décision du doge. La proposition de Maso fut acceptée et les parties se séparèrent pour la nuit. Il Maladetto, sur lequel pesait encore l'accusation du meurtre de Jacques Colis, fut réintégré dans sa prison, tandis que Balthazar, Pippo et Conrad furent libres de diriger leurs mouvements où il leur plairait.

L'aube du jour éclairait le sentier du col avant que les ombres de la nuit eussent encore déserté la vallée du Rhône. Tous les habitants du couvent étaient sur pied, car ils avaient été instruits que l'événement qui troublait depuis quelques jours la solitude paisible du couvent allait bientôt avoir son dénoûment et les laisser libres de reprendre le cours de leurs occupations journalières.

Tous se trouvèrent donc au point du jour de nouveau réunis dans la chapelle. Le corps de Jacques Colis avait été déposé dans une chapelle latérale et recouvert de son drap mortuaire ; il attendait la messe des morts. Deux cierges étaient placés de chaque côté sur les marches de l'autel. Au milieu des spectateurs on remarquait Balthazar et sa femme, Maso, prisonnier par le fait, mais libre dans ses mouvements, le pèlerin, Pippo, Pierre et les muletiers. Le prieur, revêtu de ses habits sacerdotaux, était entouré de tous les moines de la communauté.

La porte extérieure s'ouvrit et une petite procession entra conduite par l'économe. Melchior de Willading conduisait sa fille, Sigismond venait ensuite suivi de Marguerite et de Christine, le vénérable doge fermait la marche. Cette cérémonie, simple dans sa composition, devenait imposante par la dignité des personnages qui en faisaient partie. Sigismond était calme et recueilli. Adélaïde s'avançait avec confiance, conservant néanmoins la pudeur réservée qui convient à une vierge, et l'émotion respectable de l'approche d'un vœu qui va décider du bonheur de la vie.

Le mariage fut célébré par le pieux économe, qui avait témoigné le désir d'achever un ouvrage qu'il avait chaleureusement contribué à amener à bonne fin. Melchior de Willading se sentait disposé à croire qu'il avait sagement sacrifié les intérêts du monde au bon droit ; sentiment qu'il avait intérêt à conserver jusqu'à ce que les ténèbres qui couvraient encore la naissance de son gendre fussent entièrement dissipées.

Comme l'un des époux était protestant, la messe fut écartée de la cérémonie, qui n'en conserva pas moins le caractère légal d'une union consacrée. Adélaïde promit fidélité et obéissance avec modestie, mais avec cette fermeté que donne la volonté de tenir un serment. Le serment de protection et d'amour fut prononcé d'une voix mâle par Sigismond, qui jura qu'une vie tout entière de dévouement ne pourrait acquitter la reconnaissance pour tant de bonté, de candeur et d'abnégation.

— Dieu te bénisse, mon enfant ! murmura Melchior, qui s'inclina sur sa fille agenouillée à ses pieds. Il a plu à la Providence de rappeler à elle tes frères et tes sœurs, mais en te laissant à mon amour elle m'a fait riche encore. Vois ici mon brave ami Gaëtano, ses malheurs ont été plus nombreux et plus cuisants ; mais espérons dans l'avenir, espérons. Et toi, Sigismond, maintenant que Balthazar t'a désavoué, tu dois accepter le père que le ciel t'envoie. Tous les malheurs passés seront bientôt oubliés, et Willading, comme mon vieux cœur, vient d'acquérir un nouveau seigneur et maître.

Le jeune homme se jeta dans les bras du baron, lui rendant affectueusement ses caresses et son vœu de bonheur. Puis il se retourna avec hésitation du côté du signor Grimaldi. Le doge succédait à son ami en adressant à la fiancée ses vœux de condoléance.

— J'ai prié la vierge Marie et son saint Fils à ton intention, ma chère enfant, dit avec dignité le vénérable prince. Tu vas entrer dans la carrière des devoirs graves et importants, mais l'esprit et la pureté angéliques de ton caractère sauront en aplanir les difficultés et tu peux judicieusement espérer de jouir d'une partie de la félicité que ta jeune imagination a peinte de brillantes couleurs. Et toi, ajouta-t-il se tournant vers Sigismond, quel que soit le rang que t'assignent les décrets de la Providence, tu me seras toujours cher. L'époux de la fille de Melchior de Willading aura toujours part à l'amitié qui nous unit depuis tant d'années. Ma raison me dit que je suis puni des erreurs et de l'orgueil de ma jeunesse dans la possession d'un fils que peu d'hommes de mon rang oseraient avouer, tandis que mon cœur me porte à reconnaître celui dont un roi serait fier. Sans ces preuves de Maso et le témoignage du moine, je te proclamerais de mon propre sang; mais quoi qu'il advienne, mon amour paternel t'appartient. Sois donc pour cette tendre fleur que la Providence te confie, Sigismond; chéris-la comme tu tiens au salut de ton âme; l'amour confiant et généreux d'une femme vertueuse est le plus ferme appui de l'homme pour traverser le sentier tortueux de la vie. Dieu vous garde, mes enfants, et vous conserve l'un pour l'autre dans une longue suite d'années de bonheur et d'affection!

Le respectable doge s'arrêta. L'émotion l'empêcha d'en dire davantage et il se détourna pour cacher les larmes qui coulaient de ses yeux.

Marguerite était restée silencieuse, épiant les physionomies, saisissant avec avidité les paroles des différentes personnes qui prenaient la parole. Son tour était venu. Sigismond vint s'agenouiller devant elle, et lui prenant la main, il la porta respectueusement à ses lèvres, pour lui prouver combien ses nobles qualités avaient imprimé de traces profondes d'affection dans son cœur. Dégageant vivement sa main de son étreinte, elle écarta les boucles abondantes qui ombrageaient son front et contempla longtemps ses traits mâles et distingués.

— Non, dit-elle secouant la tête d'un air douloureux, non, tu n'es pas de notre race, et Dieu a eu pitié de nous en nous enlevant l'innocente créature dont tu as si longtemps usurpé la place dans mon cœur. Tu m'as été bien cher, Sigismond, d'autant plus cher que tu portais à mes yeux la malédiction de ma race. Ne me hais pas, si t'avoue que mon cœur est actuellement dans la tombe...

— Ma mère! s'écria le jeune homme d'un ton de tendre reproche.

— Allons, je suis encore ta mère, répondit Marguerite souriant péniblement; tu es un noble jeune homme, et nul changement de fortune ne saurait changer ton âme... C'est une cruelle séparation, Balthazar, et je ne sais pas après tout si tu as eu raison de me tromper; car cet enfant me cause autant de douleur que de joie, douleur qu'un noble enfant fût condamné à vivre sous la malédiction qui nous accable. Mais c'est fini maintenant, il n'est plus à nous, il ne nous appartient plus.

Ces paroles furent prononcées avec un accent si plaintif que Sigismond se cacha la tête dans ses deux mains et sanglota.

— A présent que les heureux et les orgueilleux de la terre pleurent, les déshérités peuvent sécher leurs larmes, ajouta la femme de Balthazar regardant autour d'elle avec un triste mélange de douce paix et de fierté, il nous reste du moins une consolation, Christine est notre enfant; tout le monde ne nous méprisera pas. Ai-je raison, Sigismond? Puis-je croire que ne te détourneras pas les yeux de nous, et que tu n'apprendras pas à haïr ceux que tu as aimés autrefois?

— Ma mère! ma mère! vos doutes me brisent le cœur!

— Je n'ai pas de méfiance contre toi, mon enfant; tu n'as pas été nourri de mon lait, mais tu as reçu trop de leçons d'honneur et de sincérité pour nous mépriser, et pourtant tu ne nous appartiens plus, et peut-être es-tu le fils d'un prince, et les biens de ce monde endurcissent le cœur. Tu dois savoir combien les humiliations rendent l'esprit soupçonneux. Viens ici, Christine. Sigismond, cet enfant accompagne ta femme; nous avons la plus grande confiance dans sa sincérité et dans ses principes, car ils ont été mis à l'épreuve, et elle n'a pas failli: soit bon pour cette jeune fille, qui fut ta sœur, que tu aimais alors...

— Ma mère! vous me feriez maudire l'heure de ma naissance.

Marguerite, qui ne pouvait surmonter la froide méfiance à laquelle sa condition l'avait habituée, sentit néanmoins qu'elle devenait cruelle. Elle le fut. S'inclinant vers le jeune homme, elle imprima un baiser sur son noble et large front, et serra un instant sa fille sur son cœur, pour la pencher presque inanimée aux bras ouverts d'Adélaïde.

Elle se retourna lentement vers la foule silencieuse.

— Y a-t-il quelqu'un ici, demanda-t-elle sévèrement, qui soupçonne l'innocence de Balthazar?

— Personne, ma brave femme, — personne, répliqua le bailli, qui porta son mouchoir à ses yeux; allez en paix, et que Dieu vous accompagne!

— Il est acquitté devant Dieu comme devant les hommes, ajouta le châtelain.

Marguerite fit signe à Balthazar de la précéder, et elle s'apprêta à quitter la chapelle. Sur le seuil, elle tourna son regard humide vers Sigismond et Christine; les deux enfants pleuraient dans les bras l'un de l'autre, et l'âme de Marguerite s'élançait vers eux, pour mêler ses larmes avec ceux qu'elle avait tant aimés. Mais ferme dans sa résolution, elle arrêta le torrent de sensation qui eût été terrible dans sa violence s'il eût éclaté, et suivit son époux d'un œil sec et brillant; ils descendirent le sentier de la montagne avec une tristesse de plus dans le cœur, et cette conviction qu'il existe des douleurs plus vives que celles produites par les artifices ou les préjugés impérieux des hommes,

Cette scène avait vivement ému les spectateurs; Maso paraissait plus impressionné qu'il n'eût voulu le laisser voir. En quittant la chapelle, les voyageurs firent leurs préparatifs de départ; le bailli et le châtelain descendirent dans la direction du Rhône, contents d'eux-mêmes, comme s'ils avaient accompli fidèlement leur tâche, et discourant en chemin sur le hasard singulier qui avait amené devant eux et dans une position si critique un fils du doge de Gênes. Les bons Augustins aidèrent les voyageurs, qui se préparaient à descendre de l'autre côté, à se mettre en selle, et s'acquittèrent de leur dernier devoir d'hospitalité en accompagnant leur départ de leurs souhaits et de la prière, pour qu'ils arrivassent sains et saufs à l'hôtellerie du val d'Aoste.

Nous avons déjà décrit le sentier qui traverse le col tournant autour du petit lac, et laissant sur sa route les vestiges de l'ancien temple de Jupiter; il traverse les frontières du Piémont en coupant la pierre ferrugineuse du rocher, et longeant les bords d'un précipice sans fond, il s'élance tout à coup vers les plaines de l'Italie.

Comme on désirait n'avoir aucun témoin inutile des révélations promises par Maso, on avait engagé Conrad et Pippo à quitter la montagne avant le reste de la société, et les muletiers avaient reçu l'ordre de se tenir à distance. Au point où le sentier quitte le lac, la petite troupe mit pied à terre. Pierre prit les devants, chassant devant lui les mules, afin de longer à pied les bords du précipice. Maso se trouvait en tête. Lorsqu'il eut atteint l'endroit où le couvent disparut à sa vue, il s'arrêta et se retourna pour contempler une dernière fois l'hospice vénérable.

— Tu hésites? observa le baron de Willading, qui suspecta son intention.

— Signor! on contemple avec tristesse le sentier que l'on quitte, lorsque c'est pour la dernière fois. J'ai souvent gravi les aspérités du col; mais je n'oserais plus le faire à présent, car si l'honorable et digne châtelain et le plus honorable bailli ont bien voulu rendre hommage au doge de Gênes dans sa propre personne, ils pourraient être moins jaloux de son bonheur lorsqu'il ne sera plus sur leur territoire. Adieu! caro San Bernardo, comme moi tu es solitaire et battu par la tempête, et comme moi, sous tes rudes aspérités, tu caches quelques vertus. Phares tous deux, vous indiquez au voyageur le port où il peut se réfugier, et je l'avertis des dangers dont il doit se préserver.

Il y a une certaine dignité dans la souffrance humaine qui commande le respect; tous ceux qui entendirent cette invocation au séjour des Augustins furent frappés de sa simplicité et de la morale qu'elle renfermait. Ils suivirent l'orateur en silence jusqu'à l'endroit où le sentier reprend sa pente rapide. Le lieu était favorable au but que se proposait il Maledetto. Quoique toujours sur le versant du lac, les rochers cachaient à leur vue l'hospice et le col de la montagne. Tout, autour d'eux, au-dessus de leurs têtes, à leurs pieds, était nu et stérile comme le néant. L'imagination eût à peine formé un tableau aussi attristant de solitude et de désolation.

— Signor, dit Maso ôtant respectueusement son bonnet et parlant avec calme, cette confusion de la nature est l'image de mon caractère. Ici, tout est décharné, stérile et sauvage; mais la patience, la charité sont parvenues à transformer le sommet de ces rochers en un séjour hospitalier pour le bien de tous. Nous sommes les types de la terre, inutiles et sauvages, rendant au centuple la culture qu'on nous donne ou le mal, suivant que l'on nous traite comme des hommes ou qu'on nous pourchasse comme des bêtes féroces. Si les grands, les puissants et les honorés de la terre, au lieu de rester comme autant de chiens de garde à japper et à mordre tous ceux qui touchent à leurs privilèges, faisant entendre leurs rugissements de loups chaque fois que le cri plaintif de l'agneau parvient à leurs oreilles, daignaient devenir les amis et les guides des faibles et des ignorants, le plus bel ouvrage de Dieu ne serait pas si souvent défiguré par le vice. J'ai vécu et il est probable que je mourrai proscrit; mais les plus terribles angoisses que j'ai ressenties sont venues des sarcasmes de ceux qui accusent ma nature d'avoir commis des abus qui ne sont que les fruits de vos propres injustices. Cette pierre, dit-il faisant rouler du bout de son pied un fragment de rocher au fond du précipice, cette pierre n'est pas plus maîtresse de sa direction que le pauvre être aveugle que vous avez jeté dans le monde, sans secours, méprisé, soupçonné et condamné même avant d'avoir failli. Ma mère était belle et bonne, il lui manquait la force de résister aux artifices d'un homme riche et puissant, qui s'attaquait à sa vertu. Elle n'avait pour elle, la pauvre femme, que sa beauté et sa faiblesse! Les chances n'étaient pas égales, messieurs; je fus la punition de sa faute, j'entrai donc dans le monde méprisé de tous avant d'avoir pu discerner le bien du mal.

— Vous poussez vos opinions aux extrêmes! interrompit le signor Grimaldi, qui saisissait avec anxiété les paroles qui s'échappaient des lèvres de il Maledetto.

— Nous finissons comme nous avons commencé, signor, nous méfiant l'un de l'autre et luttant l'un contre l'autre. Un révérend et saint moine, qui connaissait mon histoire, entreprit de sanctifier mon âme, que les torts du monde avaient en partie livrée à l'enfer. L'expérience ne fut pas couronnée de succès; les prières et les préceptes sont de faibles armes pour combattre les torts de chaque heure. On, au lieu de devenir cardinal et l'un des conseillers du chef de l'Eglise, je suis l'homme que vous voyez. Signor Grimaldi, ce moine qui me prodigua ses soins était le père Girolamo. Il a dit la vérité à votre secrétaire, car je suis le fils de la pauvre Annunziata Altieri, que vous trouvâtes digne, un jour, d'un caprice passager. Si je me suis fait passer pour un autre de vos enfants, ce fut pour ma propre sécurité. Les moyens m'en avaient été fournis par une rencontre accidentelle avec l'un des satellites de notre formidable ennemi et cousin, lequel me procura les papiers qui avaient été dérobés au petit Gaetano. La vérité de ce que j'avance vous sera confirmée à Gênes. Quant au seigneur Sigismond, il est temps que nous cessions d'être rivaux. Nous sommes frères, avec cette différence dans nos fortunes qu'il est né légitimement dans le mariage, et que je suis le fruit d'un crime inexpié et presque oublié.

Un cri général de joie et de surprise interrompit Maso. Adélaïde se jeta dans les bras de son époux, et le doge, pâle, la conscience traversée de remords, suffoqué par les larmes, étendait les bras aux caresses de l'enfant prodigue. Ses amis se pressaient autour de lui, l'accablant de témoignages d'affection, et cherchant à calmer ses souffrances.

— Laissez-moi... de l'air... j'étouffe ! Où est le fils d'Annunziata ? Je veux récompenser en lui les torts que j'ai eus envers sa mère.

Il était trop tard. La victime innocente de la faute d'un autre s'était élancée avec une hardiesse intrépide par-dessus la rampe du précipice, et franchissant rapidement ce dangereux sentier, il était déjà hors de la portée de la voix, sur le chemin du val d'Aoste. Neptune le suivait de près ; quelques minutes plus tard il disparaissait à leurs yeux derrière l'angle d'un énorme rocher.

Ce fut la dernière fois que l'on entendit parler de il Maladetto. A Gênes le doge reçut secrètement la confirmation de tout ce qu'il avait appris, et Sigismond fut légalement mis en possession de ses droits. Le brave jeune homme fit des efforts généreux mais inutiles pour retrouver son frère. Avec une délicatesse qu'on n'eût guère attendue de lui, le proscrit s'était retiré d'un théâtre où les habitudes de sa vie errante ne permettaient pas de remplir convenablement un rôle, et il ne laissa jamais soulever le voile qui cachait le lieu de sa retraite.

La seule consolation que ses parents obtinrent par la suite à son sujet, vint d'un événement qui amena Pippo sous le jugement de la loi. Avant son exécution, le jongleur confessa que Jacques Colis était tombé sous ses coups et sous ceux de Conrad, et qu'ignorant l'expédient dont Maso faisait usage pour son propre compte, ils s'étaient servis de Neptune pour transporter secrètement les bijoux volés à travers les frontières du Piémont.

Adélaïde se jeta dans les bras de son époux.

FIN DU BOURREAU.

Paris. — Impr. Lacour et C⁰, rue Soufflot, 16.

www.ingramcontent.com/pod-product-compliance
Lightning Source LLC
LaVergne TN
LVHW022020080426
835513LV00009B/809